CHANSONS
ET
CHANSONNIERS

PAR

HENRI AVENEL

Gallet — Piron — Panard
Vadé — M. J. Chénier — Désaugiers — Debraux — A. Gouffé
Laujon — Piis — L. Festeau — Dalès
Pierre Dupont — Charles Gille — G. Leroy. — Eug. Pottier
Charles Colmance — Gust. Mathieu — E. Hachin
E. de Lonlay — F. Bérat — Gustave Nadaud
Paul Avenel — Ch. Vincent — A. Clesse — Eug. Imbert
Clairville — Desforges de Vassens — Alexis Bouvier
J. Jeannin — Ernest Chebroux. — Remy Doutre — Eugène Baillet
J.-B. Clément — A. Desrousseaux, etc., etc.

PARIS
C. MARPON ET E. FLAMMARION
ÉDITEURS
26, RUE RACINE, PRÈS L'ODÉON

CHANSONS

ET

CHANSONNIERS

ÉMILE COLIN — IMPRIMERIE DE LAGNY

CHANSONS
ET
CHANSONNIERS

PAR

HENRI AVENEL

Gallet — Piron — Panard
Vadé — M. J. Chénier — Désaugiers — Debraux — A. Gouffé
Laujon — Piis — L. Festeau — Dalès
Pierre Dupont — Charles Gille — G. Leroy — Eug. Pottier
Charles Colmance — Gust. Mathieu — E. Hachin
E. de Lonlay — F. Bérat — Gustave Nadaud
Paul Avenel — Ch. Vincent — A. Clesse — Eug. Imbert
Clairville — Desforges de Vassens — Alexis Bouvier
J. Jeannin — Ernest Chebroux — Rémy Doutre — Eugène Baillet
J. B. Clément — A. Desrousseaux, etc., etc.

PARIS
C. MARPON ET E. FLAMMARION
ÉDITEURS
RUE RACINE, 26, PRÈS L'ODÉON

Tous droits réservés

Je dédie ce livre

A Paul Avenel, mon Père adoptif,

J'ai appris, en l'aimant, à aimer la chanson.

H. V.

PRÉFACE

LA CHANSON

A TRAVERS LES AGES

Voltaire a dit : « Il n'y a point de peuple qui ait un aussi grand nombre de jolies chansons que le peuple français. »

Jean-Jacques Rousseau a dit à son tour : « De tous les peuples de l'Europe, le Français est celui dont le naturel est le plus porté à ce genre léger de poésie; la galanterie, le goût de la table, la vivacité brillante de son humeur, tout ensemble lui en inspire le goût. La chanson est l'expression naturelle de tous ses sentiments. »

L'abbé de Bernis définit ainsi la chanson :

> Fille aimable de la folie,
> La chanson naquit parmi nous;
> Souple et légère, elle se plie
> Au ton des sages et des fous.

Victor Hugo a dit : « La chanson est une forme

ailée et charmante de la pensée. Le couplet est le gracieux frère de la strophe. »

Jules Claretie, membre de l'Académie française, l'exprime autrement : « La chanson, comme la baïonnette, est une arme française. »

Quant au chansonnier Perchelet, un des plus glorieux membres de la *Lice chansonnière*, il a dit dans des couplets joyeux :

> La chanson ne doit pas mourir.

Maintenant remontons à l'origine de la chanson.

Les chansonniers dont s'honore l'antiquité sont : Alcée, Tyrtée, Anacréon et Horace.

Alcée de Mitylène était un poète éolien, qui naquit dans le septième siècle avant l'ère chrétienne. Il s'occupa beaucoup des affaires politiques de son pays. Il fut exilé par la faction de la tyrannie qui triompha. Mais après quelque temps de bannissement, une amnistie lui rouvrit les portes de sa patrie. Il avait fait des satires très mordantes ainsi que des chansons religieuses, guerrières, bachiques et amoureuses.

Alcée est l'inventeur d'une nouvelle espèce de vers qui s'appela de son nom *alcaïque*.

Tyrtée était un maître d'école de la Grèce, boiteux et poète lyrique. Il était né à Aphidne, bourg de l'Attique. Son nom florissait pendant la deuxième guerre de Messénie, 684-668 avant Jésus-Christ

Dans un moment critique, les Spartiates, sur l'ordre d'un oracle avaient demandé un chef aux Athéniens, ceux-ci leur envoyèrent par dérision Tyrtée ; mais il se trouva en lui un héros et un grand poète. Il ramena la concorde dans Sparte par ses conseils et ses poésies, qui se composent de marches militaires et de chants lyriques. Il était aussi fort bon orateur. Ses discours avaient beaucoup de vigueur et de fermeté. Ses chants guerriers apportèrent souvent la victoire à ses soldats hésitants ou découragés. Son nom est resté en honneur à Sparte.

Le chansonnier Anacréon, dont les vers légers et joyeux, célébraient l'amour, les femmes et le vin, était né à Téos, en Ionie, vers 559 avant l'ère chrétienne. Il mourut à Abdère, à l'âge de 81 ans. Un accident fut cause de sa mort : en mangeant des raisins secs, un pépin s'introduisit dans la trachée artère et il tomba foudroyé.

Il vécut dans l'intimité de Polycrate, tyran de Samos qui, par sympathie et pour le récompenser de ses succès poétiques, lui donna quatre talents, ce qui représentait environ vingt et quelques mille francs de notre monnaie.

Quand Anacréon se vit si riche, il perdit le sommeil, et avec le sommeil la gaieté. Il avait peur d'être volé. Il ne résista pas à un pareil tourment; au bout de quelques jours, il reporta le trésor à son bienfaiteur et lui dit que, *quelque considérable que fût la somme, le sommeil valait encore mieux.*

Il avait bien raison, le brave rimeur ionien : l'insomnie procure la fatigue, et la fatigue enlève la gaieté!

Et qu'est-ce qu'un chansonnier sans la gaieté? Pour un coupletier, la gaieté est un bien-fonds qui fait le charme de son existence.

Ce qui prouve que, avant comme après Jésus-Christ, la fortune ne fait pas le bonheur.

Horace avait un tout autre caractère que le charmant et harmonieux poète d'Ionie.

Horace (Quintus-Horatius-Flaccus), naquit à Venouse (Venosa), 64 ans avant Jésus-Christ. Son père était un simple affranchi qui, dans sa profession de crieur aux ventes publiques, avait amassé une petite fortune.

Horace, vers l'âge de douze ans suivit, à Rome, les écoles fréquentées par les enfants des premières familles.

Il avait vingt-deux ans lorsque son père l'envoya étudier la philosophie à Athènes. Ce fut dans cette ville qu'il fit connaissance de Brutus, l'un des assassins de César. Ce général l'emmena en Macédoine, et Horace se trouva à la bataille de Philippes (en 711), en qualité de tribun du peuple. Ce poète, qui ne dissimule pas ce qui lui est arrivé, avoue qu'il prit la fuite et qu'il abandonna son bouclier. La perte de cette bataille le dégoûta de l'état militaire et, quelque temps après, à la proclamation d'une amnistie en faveur de ceux qui avaient porté les armes sous Brutus et Cassius, il revint à Rome.

Là, son mérite poétique attira sur lui la protection de Mécène, l'ami d'Auguste, et sa réputation et sa fortune en profitèrent. L'un et l'autre le comblèrent de bienfaits et le mirent à même de pouvoir se livrer tout entier au culte des Muses.

Horace eut une villa à Tibur, non loin de Mécène, qui se plaisait beaucoup en sa société. Il composa des satires, des épîtres et des chansons. Il avait un faible pour les doctrines d'Epicure, tout en restant flatteur d'Auguste et de Mécène.

Il mourut subitement à l'âge de 57 ans, sept années avant l'ère chrétienne et deux mois à peine après la mort de son ami et protecteur Mécène.

Après l'empire romain, nous retrouvons la chanson dans la Gaule. Les Gaulois avaient leurs *bardes* qui célébraient, par leurs chants, les exploits de leurs guerriers. Les bardes se succédèrent jusqu'à l'empire de Charlemagne (768 à 814). C'est à eux que nous devons la *Chanson de Roland*, que chantaient au neuvième siècle les Français allant en guerre.

En fouillant dans ces temps d'obscurité historique, on trouve pourtant souvent des preuves d'un goût tout particulier pour les chants.

Et il est certains points d'histoire du moyen âge que l'on n'a pu reconstituer qu'à l'aide de diverses légendes rimées, qui rappelaient un fait d'armes ou une intrigue amoureuse dont ne parlent pas les grimoires de cette époque.

La chanson pouvait donc avoir parfois son utilité.

Dans les siècles passés, ce furent les *trouvères* ou *troubadours* qui propagèrent la chanson. Ils parurent chez nous vers le dixième siècle. Puis vinrent les *ménestrels*. Leurs productions s'appelaient des *lais*. — Au quatorzième siècle se fondèrent les *jeux floraux* sous l'inspiration de Clémence Isaure. Le *gay saber* était récompensé par une violette d'or, l'églantine ou le jasmin d'Espagne en argent.

Thibault, comte de Champagne et roi de Navarre, né en 1201, s'adonnait à la poésie; il est mort en 1253. Il est regardé par tous les faiseurs de couplets comme le véritable père de la chanson française. De son vivant il avait le titre de *faiseur de chansons*. La plupart de ses chants lui sont inspirés par l'amour qu'il ressentait pour la reine Blanche, mère de saint Louis.

Ici, nous ferons remarquer qu'au moyen âge, c'est-à-dire le temps écoulé depuis la chute de l'empire romain (475) jusqu'à la prise de Constantinople par Mahomet II (1453), la *chanson de geste* existait. On appelait ainsi les chansons militaires qui chantaient les hauts faits des gens de guerre. A preuve, c'est que les refrains des soldats de l'empereur Probus, après une bataille victorieuse contre les Francs, sont venus jusqu'à nous. Charlemagne, aimant les chants guerriers, avait fait rassembler les chansons de geste, mais ce précieux recueil n'a pas résisté à la destruction du temps, il ne nous en reste rien. Nous possédons cependant de cette époque si difficile à bien connaître, deux couplets en latin barbare, d'une chanson rimée à la gloire de Clotaire II au retour d'une expédition contre les Saxons, celle de Roland que nous avons citée plus haut, et le chant triomphal en langue tudesque, qui a pour sujet la victoire de Louis III sur les Normands à Saucourt. Nous n'avons parlé ici de la chanson de geste, que pour montrer que l'histoire de tous les temps a eu ses couplets et ses refrains.

Au quatorzième siècle nous voyons apparaître Jean de Meun et Alain Chartier dont les œuvres existent. Leurs chansons brillent par la naïveté, la grâce et l'amour. L'esprit du temps poussait ces poètes au genre idyllique.

N'oublions pas de citer Olivier Basselin de Vire, qui créa la *chanson-vaudeville* (vaux-de-vire), ainsi nommée parce que ses couplets étaient chantés dans les *vallées* ou *vaux* aux environs de la ville. Puis Christine de Pisan, Charles d'Orléans, petit-fils de Charles V, et plus tard Villon, dont nous avons les ballades. Et, nous rapprochant du règne de François Ier (1515), nous trouvons Saint-Gelais-du Bellay, Clément Marot, penseur profond et remarquable en même temps par la naïveté et la finesse de l'expression, la délicatesse des sentiments, ce qui a donné naissance au genre *marotique* (1495-1544).

François Ier, ce roi dont tout le monde connaît ce quatrain :

> Souvent femme varie
> Bien fol est qui s'y fie,
> Une femme souvent
> Est une plume au vent!

a fait lui-même des chansons, dont le volumineux manuscrit est à la Bibliothèque nationale.

Alors nous voyons Bertaut et Desportes ; puis Régnier et Malherbe. Puis nous arrivons au roi vaillant, Henri IV, encore un chansonnier, celui-là, qui immortalisa la belle Gabrielle par ces couplets :

> Charmante Gabrielle!
> Percé de mille dards,
> Quand la gloire m'appelle
> A la suite de Mars,
> Cruelle départie!
> Malheureux jour!
> Que ne suis-je sans vie
> Ou sans amour.

> L'amour, sans nulle peine,
> M'a, par vos doux regards,
> Comme un grand capitaine
> Mis sous ses étendards.
> Etc.

D'un roi vaillant, Gabrielle d'Estrées avait fait un poète amoureux.

Sous le règne de Louis XIII, la chanson élargit ses ailes et commença à devenir satirique en se mêlant aux événements politiques. Nous citerons parmi les chansonniers en renom, Maynard, Rotrou, Racan, Saint-Amand, Théophile Viaud, Desyvetaux, l'Estoile, etc. Citons à part un chansonnier original, nous voulons parler de Hugues Guéru, dit Fléchelles, comédien ordinaire du roi, et qui est le véritable auteur des couplets nombreux que chantait avec un si grand succès Gauthier Garguille.

Quelques années avant la mort du cardinal Richelieu, parurent deux ouvriers poètes : Olivier Massias, d'Angoulême, et Adam Billaut, dit *maître Adam*, menuisier à Nevers; leurs chansons étaient fort appréciées des habitants de leur ville respective.

Les premières années du règne de Louis XIV (1648), eurent pour chansonniers Scarron, Malleville, Bois-Robert, Voiture et Sarrazin. Les auteurs des *Mazarinades* leur succédèrent en jouant un grand rôle dans la Fronde. La chanson alors n'était pas seulement égrillarde, elle était politique.

Ces gais coupletiers s'appelaient : Marigny, Chapelle, Charleval, des Barreaux, Patrix, Saint-Pavin et Blot-l'Esprit. Ils tournaient en ridicule la politique de Mazarin, mais celui-ci s'inquiétait fort peu de leurs piqûres et disait en souriant, avec son accent italien : *Ils cantent, eh bien, ils pagueront.*

Les pamphlets sous forme de chansons, appelés *Mazarinades*, sont en si grand nombre, qu'on a pu en recueillir plus de trente volumes.

Il y avait encore d'autres chansonniers qui se contentaient de cultiver les pastorales, les madrigaux, les chansons amoureuses ; parmi eux, nous citerons : Benserade, Boursault, l'abbé Périn, Dufresny, de Linière, l'abbé de L'Attaignant, la Monnoie, Coulange et madame Deshoulières. N'oublions pas pour terminer cette nomenclature de rappeler le nom de Philippe le Savoyard, ce grand représentant de la chanson populaire, dont les succès faisaient les délices du Pont-Neuf.

Nous voici arrivés en 1653, à la majorité de celui qui devait se faire appeler le *roi Soleil*, Louis XIV, qui dut sa grandeur aux nombreux hommes de génie qui, dans les sciences et les lettres, entouraient son trône de leur célébrité.

Sous ce règne, qui dura soixante-douze années, nous citerons parmi les chansonniers : l'abbé de Chaulieu, le marquis de la Fare, le duc de Nevers qui, depuis Hugues Capet jusqu'à Louis XIV, fit en chansons l'histoire de France ; Bauderon de Sénecé, Malézieux, Rousseau, de Saint-Aulaire, La Faye, Saint-Gilles, Lamothe, Jacques Vergier, Matho, Legrand, Camille de Badros et Dancourt.

Puis vers le commencement du dix-septième siècle : Haguenier, l'abbé Grécourt, Panard, qui est regardé comme le créateur du genre actuel de la chanson; Gallet, Piron, Collé, le chevalier de Boufflers et l'abbé Pellegrin.

Ce fut alors, en 1729, que cinq des chansonniers que nous venons de nommer eurent l'idée de se réunir pour chanter, et que la Société des *dîners du Caveau* fut fondée. Ces rimeurs de couplets étaient : Gallet, Piron, Crébillon fils, Collé et Panard. Ils se réunirent au cabaret du célèbre Landelle, situé au carrefour de Buci. Ils appelèrent à eux Fuselier, Crébillon père, Sallé, Saurin, Duclos, Labruère, Gentil-Bernard, Moncrif, Helvétius, le peintre Boucher, le musicien Rameau, Maurepas et Fréret, plus tard Favart. Quant à Vadé, il ne parut jamais à cette société chantante, qui dura dix ans; elle se dispersa en 1739. Les dîners avaient lieu le premier dimanche de chaque mois.

En 1759, la chanson se réveilla et le *Deuxième Caveau* fut fondé à l'instar du premier, par les commensaux des dîners que donnait le mercredi le fermier général Pelletier. C'étaient Marmontel, Suard, Lanoue et Boissy. Ces amis de la chanson s'adjoignirent de véritables chansonniers, en invitant à leur table : Helvétius, Collé, Laujon, Marmontel, Crébillon fils, Bernard, Wilcks, Sterne et Garrick. Cette assemblée de joyeux convives dura jusqu'au malheureux mariage de Pelletier.

L'époque révolutionnaire de 1789 ne permit pas aux membres du *Caveau* de tenter une résurrection. La chanson révolutionnaire entrait en scène et elle préférait la rue à la table. Les flonflons bachiques ne se sentaient pas de force à contrebalancer les élans, les enthousiasmes des chants de victoire et de liberté.

Les chansonniers royalistes du règne de Louis XVI se trouvèrent donc désorientés et se tinrent coi, dispersés par l'avènement de la Révolution dans la foule réactionnaire.

Parmi les chansons révolutionnaires nous citerons : le *Ça ira*, *Madame Veto*, la *Carmagnole;* mais à côté de ces couplets de carrefours parurent : la *Marseillaise*, le *Chant du Départ*, le *Salut de la France*, de Ad.-S. Boy, plus connu sous le titre de *Veillons au salut de l'Empire*. Le *Réveil du peuple*, de J.-M. Souriguères, *Hymne à l'Etre suprême* de Desorgues, la *Versaillaise* de Delrieu, la *Prise de la Bastille* de E. Rousseau, le *Serment du Jeu de paume*, du même auteur, le *Chant du 14 Juillet* de Marie-Joseph Chénier et l'*Hymne à la Liberté* de François de Neufchâteau.

La chanson devenait histoire, elle coiffait crânement le bonnet phrygien et marchait en avant.

Malgré ces chants de la place publique les autres genres de chansons se réfugiaient dans des recueils particuliers qui portaient les noms suivants : l'*Almanach des Muses*, le *Chansonnier des Grâces*, les *Étrennes lyriques*, les *Étrennes du Parnasse*, les *Étrennes d'Apollon*, le *Chansonnier patriotique*, le *Chansonnier de la Montagne*, l'*Almanach des Aristocrates*, l'*Almanach des Gens de bien*, l'*Almanach des prisons*, etc., etc. Les *Actes des Apôtres*, journal royaliste, ne se faisaient pas faute de publier des chansons satiriques, souvent injustes et méchantes, contre les citoyens les plus en vue du nouvel ordre de choses.

Le coupletier Marchant avait fait la *Constitution* en vaudeville.

En ce temps de fièvre et de courage on allait à la guillotine en chantant. On s'était habitué au supplice national. Une chanson du commencement de 1794, contenait ce couplet bravache :

> La guillotine est un bijou
> Qui devient des plus à la mode,
> J'en veux une en bois d'acajou
> Que je mettrai sur ma commode.
> Je l'essaierai soir et matin,
> Pour ne pas paraître novice,
> Si par malheur le lendemain
> A mon tour j'étais de service.

N'était-ce pas en effet braver de sang-froid et gaiement le couperet sanglant, que le bourreau Sanson faisait fonctionner chaque jour, place Louis XV, aujourd'hui place de la Concorde?

Après le 9 thermidor la chanson se transforma, mais n'en continua pas moins sa route, en frondant autour d'elle tous les événements qui excitaient sa verve. Le Directoire, le conseil des Anciens et celui des Cinq-Cents ne furent pas épargnés par elle.

En 1796, Barré, avocat et auteur dramatique, qui avait fondé le théâtre du Vaudeville de la rue de Chartres, réunit ses amis et créa les *Dîners du Vaudeville,* société chantante à l'instar de l'ancien Caveau. Ses membres étaient : Barré, Bourgueil, Chéron, Chambon, Alissan de Chazet, Desfontaines, Deschamps, Desprez, Domautort, Despréaux, Emmanuel Dupaty, Dieulafoy, Armand Gouffé, Le Prévost d'Iray, Léger, Goulard, les deux

Ségur, Radet, Piis, Monnier, Philippon de la Madelaine, Maurice Séguier, Laujon et Rosière.

Cette réunion chantante dura jusqu'au 2 nivôse, an X.

En 1806, Armand Gouffé et le libraire Capelle réorganisèrent les *Dîners du Vaudeville*, sous le nom de : *Caveau Moderne* ou le *Rocher de Cancale*, du nom de l'établissement gastronomique « où se faisaient les festins », situé rue de Montorgueil, au coin de la rue Mandar et tenu par Balaine.

Le président était Désaugiers, et Capelle était l'éditeur du « Caveau Moderne ». Ce libraire recueillait les œuvres de la compagnie, publiait un cahier tous les mois, un volume tous les ans, payait la grosse dépense de la table et faisait encore quelque profit.

Nous retrouverons là des noms que nous avons déjà cités parmi les convives; c'étaient : Antignac, Brazier, Chazet, Désaugiers, Domautort, Dupaty, Despréaux, Ducray-Duminil, Cadet-Gassicourt, Grimod de la Reynière, Laujon, Moreau, Philippon de la Madelaine, le chevalier de Piis, Ségur aîné (le comte de) et le docteur Marie de Saint-Ursin, fondateur de l'*Almanach des Gourmands*.

Le *Caveau Moderne* avait de nombreux affiliés en province.

Le second ban se composa de : Gentil, Coupart, Jacquelot, de Jarry, Longchamps, Ourry, Rougemont, Réveillère, Eusèbe Salverte, Théaulon, Tournay et Chapelle. On admit, comme musiciens : Frédéric Duvernoy, Mozin, Doche, Alexandre Piccini, Lafont, Romagnési. On accueillit avec distinction et assez souvent, comme membres d'honneur : Boufflers, Delille, Mercier (l'auteur du Tableau de Paris), le docteur Gall, Regnaud de Saint-Jean-d'Angély et le fin dîneur d'Aigrefeuille. Béranger fut présenté par Désaugiers et accepté comme membre. Un seul protesta, ce fut le vieux de Piis, qui sous l'empire avait la place de secrétaire général de la police. Le *Caveau Moderne* contribua beaucoup à répandre le nom de Béranger. C'est là, que de 1813 à 1816, notre grand chansonnier publia ses meilleures chansons grivoises, à la manière de Collé, dont il s'inspirait, ce sont : la *Gaudriole*, la *Bacchante*, *Madame Grégoire*, *Ma Grand'mère*, *Frétillon*, la *Grande orgie*, *Voyage au pays de Cocagne*, *Roger-Bontemps*, les *Infidélités de Lisette*, *Mon curé*, la *Descente aux enfers*, etc., etc.

La politique, quand les Bourbons furent revenus, fit tant de ravages dans cette société chantante, qu'elle fut obligée de se dissoudre en 1817. — Béranger avait quitté le Caveau avant sa fin. Il n'aimait pas la chanson goguette, comme il le dit lui-même quelque part.

Béranger faisait aussi partie des *Soupers de Momus*. Cette société bachique était une sorte de succursale du *Caveau Moderne*, dont les repas se faisaient chez le restaurateur Beauvillier.

La plupart des membres du Caveau se réfugièrent aux *Soupers de Momus*, et là, ils trouvèrent pour rivaux : Barré, Radet, Desfontaines Dieulafoy, Carmouche, Justin Cabassol, Frédéric de Courcy, Martainville, Armand Dartois, Jacinthe Leclère, Félix Dusaulchoy, Jouslin de la Salle et d'autres.

A cette époque, comme dit Dumersan dans son ouvrage sur la chanson « Béranger ne faisait pas encore de ces odes qui l'ont immortalisé ; comme roi de la chanson politique, son règne n'a commencé qu'après le désastre de Waterloo. » En effet, Béranger n'a célébré Napoléon que lorsqu'il était captif ou mort.

Les *Soupers de Momus* durèrent jusqu'en 1828.

Émile Debraux était membre de cette Société. Il y acquit une grande réputation. Ce joyeux chansonnier, dont tous les faubourgs savaient les refrains, est mort en 1831, d'une phtisie laryngée.

Vers cette époque se formèrent une foule de *goguettes*, dont nous ne donnerons que quelques noms pour mémoire : Il y eut les sociétés des *Gamins*, du *Gigot*, des *Lyriques*, des *Lapins*, des *Francs-Gaillards*, des *Joyeux*, des *Braillards*, des *Bons-Enfants*, des *Amis de la gloire*, des *Oiseaux*, des *Vrais-Français*, des *Grognards*, des *Enfants du Caveau*, etc.

La Révolution de 1830 eut aussi ses chansons. Nous citerons : la *Parisienne*, de Casimir Delavigne, le *Chant patriotique d'une mère*, de Louis Festeau; les *Trois couleurs*, d'Adolphe Blanc ; l'*Honneur du nom français*, d'Émile Debraux ; la *Varsovienne*, de Casimir Delavigne, etc., etc., qui sortirent des barricades des trois glorieuses journées de Juillet.

Parmi les nombreux chansonniers de ce moment, nous parlerons particulièrement d'Émile Debraux, Charles Lepage et Piton du Roqueray, les trois fondateurs de la *Lice chansonnière*.

Émile Debraux était un chansonnier très populaire à cette époque ; Charles Lepage était né à

Laon, de parents fort honorables, mais peu fortunés. Il avait reçu une instruction très incomplète et avait mené une vie très accidentée. Mais avec l'âge, il avait travaillé assez pour faire un écrivain convenable. Il fit un grand nombre de chansons en collaboration avec Émile Debraux.

Piton du Roqueray était fils d'un avoué de Coutances. Il avait fait de fortes études. Au lieu de succéder à son père, il passa quelques années à chanter et rire. Il avait de l'esprit, du patriotisme et du talent pour ses chansons. Plus tard, il entra dans l'instruction publique et il professa successivement dans plusieurs collèges; puis il revint à Paris et chanta de nouveau. — Il en est pour la gaieté comme pour l'ivresse : Qui a bu boira, et en effet, il publia, après 1830, ses chansons et quelques fragments d'un certain *Horace travesti*, dont il était l'auteur, dans le *Journal en chansons* de son ami Lepage.

Ce fut Charles Lepage qui trouva le titre de la *Lice chansonnière;* il s'occupa de l'installer et il eut bientôt autour de lui (non pas Émile Debraux, car il mourut avant la tenue de la première séance), des chansonniers dont le talent était fort apprécié dans l'intimité. Ce sont : Blondel, Perchelet, Chanu, Édouard Hachin, Germain, Piton, Louvet, Jest, etc., etc.

La *Lice chansonnière* a un grand mérite, qu'elle tient de son origine, c'est d'être une société chantante républicaine. Chez elle la libre pensée est admise. C'est ce qu'il faut pour les gens d'esprit et surtout pour les chansonniers qui aiment à avoir leurs coudées franches pour exprimer leurs pensées. Aussi la *Lice chansonnière* est-elle aujourd'hui, après cinquante-huit années d'existence, plus prospère que jamais. Outre les noms des premiers membres que nous avons énumérés, elle compte des réputations glorieuses parmi ses morts; ainsi, Jules Leroy, Baptiste Lamôme, Charles Gille, madame Élisa Fleury, Louis Festeau, Charles Colmance, Mahiet de la Cheneraye, Eugène Petit, Desforges de Vassens, Lachambeaudie, Justin Cabassol, Charles Vincent et Antoine Clesse lui font le plus grand honneur.

Cette Société fait ses banquets mensuels au restaurant Philippe, péristyle Beaujolais, au Palais-Royal. C'est là que les membres honoraires, titulaires, libres et visiteurs amis de la chanson, viennent soutenir sa vieille renommée.

Parmi ses membres honoraires, nous citerons : Eugène Berthier, Hippolyte Ryon, Jolly, Landragin, Alexandre Desrousseaux (de Lille, Nord); Paul Henrion, Jules Jeannin, Gustave Nadaud, etc., etc.

Les membres titulaires sont : Avenel (Paul), Badran (François), Baillet (Eugène), Barbotin (Joseph), Bernard-Morot, Buguet (Henri), Cahen (Émile), Cardoze (Lucien), Cauchie (Jules), Champon (Constantin), Chebroux (Ernest), Dudach (Eugène), Échalié (Jules), Flachat (Dominique), Garbet (Louis), Gaumont (Gontran), Guénot (Charles), Hachin (Édouard), Imbert (Eugène), Laurens (Germain), Luth (Auguste), Martel (J.-B.), Maugé (Édouard), Papin (Henri), Péan (Charles), Péan (Laurent), Petit-Pierre (Paul), Pétréaux (Joseph), Pradels (Octave), Raullot (Hippolyte),

Rhéni (Henri), Rivaux (Lucien) et Savoye (Charles).

Ajoutez à ces listes les membres correspondants et les membres libres et vous aurez un total de soixante-dix adeptes de la chanson.

Le répertoire de cette Société se compose de quarante-cinq volumes de chansons.

Revenons au *Caveau*, que nous avons laissé mourir en 1817.

En 1825, le libraire Capelle, sous la présidence de Désaugiers, voulut faire renaître le *Caveau* de ses cendres, chez le restaurateur Lemardelay, sous le titre de *Réveil du Caveau*. Il ne vécut qu'une année, il trépassa à la mort de Désaugiers, qui en était l'âme. Ce joyeux chansonnier expira le 11 août 1827.

Enfin, le *Caveau* se reconstitua en 1834, le vendredi 4 avril, chez le traiteur Champeaux, place de la Bourse, et sous ce titre : *Les Enfants du Caveau*.

Ce jour-là (un vendredi) treize chansonniers s'étaient réunis pour relever le drapeau de la chanson. Et comme dit Charles Vincent dans sa notice sur cette Société, leurs noms méritent d'être conservés : Décour, Eugène Champeaux, Rauzet d'Orinière, Armand-Séville, Maréchalle, Salgat Routier, Alphonse Salin, Ramond de la Croisette aîné, Leroy de Bacre, F. Chatelain, Audouin de Gérouval et Gallemant de Marennes.

Est-ce sous l'influence du *vendredi* et du nombre *treize* que le *Caveau*, sous son nouvel avatar se débattit ? Toujours est-il qu'il ne fit pas florès ; aussi, pour chasser l'injustice du sort, le Comité, en date du 28 décembre 1837, décida que cette Société reprendrait tout simplement l'ancien titre : le *Caveau*. Et voilà comment les *Enfants du Caveau* furent jetés aux gémonies.

Depuis 1837, le nouveau *Caveau* a tenu ses séances sans interruption.

Charles Vincent nous apprend encore que : « le *Caveau* proprement dit se compose de quarante membres, dont vingt titulaires, qui administrent la Société, de vingt membres associés et de membres honoraires. Depuis quelques années, cette Compagnie a ouvert ses portes à des membres libres, amateurs ou chansonniers, dont le nombre n'est pas limité. »

Parmi ses membres renommés de la dernière heure, nous citerons parmi les morts : Protat, Clairville, Eug. Grangé, Émile de la Bédollière et Charles Vincent.

Au nombre de ses membres titulaires, nous trouvons : Allard-Pestel, Bourdelin, Bernard Lopez, Échalié, Garraud (Eugène), Jullien, Liorat (Armand), Montariol, Piesse (Louis), Saint-Germain (le président de l'année 1889), Vacher, Mouton-Dufraisse, Moynot, etc., etc.

Il y a encore les membres associés, les membres correspondants et les membres libres, ce qui fait un personnel de soixante personnes environ.

Le *Caveau* est resté royaliste. Charles Vincent, pendant sa présidence, avait essayé de lui faire admettre la chanson politique, mais il n'a pas pris goût à ce mets, il est redevenu Gros-Jean comme devant.

En résumé, il n'y a donc à Paris que deux

sociétés chantantes : la *Lice chansonnière* et le *Caveau*.

Des goguettes nouvelles, nous n'en parlons pas, il y en a par centaines.

Il y a bien aussi les cafés-concerts, mais nous n'en parlerons pas non plus, ces établissements ne servent qu'à la prostitution de la chanson sous toutes les formes et dans tous les genres. Au lieu de servir à moraliser, elle sert, telle qu'elle est présentée au public, à sa dépravation. L'esprit grossier et mercantile qui en fait tous les charmes, ne se rapproche, par aucun point, de ce qu'on appelle les *flonflons* de la gaieté de nos pères. Signalons cependant, pour rendre hommage à la vérité, les soirées dites *classiques*, organisées un jour de chaque semaine par l'*Eden-Concert*.

Le respect de la chanson n'existe plus qu'à la *Lice chansonnière* et au *Caveau*.

En lisant ce volume, on pourra se rendre compte de la marche de la chanson à travers les âges, et l'on verra, qu'à aucune époque, son dévergondage n'a été aussi déplorable qu'aujourd'hui ; elle flatte les défauts et les vices des spectateurs pour en avoir les applaudissements, dans des cafés-concerts où elle chante sous le contrôle de la censure. Tout son but est là, en l'an de grâce 1889.

CHANSONS
ET
CHANSONNIERS

I

Nous allons jeter un coup d'œil rétrospectif sur la chanson, puisque le public semble avoir une sorte de regain pour cette forme de la pensée.

La chanson a donc sa forme propre comme la *tragédie*, la *comédie* et le *vaudeville*. Elle endosse à son gré, sous sa casaque minuscule, les sentiments du drame, de la gaieté ou de la folie.

Corneille, Molière, Scribe et Béranger ont une valeur réciproque devant le jugement du penseur. Leurs œuvres, différant d'envergure, ont les mêmes qualités ou les mêmes défauts. La chanson a donc sa place toute faite dans la littérature, surtout lorsque ses couplets prennent à bon droit l'allure de l'ode.

Quand la chanson devient vaillante, comme la

Marseillaise par exemple, elle acquiert beaucoup d'importance. Elle devient une force. N'est-ce pas la « Marseillaise » qui faisait dire à un général de la première République française, en écrivant au ministre de la guerre : *Envoyez-moi des vivres, un exemplaire de la* Marseillaise, *et je réponds de la victoire.*

La chanson est dans le sang français. Et comme le dit fort justement Paul Avenel, un de nos chansonniers populaires :

La France aime à chanter, elle chante toujours.

De tout temps, la chanson a tenu sa place au foyer domestique ; elle s'est perpétuée d'âge en âge dans les familles, et à chaque génération elle s'est modifiée plus ou moins pour se mettre à la mode du temps.

Sans vouloir remonter aux Francs et aux Gaulois, nous prendrons la chanson au moment de la Fronde.

Elle joua un rôle véritable dans les *Mazarinades*. Elle ridiculisait Mazarin.

Le règne de Louis XIV est le point de départ de la transformation de la chanson. Elle se perfectionne, sa forme est plus accentuée, elle a un but plus sérieux. Elle ne célèbre plus seulement la beauté d'*une adorée*, ou ne fait plus simplement l'éloge d'une *Altesse* ; elle s'occupe des *affaires publiques* ; elle ridiculise les *gros fermiers généraux*, les *favorites de la cour* et tourne ses refrains vers le *pouvoir*. Elle commence à oser, elle grandit.

Vers le milieu du dix-septième siècle, c'est-à-dire sous les premières années de celui que les flatteurs titrés et les adulateurs enrichis appelèrent plus tard : le *Roi Soleil*, nous citerons : Maître Adam, le menuisier de Nevers, ou pour mieux dire Adam Billaut. Son chef-d'œuvre est :

LE VRAI BUVEUR

Aussitôt que la lumière
A redoré nos coteaux,
Je commence ma carrière
Par visiter mes tonneaux.
Ravi de voir l'aurore,
Le verre en main, je lui dis :
Vois-tu sur la rive maure
Plus qu'à mon nez de rubis ?

Le plus grand roi de la terre
Quand je suis dans un repas,
S'il me déclarait la guerre,
Ne m'épouvanterait pas.
A table, rien ne m'étonne,
Et je pense, quand je bois,
Si là-haut Jupiter tonne,
Que c'est qu'il a peur de moi.

Si quelque jour, étant ivre,
La mort arrêtait mes pas,
Je ne voudrais pas revivre
Pour changer ce doux trépas.
Je m'en irais dans l'Averne
Faire enivrer Alecton,
Et bâtir une taverne
Dans le manoir de Pluton.

Par ce nectar délectable
Les démons étant vaincus,
Je ferais chanter au diable
Les louanges de Bacchus.

> J'apaiserais de Tantale
> La grande altération ;
> Et, passant l'onde infernale,
> Je ferais boire Ixion...
>
> Au bout de ma quarantaine
> Cent ivrognes m'ont promis
> De venir, la tasse pleine,
> Au gîte où l'on m'aura mis.
> Pour me faire une hécatombe
> Qui signale mon destin,
> Ils arroseront ma tombe
> De plus de cent brocs de vin.
>
> De marbre ni de porphyre
> Qu'on ne fasse mon tombeau.
> Pour cercueil je ne désire
> Que le contour d'un tonneau ;
> Je veux qu'on peigne ma trogne
> Avec ces vers à l'entour :
> Ci-gît le plus grand ivrogne
> Qui jamais ait vu le jour.

Au-dessus de tous, au temps de la Fronde, nous mettrons Blot, le baron Blot, surnommé *Blot-l'Esprit*, qui fit de la politique en chansons. On lui doit les meilleurs couplets satiriques des *Mazarinades*. Ces chansons, comme disait certaine femme d'esprit de la noblesse, avaient le *diable au corps*. Cette dame de la cour, écrivain distingué elle-même, n'était autre que madame de Sévigné.

Ce fut à cette époque que la chanson dite *populaire* conquit son droit de cité. Aux joyeux pitres Tabarin et Gauthier Garguille, — Philippe-le-Savoyard succédait sur le pont Neuf, où la foule venait entourer ses tréteaux pour applaudir ses lazzis et ses farces rimées. Ce qui fit dire, depuis ce jour, que la populace, pour s'amuser, avait ses *ponts-neufs*, pour exprimer: ses chansons vulgaires et d'une compréhension facile. Cela explique pourquoi le nom de *ponts-neufs* est resté aux vieux airs *connus*, qui se sont transmis jusqu'à nous par la mémoire de nos pères.

Dès lors, la *chanson des rues* exista; et si aujourd'hui ces chanteurs n'exercent plus sur un pont, nous les rencontrons dans les carrefours écartés et populeux, chantant la parodie de la dernière chanson en vogue, ou des couplets plus ou moins rimés, plus ou moins satiriques, mais toujours de circonstance, dont l'esprit pique la curiosité des passants.

La mort de Louis XIV amena la régence; qui dit régence aujourd'hui pense aux plaisirs, aux festins et aux abbés galants... à toutes les débauches, suscitées enfin par le dévergondage de la cour d'alors. La chanson ne resta pas en arrière de la corruption générale, elle devint galante, libertine, gaillarde, graveleuse et obscène. Les petites maisons où se donnaient les fins soupers avaient leurs poètes. Marquis, ducs, comtes, abbés et mousquetaires voulaient de gais refrains à leurs orgies.

L'éclosion de tous ces rimeurs lubriques et bachiques se perpétua pendant le règne de Louis XV. Pour donner une idée de leur savoir-faire, nous prendrons parmi eux Collé, homme d'esprit, de savoir et flatteur habile, mais délicat. Il chantait au salon, au boudoir, au dessert d'un fin souper, mais ne s'encanaillait pas avec la populace. Il lui fallait des lambris dorés, des robes de soie, des mets succulents et des femmes aristocratiques et charmantes pour l'inspirer.

COLLÉ

Collé naquit le 14 avril 1709, à Paris. Voltaire et Béranger étaient comme lui, Parisiens. Le père de Collé était procureur du roi au Châtelet, et, en outre, trésorier de la chancellerie du palais. Le père de Voltaire était notaire, le père de Béranger était banquier. Je fais, en passant, ces rapprochements, pour montrer que ce n'est que la vocation seule qui mène aux arts ou à la littérature. On naît chansonnier, comme on naît peintre ou sculpteur; et si Collé s'est livré à la carrière littéraire, c'est qu'il n'y avait pas en lui l'étoffe d'un procureur, mais l'étoffe d'un chansonnier. Voilà pourquoi la plupart de ceux qui s'adonnent aux arts libéraux font le désespoir de leur famille quand elle occupe un rang envié ou exceptionnel dans l'ordre social. On pourra objecter que tout le monde ne naît pas fils d'un notaire, d'un procureur ou d'un banquier, la preuve, c'est que Molière était fils d'un tapissier; Regnard, fils d'un épicier; Quinault, fils d'un boulanger, etc., etc. La vocation les a élevés au-dessus du niveau des autres hommes en les faisant fils de leurs propres œuvres.

Mais arrêtons ici cette digression et revenons à notre sujet.

A cause de sa naissance, Collé avait de belles relations de famille; et dans sa jeunesse il s'était fait connaître en chantant les chansons de *Haguenier*, qui étaient fort appréciées alors pour leur mérite. Il fréquentait les salons des fermiers généraux. Ces nobles de l'argent menaient joyeuse vie. Quelques-uns avaient table ouverte pour les gens d'esprit, et Collé et Crébillon fils y tenaient leur place avec succès. Collé brillait par les gaudrioles, les gaillardises, dont le décolleté ne pouvait convenir qu'aux âmes blasées. Aujourd'hui on met les chansons de Collé dans un coin de bibliothèque, à l'abri de la main des personnes prudes et des enfants.

Collé, de l'aristocratie de l'argent, monta à l'aristocratie de la noblesse, et plus d'une grande dame se délecta aux refrains de ses couplets graveleux. Ses chansons étaient écrites avec soin et il ne les traîna pas dans les cabarets où trônaient Panard et Gallet.

Pour donner une idée du talent de Collé, nous citerons sa chanson, qui a pour titre : *La manière fait tout :*

> Amants qui marchez sur les traces
> Désagréables de la cour,
> Ayez de l'esprit et des grâces :
> Il en faut pour faire l'amour.
> Tout consiste dans la manière
>   Et dans le goût,
> Et c'est la façon de faire
>   Qui fait tout.
>
> Pour faire un bouquet à Lucrèce
> Suffit-il de cueillir des fleurs ?

Il faut encore avoir l'adresse
D'en bien assortir les couleurs.
Tout consiste, etc.

L'amant risque tout, et tout passe,
Lorsque l'on sait prendre un bon tour.
S'il est insolent avec grâce,
On fera grâce à son amour.
Tout consiste, etc.

De deux jours l'un, pour ma bergère,
Je fais deux bons petits couplets,
Et ma bergère les préfère
A douze qui seraient mal faits.
Tout consiste dans la manière
Et dans le goût,
Et c'est la façon de faire
Qui fait tout.

Collé n'aimait pas les philosophes; il n'aimait pas Voltaire et détestait Rousseau. Il fit quelques pièces de théâtre spirituelles, mais avant tout, il resta chansonnier. Il fut un des fondateurs de la Société chantante : le *Caveau*.

J'ai tenu à m'arrêter un peu sur Collé, parce qu'il y a en lui la véritable essence du chansonnier et nous en rencontrerons peu dans ces *cent dernières* années qui l'emportent sur lui pour tourner une gauloiserie spirituelle. Il mourut le 3 septembre 1783.

Béranger, au début de sa carrière, affectionnait particulièrement les chansons de Collé; heureusement, il n'a pas longtemps persisté à marcher sur ses traces, et il a su mettre ses couplets au-dessus du vin, de l'amour et de la bouteille, lieux communs dans lesquels se prélassait autrefois la Chanson.

Voici en quels termes s'exprime le chantre de Lisette sur Collé : « Collé est le plus varié et le plus spirituel des anciens chansonniers français. Ses couplets, presque toujours graveleux, sont les fruits d'une observation fine et d'une gaîté mordante. Il a laissé la réputation d'un homme honnête et de mœurs pures. »

Collé avait pour protecteur le duc d'Orléans, fils du régent, de même que Béranger eut pour protecteur Lucien Bonaparte, qui lui abandonnait son traitement de l'Institut, pour vivre. Ce qui fait dire à l'éditeur Perrotin : « Béranger, devant de
» si utiles encouragements, chanta la gloire de
» Napoléon. »

Béranger était reconnaissant, il avait raison.

Charles Collé était fin, sceptique et spirituel. Dans le premier volume de ses mémoires, nous lisons ces lignes « Gallet est pourtant mon maître en chansons ; c'est sous lui que j'ai appris à en faire. »

Eh bien, parlons de Gallet.

GALLET

Gallet est né au mois d'octobre 1698, rue de la Truanderie, d'un petit épicier-droguiste. Il gamina dans Paris avec tous les polissons de son quartier, car il était rebelle au moindre travail, à la moindre étude, et, malgré cela, on lui reconnaissait beaucoup de cœur et infiniment d'esprit.

Quand son père mourut, en 1720, notre jeune poète ne s'occupa pas de conserver ou d'augmenter l'héritage paternel. N'ayant jamais eu de goût pour le commerce de l'épicerie, il ouvrit la maison de son père à ses amis poètes : Piron, Collé, Crébillon fils et Panard.

Si nous nous en rapportons à l'histoire, nous pouvons dire que la véritable fondation du *Caveau* fut là, dans cette boutique de denrées coloniales, rue de la Truanderie. Ces premières réunions d'amis se firent pour rire, causer, boire et chanter des chansons amoureuses ou bachiques.

Gallet n'employa sa vie qu'à deux choses, à manger le bien qu'il tenait de son père et à composer des chansons grivoises.

Quelquefois le père Crébillon — *Crébillon le Terrible* — comme on le surnommait à cause de la noirceur tragique de ses pièces, venait aux agapes fraternelles de la rue de la Truanderie; alors c'était une soirée complète. Disons, en passant, que ce Crébillon, dont le joli buste figure si bien à la Comédie-Française, était un colosse sale comme un peigne et ayant continuellement la pipe à la bouche, mais grand mangeur et excellent convive. Le vieux censeur royal savait mettre son âge mûr au niveau de la folle jeunesse de Gallet et de Charles Collé, qui, à ce moment, avaient un peu plus de vingt ans, l'un l'autre.

La mère de Gallet allait se coucher de bonne heure, et à peine avait-elle quitté la table que les folies et les chants commençaient.

Gallet, aussitôt la porte de la salle à manger fermée derrière la vieille femme, se levait et entonnait à pleine voix, par exemple :

> Si pour embellir le monde,
> Jupiter m'eût consulté,
> Dans les lieux où coule l'onde,
> Le vin seul eût existé.
> La terre eût été sa treille,
> Et la mer son réservoir,
> Et pour le mettre en bouteille,
> J'aurais servi d'entonnoir.

Chacun disait une ou plusieurs chansons en buvant force rasades et c'était fort avant dans la nuit que les convives se séparaient.

Inutile de dire que les affaires commerciales de notre épicier-chansonnier se ressentirent énormément de son amour pour la poésie lyrique. Les créanciers ne tardèrent pas à perdre leur confiance dans la solvabilité de notre philosophe et tombèrent tous ensemble sur le magasin de la rue de la Truanderie.

Gallet n'en conserva pas moins sa gaîté et sa manière de vivre jusqu'à son dernier soupir. A ce propos, nous croyons intéressant de citer un fragment des mémoires de Marmontel, où Gallet est peint de main de maître :

« Ce vaurien (Gallet) était un original assez curieux à connaître. C'était un marchand épicier qui, plus assidu au théâtre de la foire qu'à sa boutique, s'était déjà ruiné lorsque je le connus. Il était hydropique, et n'en buvait pas moins et n'en était pas moins joyeux ; aussi peu soucieux de la mort que soigneux de la vie, et tel qu'enfin dans la misère, dans la captivité, sur un lit de douleur, et presque à l'agonie, il ne cessa de faire un jeu de tout cela.

» Après sa banqueroute, réfugié au Temple, lieu de franchise alors pour les débiteurs insolvables, comme il y recevait tous les jours des mémoires de créanciers : Me voilà, disait-il, logé au *Temple des Mémoires.*

» Quand son hydropisie fut sur le point de l'étouffer, le vicaire du Temple étant venu lui administrer l'extrême-onction : « Ah ! monsieur l'abbé, lui dit-il, vous venez me graisser les bottes ; cela est inutile, car *je m'en vais par eau.* » Le même jour, il écrivit à son ami Collé, et en lui souhaitant la bonne année par des couplets sur l'air : *Accompagné de plusieurs autres.* Ce fut sa dernière gaîté :

> Du premier mois de janvier
> Je me ris comme du dernier ;
> Que la politique aille aux piautres !
> Dans mon répertoire j'ai mis
> Qu'on trouve peu de vrais amis
> Accompagnés de plusieurs autres.

> Ce petit couplet de chansons
> Est un compliment sans façon
> A Collé le meilleur des nôtres.
> C'est prou pour moi, pauvre animal,
> Prêt à succomber sous un mal
> Accompagné de plusieurs autres.

> De ces couplets soyez content :
> Je vous en ferais bien autant,
> Et plus qu'on ne compte d'apôtres ;
> Mais, cher Collé, voici l'instant
> Où certain fossoyeur m'attend,
> Accompagné de plusieurs autres.

Voila un chansonnier qui a une humeur peu commune et une façon originale et gaie d'envisager les choses de la vie.

Marmontel ayant rencontré Panard, après la mort de son ami Gallet : « Ah ! Monsieur, lui dit le chansonnier fort ému, un ami de trente ans, avec qui je passais ma vie !...

» Vous savez qu'il est mort au Temple ? J'y suis allé pleurer et gémir sur sa tombe. Quelle tombe !

» Ah ! monsieur, ils me l'ont mis sous une gouttière, lui qui, depuis l'âge de raison, n'avait pas bu un verre d'eau ! »

Pour faire encore mieux connaître Gallet, je cite sa chanson intitulée :

LA MEUNIÈRE DU MOULIN A VENT

En amour je suis très savant
    De plus d'un' manière.
Depuis qu'un jour qu'il f'sait du vent,
Par derrière comm' par devant
    J'ai vu la meunière
    Du moulin à vent.

— Je me promenais très souvent
    Près de la rivière ;
L'moulin à eau dorénavant
Ne me plaira plus comme avant.
    J'ai vu la meunière
    Du moulin à vent.

— Je lui dis : Je suis bon vivant ;
    Aimez-moi, ma chère :
Vous verrez qu'avec moi le vent
Soufflera toujours du levant,
    Pour la bell' meunière
    Du moulin à vent.

— Mais c'est une tête à l'évent :
　　Ell' tourna l' derrière ;
Et, refermant son contrevent,
Ell' me laissa triste et rêvant
　　　A la bell' meunière
　　　Du moulin à vent.

J' voulais, plein d'un zèle fervent,
　　Faisant ma prière,
M'aller jeter dans un couvent,
N' pouvant pas êtr' frère servant
　　　D' la belle meunière
　　　Du moulin à vent.

— J'allai la voir le jour suivant,
　　Elle fut moins fière,
Se tourna mieux qu'auparavant ;
Et le lendemain, par devant,
　　　J'ai vu la meunière
　　　Du moulin à vent.

— D'un autre moyen me servant,
　　J'allai chez l' notaire ;
Et sur le contrat écrivant,
J' dis : Mettez, passé par-devant :
　　　J'épous' la meunière
　　　Du moulin à vent.

Tout le monde connaît le gai refrain de cete chanson, mais est-il beaucoup de gens qui l'aient jamais lue tout entière ?

Nous devrions, ici, parler de la fondation du *Caveau*, qui eut une si grande influence sur l'avenir de la chanson ; mais, avant, nous dirons un mot sur Piron et Panard, dont les œuvres chansonnières sont moins connues que leurs noms.

PIRON

Piron est plus en renom que ses amis aujourd'hui, par le chef-d'œuvre dramatique dont il est l'auteur : *La Métromanie*. Quant à ses chansons, on les suppose bien plus érotiques ou grivoises qu'elles ne le sont réellement. En conscience, le spirituel Piron vaut mieux que sa réputation.

Qu'on en juge par sa chanson :

LES FAUX PAS

Air : *Le prévôt des marchands.*

Peu de chose arrête le cours
De la fortune et des amours ;
Dans l'une et dans l'autre carrière,
Après mille et mille embarras,
Souvent l'on n'a qu'un pas à faire.
Par malheur on fait un faux pas.

Un berger, qui courait gaîment,
Du triomphe vit le moment ;
Tout près d'atteindre sa bergère,
Il étendait déjà les bras ;
Il n'avait plus qu'un pas à faire,
Par malheur il fit un faux pas.

Une simple et jeune beauté
Ne fuyait que par vanité ;
Son berger n'y comptait plus guère ;
De la poursuivre il était las ;
Elle n'avait qu'un pas à faire,
Exprès elle fit un faux pas.

Une prude approchait du temps
Qui fait taire les médisants.

Son honneur, antique et sévère,
Nous regardait du haut en bas ;
Il n'avait plus qu'un pas à faire,
Par malheur il fit un faux pas.

Un trafiquant, dans son état,
Sur l'honneur était délicat ;
Les autres faisaient leurs affaires,
Lui seul ne s'enrichissait pas ;
A l'exemple de ses confrères,
Par bonheur il fit un faux pas.

Dans le cirque des beaux esprits,
Plus d'un coureur manque le prix ;
D'un parterre en vain on l'espère,
Même après bien des brouhahas,
Si, n'ayant plus qu'un pas à faire,
Par malheur on fait un faux pas.

Nous engageons nos poètes décadents et naturalistes à égaler ces simples strophes dans leurs élucubrations si pleines de modernité et de fantaisie... dont ils sont si fiers !

Il court sur Piron une foule d'histoires, que les faiseurs d'anecdotes ont mis sous son nom ; mais il n'était pas l'homme graveleux, impudique et obscène que nous le représentent certains *ana*, dont l'authenticité est des plus douteuses. Il n'y a qu'à lire ses œuvres complètes pour réhabiliter sa mémoire. Il avait de l'esprit et du talent. Et même, du temps de sa vie, il souffrait beaucoup de cette réputation de poète ordurier que ses connaissances et amis lui avaient faite... sans le vouloir.

Il fut élu académicien en 1753 ; mais le roi refusa son agrément, à cause d'une ode licencieuse qu'il avait composée dans sa jeunesse, et l'élection devint nulle. Aujourd'hui, cette ode est oubliée, et on ne voit plus que les œuvres sérieuses de son auteur.

Alexis Piron était né à Dijon en 1689 et mourut en 1773.

PANARD

Charles-François Panard était né à la fin du dix-septième siècle, en 1691, à Courville (Eure-et-Loir). Il vint à Paris et trouva un emploi dans un bureau. Il n'était pas ambitieux; ses appointements, suffisant aux besoins de sa vie, le rendaient heureux. Il n'était pas pique-assiette comme Crébillon fils, qui faisait le désespoir de son papa par son indolence et sa paresse.

Panard avait une vie très régulière, paisible et honnête. Il observa toujours la morale dans ses œuvres. Il eût rougi de faire des chansons licencieuses comme certains de ses amis. Il n'était pas soigneux de sa personne. Sa mise était très négligée. Il n'était pas flatteur et vivait dans une indépendance relative, dont il était fier. Enfin, la probité de sa vie le mettait en grande estime auprès de ceux qui le fréquentaient.

Voici ce que Béranger dit de ce joyeux rimeur :

« Panard est un des noms que les chansonniers
» ont dû répéter le plus souvent. Le premier peut-
» être, il a soumis la chanson à une correction
» étudiée et à une grande richesse de rimes. Il a

» commencé à rendre ce genre difficile pour les
» simples amateurs. C'est cependant plutôt un
» *coupletteur* habile qu'un vrai poète. »

Panard ne fit pas que des chansons excellentes ;
il travailla encore pour le théâtre. Il eut une pièce
jouée au Théâtre-Français, en 1735, et une quinzaine d'opéras-comiques au Théâtre de la Foire.
Mais sa réputation de rimeur et d'homme d'esprit
n'est basée que sur le recueil de chansons signé de
lui.

Nous prendrons dans son œuvre :

LE ROI DES PLAISIRS ET LE PLAISIR DES ROIS

Sous les lambris où l'or éclate,
Fouler la pourpre et l'écarlate,
Sur un trône dicter des lois :
   C'est le plaisir des rois.
Sur la fougère et sur l'herbette,
Lire dans les yeux de Lisette
Qu'elle est sensible à nos soupirs :
   C'est le roi des plaisirs.

Quelque part que l'on se transporte,
Être entouré d'une cohorte,
Voir des curieux jusques aux toits :
   C'est le plaisir des rois.
Quand on voyage avec Sylvie,
N'avoir pour toute compagnie
Que les amours et les zéphyrs :
   C'est le roi des plaisirs.

Posséder des trésors immenses,
Briller par de riches dépenses,
Commander et donner des lois :
   C'est le plaisir des rois.

Toucher l'objet qui sait nous plaire,
Par un retour tendre et sincère,
Le voir sensible à nos désirs :
   C'est le roi des plaisirs.

Agir et commander en maître,
Avec la poudre et le salpêtre,
Fortement appuyer ses droits :
   C'est le plaisir des rois.
Quand le tendre enfant nous couronne,
Tenir du cœur ce qu'on nous donne,
Ne rien devoir qu'aux doux soupirs :
   C'est le roi des plaisirs.

Des plus beaux bijoux de l'Asie
Parer une beauté chérie,
En charger sa tête et ses doigts :
   C'est le plaisir des rois.
Voir une petite fleurette
Toucher plus le cœur de Nanette
Que perles, rubans et saphyrs :
   C'est le roi des plaisirs.

Quand on est heureux à la guerre,
En informer toute la terre,
Publier partout ses exploits :
   C'est le plaisir des rois.
Lorsque l'amour nous récompense,
Goûter dans l'ombre et le silence
Le fruit de nos tendres soupirs :
   C'est le roi des plaisirs.

Avec une meute bruyante,
Remplir les forêts d'épouvante,
Réduire des cerfs aux abois :
   C'est le plaisir des rois.
Avec une troupe choisie,
Chasser à grands coups d'ambroisie

La douleur et les vains soupirs :
　　C'est le roi des plaisirs.

Donner dans une grande fête
Des concerts à rompre la tête,
Où l'on entend mugir cent voix :
　　C'est le plaisir des rois.
Dans un petit repas tranquille,
Par quelque gentil vaudeville,
Du cœur exprimer les désirs :
　　C'est le roi des plaisirs.

A des flatteurs, dont la souplesse
S'avilit jusqu'à la bassesse,
Donner souvent les beaux emplois :
　　C'est le plaisir des rois.
Verre en mains, près de ce qu'on aime,
Railler ceux qu'une ardeur extrême
De l'ambition rend martyrs :
　　C'est le roi des plaisirs.

Et cette jolie chanson :

LES LOIS DE LA TABLE

Air : *Je suis une vigne nouvelle.*

Point de gêne dans un repas ;
Table fût-elle au mieux garnie,
Il faut, pour m'offrir des appâts,
Que la contrainte en soit bannie.
Toutes les maisons où j'en voi
　　Sont des lieux que j'évite :
Amis, je veux être chez moi
　　Partout où l'on m'invite.

Quand on est sur le point d'honneur,
Quel désagrément on éprouve !

Point de haut bout; c'est une erreur;
Il faut s'asseoir comme on se trouve;
Surtout qu'un espace assez grand
    La liberté nous laisse;
Même auprès d'un objet charmant,
    Comus défend la presse.

Fuyons un convive pressant
Dont les soins importuns nous choquent,
Et qui nous tue en nous versant
Des rasades qui nous suffoquent :
Je veux que chacun sur ce fait
    Soit libre sans réserve;
Qu'il soit son maître et son valet,
    Qu'à son goût il se serve.

Des mets joliment arrangés
Le compartiment méthodique,
Malgré les communs préjugés,
Me paraît sujet à critique :
A quoi cet optique est-il bon?
    Dites-moi, je vous prie,
Sert-on pour les yeux, et doit-on
    Manger par symétrie?

Quand on devrait me censurer,
Je tiens, amis, pour véritable,
Que la raison doit mesurer
Les plaisirs même de la table :
Je veux, quand le fruit est servi,
    Que chacun se réveille;
Mais il faut quelque ordre, et voici
    Celui que je conseille :

Dans les chansons point d'aboyeurs,
Dans les transports point de tumulte,
Dans les récits point de longueurs,
Dans la critique point d'insulte;

> Vivacité sans jurement,
> Liberté sans licence,
> Dispute sans emportement,
> Bons mots sans médisance.

Ce chansonnier mourut en 1765.

Nous avons raconté que Gallet réunissait chez lui ses trois amis Piron, Collé et Panard, pour boire et chanter. Ces réunions amicales durèrent jusqu'en 1733, époque où les affaires du joyeux épicier-droguiste devinrent fort embrouillées. Ses amis, s'apercevant de sa gêne, ne voulurent plus qu'il supportât seul tous les frais des soupers. Ce n'était pas juste, d'ailleurs, et il était plus digne et plus convenable que chacun fournît sa quote-part et *qu'on se réunît au cabaret*.

Il fut donc convenu entre les quatre amis qu'on dînerait à frais communs, deux fois par mois. On ne s'occuperait dans ces réunions que de vers, de chansons et de gaîté.

Et, afin de bien laver le passé, il fut convenu entre Piron, Collé et Panard, que, pour indemniser Gallet de toutes les dépenses dont il avait seul jusque-là supporté les charges, il assisterait gratis au premier souper. Pour rendre plus solennelle la réunion d'ouverture, on invita Fuselier, Saurin le fils, Crébillon père, Sallé et Crébillon fils.

Elle eut lieu dans un petit cabaret dont les vins étaient délicieux et de provenance sûre, situé carrefour de Buci. Il avait pour enseigne : *Au Caveau*. Landelle, le cabaretier, avait justement une salle basse fort commode, qu'il réservait à ses nouveaux clients.

Ce fut en 1733 que le premier dîner eut lieu, et

l'année suivante, on forma une société régulière, qui prit le nom de Caveau (1).

Landelle était un homme actif, éveillé, prévenant, que la vieille gloire du cabaret de la *Pomme de Pin* empêchait de dormir. Il fit le meilleur accueil à sa nouvelle clientèle. Le prix du repas était fixé à deux livres.

Le premier dîner offert à Gallet fut présidé par le père Crébillon. Il avait Gallet à sa droite et Panard à sa gauche. Les autres convives étaient les invités que nous venons de citer.

On s'était mis à table vers trois heures et demie, et on en sortit à minuit. Le repas avait été des mieux ordonnés par Landelle, et assaisonné de l'esprit le plus gai et le plus léger par les dîneurs. La plus grande cordialité avait régné du commencement à la fin.

Les réunions des membres du Caveau avaient lieu le 1er et le 16 de chaque mois. Pendant six années elles durèrent sans interruption.

Vers 1739, le Caveau fut un peu négligé par ses adeptes et se ferma.

En 1759, Piron, Crébillon fils, Gentil-Bernard et le vieux Panard essayèrent de le ressusciter.

Un des plus célèbres du Caveau d'alors est sans contredit Favard ; on en jugera par les deux chansons suivantes :

(1) M. Jacques Bouché, éditeur des œuvres de Gallet, nous apprend que : « Le premier dîner (au *Caveau*) eut lieu en 1733 » et M. Ourry, dans le *Dictionnaire de la conversation,* dit : « L'institution du *Caveau* de 1729. » Pour nous, elle date des premières réunions chez l'épicier Gallet.

V'LÀ C' QUE C'EST QU' D'ALLER AU BOIS

VAUDEVILLE

Tous nos tendrons sont aux abois,
V'là c' que c'est qu' d'aller au bois ;
Nos bûcherons sont gens adroits.
Quand on va seulette
Cueillir la noisette,
Jamais l'Amour ne perd ses droits :
V'là c' que c'est qu' d'aller au bois.

Jamais l'Amour ne perd ses droits,
V'là c' que c'est qu' d'aller au bois.
L'autre jour, ce petit sournois
Dormait à l'ombrage,
Sous un vert feuillage :
Dorine approche en tapinois,
V'là c' que c'est qu' d'aller au bois.

Dorine approche en tapinois,
V'là c' que c'est qu' d'aller au bois.
Elle dérobe son carquois,
En tire une flèche,
Propre à faire brèche,
Dont elle se blesse, je crois :
V'là c' que c'est qu' d'aller au bois.

Voici la seconde :

RELAN TAMPLAN, TAMBOUR BATTANT

Je veux, au bout d'une campagne,
Me voir déjà joli garçon ;
Des héros que l'on accompagne,
On saisit l'air, on prend le ton :
Des ennemis, ainsi qu' des belles,

On est vainqueur en l's' imitant.
  Et r'li, et r'lan,
On prend d'assaut les citadelles,
Relan tamplan, tambour battant.

Braves garçons que l'honneur mène,
Prenez parti dans Orléans;
Not' coronel, grand capitaine,
Est le patron des bons vivants :
Dam', il fallait le voir en plaine
Où le danger était l' plus grand.
  Et r'li, et r'lan.
Lui seul en vaut une douzaine,
Relan tamplan, tambour battant.

Nos officiers, dans la bataille,
Sont pêle-mêle avec nous tous :
Il n'en est point qui ne nous vaille,
Et les premiers ils sont aux coups.
Un général, fût-il un prince,
Des grenadiers se met au rang;
  Et r'li, et r'lan;
Fond sur l's' enn'mis et vous les rince,
Relan tamplan, tambour battant.

Vaillant et fier sans arrogance,
Et respecter ses ennemis;
Brutal pour qui fait résistance,
Honnête à ceux qui sont soumis;
Servir le roi, servir les dames :
Voilà l'esprit du régiment.
  Et r'li, et r'lan,
Nos grenadiers sont bonnes lames,
Et vont toujours tambour battant,

Viens vite prendre la cocarde;
Du régiment quand tu seras,
Avec respect j' veux qu'on te r'garde;

Le prince est l' chef, et j' sons les bras.
Par le courage on se ressemble;
J'ons même cœur et sentiment.
  Et r'li, et r'lan.
Droit à l'honneur j'allons ensemble,
Relan tamplan, tambour battant.

La jeune Agnès devint ma femme;
J'étais le maître à la maison.
Au bout d'un mois, changeant de gamme,
Elle fut pire qu'un dragon.
Pauvres époux, voyez ma peine;
Si je m'échappe un seul instant,
  Et r'li, et r'lan,
Relan tamplan, elle me mène,
Relan tamplan, tambour battant.

Quand un mari fait bon ménage,
Que de sa femme il est l'amant,
Frauder ses droits est un outrage
Que l'on excuse rarement.
S'il va courir la prétentaine,
Ne peut-on pas en faire autant?
  Et r'li, et r'lan,
Relan tamplan, on vous le mène,
Relan tamplan, tambour battant.

Le Caveau suspendit ses séances en 1772. Il reparut en 1806 avec Armand Gouffé, Laujon, Piis, Philippon de la Madelaine, etc., chez Balaine, au restaurant du *Rocher de Cancale*, rue de Montorgueil.

En 1813, Désaugiers y amena Béranger; mais le chantre de *Lisette* — il le dit lui-même — n'aimait pas ces réunions chantantes. Aussi y resta-t-il peu de temps.

Le Caveau disparut en 1816, pour reparaître encore en 1825, à l'instigation du libraire Capelle, et sous la présidence de Désaugiers.

Il ferme en 1827, à la mort de son président.

Les dîners se faisaient chez le traiteur Lemardelay, sous le titre de *Réveil du Caveau*.

Le Caveau d'aujourd'hui, qui ne date, à vrai dire, que de 1834, sa dernière résurrection, a conservé le verre de Panard. On le vénère comme un Saint-Ciboire dans cette église de la chanson.

Voici comment cette relique du buveur est arrivée à faire l'orgueil de cette société chantante :

Laujon avait hérité du verre de Panard ; à sa mort, il le céda à Philippon de la Madeleine.

Quand celui-ci mourut, en 1818, âgé de quatre-vingts ans, sa veuve, qui était encore jeune, convola en secondes noces avec Ducray-Duminil. A son tour, ce dernier vint à mourir ; et, comme il était alors un des membres les plus aimés du Caveau, sa veuve se fit un devoir, par les mains de M. Roll, compositeur de musique, d'offrir le fameux verre aux amis de son mari. Cette donation eut lieu en 1843.

A chaque réunion du Caveau, ce verre est placé sur la table, en face du président. Cette Société poétique a perdu beaucoup de sa célébrité passée. Elle chemine toujours dans ses vieilles ornières. Elle ne communie pas avec les idées nouvelles.

JACQUES VERGIER

Le règne de Louis XV compte parmi ses meilleurs chansonniers : Vergier, Haguenier, L'Attaignant et Vadé.

Jacques Vergier, conseiller du roi, ancien commissaire de la marine, naquit à Lyon en 1657. Il commença ses études dans cette ville et vint les achever à Paris. Il fit un cours de théologie en Sorbonne, et prit même le grade de bachelier. Mais, dans la suite, s'étant senti peu de goût pour l'état ecclésiastique, auquel ses parents l'avaient destiné, il entra dans le monde, où il se fit bien vite des amis et des protecteurs. Il était, par caractère, bon, serviable, spirituel et gai.

Il devint commissaire de la marine, et, dans ses fonctions, il fit preuve de capacités supérieures. Puis, il vendit sa charge et vint résider à Paris, où ses contes, ses vaudevilles et ses chansons le firent rechercher par la meilleure société.

Il mourut d'une mort funeste, à l'âge de soixante-trois ans, le 16 août 1720. Il fut assassiné.

Vergier avait soupé chez madame Fontaine, une de ses meilleures amies. Comme il se retirait, entre minuit et une heure, sans laquais et sans lumière, il fut assailli, au coin de la rue du Bout-du-Monde, par trois hommes masqués, qui le blessèrent d'un coup de pistolet à la gorge et de trois coups de poignard dans la région du cœur.

On ignora longtemps la cause de ce crime, qui parut d'autant plus étrange que Vergier ne fut pas volé et qu'on ne lui connaissait pas d'ennemis.

Mais, plus tard, on apprit que l'auteur de cet assassinat était un voleur connu sous le nom du chevalier le Craqueur, ayant deux autres complices, tous camarades du fameux Dominique Cartouche.

Le chevalier le Craqueur, après avoir avoué ce meurtre et plusieurs autres, fut rompu vif, à Paris, le 17 juin 1722. Son dessein était de voler Vergier; mais il en avait été empêché par l'arrivée d'un carrosse, au moment où ces trois voleurs venaient de le tuer.

Nous reproduisons des couplets qu'il avait composés pour cette madame Fontaine, chez laquelle il venait de souper quelques instants avant sa mort.

Air : *Ma raison s'en va bon train.*

Venez, Grâces, venez, Ris,
Venez, enfants de Cypris,
Venez promptement.
On plait de cent manières :
Mon iris tient de tout cela
Des écoles plénières,
Lon-la,
Des écoles plénières.

Mais pour prix de ces soins-là,
En votre art instruisez-la
Leçon pour leçon,
Façons pour façons,
C'est la justice même.
Son jeune cœur de vous saura
Comment il faut qu'on aime,
Lon-la,
Comment il faut qu'on aime.

Presqu'au milieu des hivers,
Nos champs de fleurs sont couverts.
  Les Jeux et les Ris,
  Autour de Cypris,
  Folâtrant dans la plaine.
Qui nous ramène tout cela ?
  Est-ce Flore ou Fontaine ?
    Lon-la,
  Est-ce Flore ou Fontaine ?

Vous qui ne connaissez pas
D'Amour quels sont tous les appâts
  En jeux amusants,
  En ris séduisants,
  Regardez cette belle :
Fontaine est de tous ces dieux-là
  L'extrait le plus fidèle,
    Lon-la,
  L'extrait le plus fidèle.

HAGUENIER

Haguenier est peut-être moins connu que Vergier ; mais il n'en faisait pas moins de charmantes chansons, que le monde d'alors savait apprécier. Elles avaient le franc rire et un certain côté libéral et philosophique, qui leur donnait une saveur particulière sous le règne dissolu de *Louis le Bien-Aimé*.

Profitons de l'occasion, puisque nous parlons du roi de France, pour dire que c'est par Panard que

Louis XV fut baptisé le *Bien-Aimé* pour la première fois.

En effet, c'est ce chansonnier qui, à l'occasion d'une convalescence de Sa Majesté, mit dans un de ses opéras-comiques *Louis XV le Bien-Aimé*.

Charles Collé, quand il n'avait encore que vingt ans, aimait aussi les chansons de Haguenier. Il les chantait, avec celles de Gallet, dans les réunions joyeuses.

De Haguenier, nous citerons :

L'HEUREUX PHILOSOPHE

Air : *Nous autres bons villageois.*

Je n'ai pour toute maison
Qu'une pauvre et simple chaumière,
Que dans le pays gascon
On nommerait gentilhommière :
Là, loin du bruit et du fracas,
Sans chagrin et sans embarras,
Dans une heureuse obscurité,
Je jouis de la liberté.

J'ai dans le même canton
Une vigne pour héritage :
Je prends soin de la façon,
Les dieux bénissent mon ouvrage.
De ce bien j'use de mon mieux,
Je ne garde pas de vin vieux :
La fin de mon dernier tonneau
M'annonce toujours le nouveau.

— Que la fortune à son gré
En impose à ceux qu'elle joue :
Assis au dernier degré,
Je vois de loin tourner sa roue.

La déesse, d'un vain éclat,
Souvent revêtit un pied plat :
Je ris de toutes ses erreurs,
Et je renonce à ses faveurs.

— Trop penser est un abus,
Qui veut prévoir est misérable ;
Le passé ne revient plus,
L'avenir est impénétrable,
Le présent seul est le vrai bien ;
Songeons à l'employer si bien,
Que du plaisir qui va passant
Un autre renaisse à l'instant.

Haguenier était secrétaire des commandements du Régent. Il passait à juste titre pour le meilleur chansonnier de son époque. Panard, qui commençait alors à rimer, l'avait pris pour modèle. Voilà pourquoi nous avons parlé, autre part, du côté moral et philosophique des chansons de Panard.

Pierre Laujon nous a rapporté sur Haguenier une anecdote que lui avait contée Favart, qui la tenait de Haguenier lui-même.

« Un jour, Haguenier venait de composer une
» chanson philosophique et l'avait sur-le-champ
» envoyée au Régent (Philippe d'Orléans), qui le
» fit appeler le lendemain, pour la lui chanter lui-
» même, et la voici :

L'AMI DU PLAISIR

Je suis né pour le plaisir ;
Bien fou qui s'en passe !
Mais je ne puis le choisir :
Souvent le choix m'embarrasse.
Aime-t-on, j'aime soudain.

Boit-on, j'ai le verre en main ;
　Je tiens partout ma place.

Dormir est un temps perdu ;
　Bien fou qui s'y livre !
Prends, sommeil, ce qui t'es dû !
Mais attends que je sois ivre !
Saisis-moi dans ce moment !
Fais-moi dormir promptement !
　Je suis pressé de vivre.

Mais si quelque objet charmant,
　Dans un songe aimable,
Vient du plaisir séduisant
M'offrir l'image agréable,
Sommeil, allons doucement ;
L'erreur est en ce moment
　Un plaisir véritable.

Le Régent, pour les petits soupers duquel il l'avait faite, l'en remercia et lui dit : « C'est mon » caractère que tu as voulu peindre, et je le trouve » si ressemblant, que je garde la chanson, dont tu » vois que j'ai bien retenu l'air ; je l'ai même don- » née comme de moi, hier, à souper, et je crois » que tu en seras fort aise. »

— Point du tout, monseigneur, dit Haguenier, puisque je m'en suis fait honneur vis-à-vis de mes amis.

La dispute s'échauffa au point que Haguenier, menacé de perdre sa place s'il ne cède, dit au prince :

— Monseigneur, je ne sortirais jamais de chez Votre Altesse par une plus belle porte.

Le Régent, outré de la réponse et du refus, le

congédia séance tenante, avec défense expresse de se dire auteur de la chanson.

Le véritable auteur, disgrâcié, s'en vengea par le couplet que voici :

Air : *De tous les capucins du monde.*

Son Altesse me congédie,
Après l'avoir vingt ans servie !
Ce trait nous fait très peu d'honneur ;
Nous devions tous deux nous connaître :
S'il perd un f.... serviteur,
Ma foi, je perds un f.... maître.

Ce couplet, qui avait pour but d'annoncer le motif de la disgrâce de l'auteur, fut bientôt répandu, et surtout chez les principaux chansonniers du théâtre de la foire qui, pour l'accréditer et servir leur camarade-chansonnier, supprimèrent le timbre ancien : *De tous les capucins du monde*, en y substituant celui de : *Son Altesse me congédie*, timbre qui s'est maintenu jusqu'au commencement de ce siècle.

L'ATTAIGNANT

L'abbé L'Attaignant, était, ma foi ! un abbé qui n'engendrait pas la mélancolie. Il fréquentait la haute société et en partageait tous les plaisirs.

Il était surtout amateur de fins soupers ; que de fois il roula sous la table en psalmodiant un érotique couplet.

Nous citerons de ce chansonnier :

L'AMANT DISCRET

Air : *Dans ma cabane obscure.*

J'aime plus que ma vie
Un objet plein d'appas ;
Est-ce Aminte ou Sylvie ?
Je ne la nomme pas.
Je consens qu'on devine
A ma façon d'agir,
Quelle est mon héroïne ;
Ça fait toujours plaisir.

Je ne crains auprès d'elle
Ni rivaux, ni jaloux,
Ni le soin, ni le zèle
D'un trop heureux époux.
Je vois sans jalousie
Les baisers de Zéphir ;
Elle en est embellie :
Ça fait toujours plaisir.

Le matin, c'est l'Aurore
Que je crois voir lever ;
Dans un jardin c'est Flore
Que je crois y trouver.
Tout, quand elle est absente,
Ou m'en fait souvenir,
Ou me la représente ;
Ça fait toujours plaisir.

Qu'une beauté nouvelle
Se présente à mes yeux,
J'en fais le parallèle,
Et nulle autre n'est mieux.
Je crois, quand je sommeille,

Dans mes bras la tenir;
Et quand je me réveille,
Ça fait toujours plaisir.

Nous citerons encore de ce bon abbé L'Attaignant ce couplet si connu :

J'ai du bon tabac dans ma tabatière,
J'ai du bon tabac, tu n'en auras
Pas.
J'en ai du fin et du rapé,
Ce n'est pas pour ton fichu nez.
J'ai du bon tabac dans ma tabatière,
J'ai du bon tabac, tu n'en auras
Pas.

L'abbé Gabriel-Charles de L'Attaignant est mort en 1779, à Paris, où il était né, en 1697.

VADÉ

Jean-Joseph Vadé, surnommé le *Corneille des Halles*, naquit à Ham en 1720. Il fut ce qu'on appelait en ce temps-là un poète burlesque. Il créa le genre poissard, en se faisant le chansonnier des dames de la halle. Il étudia et reproduisit avec fidélité le langage et les mœurs de ses personnages. Il composa entr'autres : la *Pipe cassée*, poème épi-tragi-poissardi-héroï-comique, en vers de huit syllabes et en quatre chants. Il avait dans toutes ses compositions poétiques beaucoup d'esprit naturel, de la facilité et de la gaîté.

Vadé était au premier rang des petits poètes du dix-huitième siècle. Il fut attaché à M. le duc d'Agénois en qualité de secrétaire, puis ses amis le firent venir à Paris, où ils lui procurèrent un emploi dans un bureau.

Si nous en croyons son biographe, peu d'écrivains ont possédé les qualités de l'esprit et du cœur au même degré que lui. Il n'était ni flatteur, ni courtisan. Du reste, ses œuvres ont une allure où l'on sent la droiture et l'indépendance de leur auteur. Son épitre sur l'*Amitié* donne une grande idée des sentiments de son cœur. Il avait en effet une belle âme. Il était doux, poli, plein d'honneur et de probité, généreux, franc et exempt de jalousie. Il a composé des épîtres, des contes et des chansons d'une lecture agréable, qui empêcheront son nom de tomber dans l'oubli.

Les chansons et facéties de Jean-Joseph Vadé avaient une grande qualité, c'est que par leur forme et leur esprit elles devenaient promptement populaires. Voltaire lui-même aimait les productions poétiques de Vadé; et son nom, par ses succès, dans un monde à part, lui était si sympathique, que sous le nom de Guillaume Vadé, il publia un volume de contes, vers l'année 1764.

Il tenait donc à l'honneur d'être de la famille de l'auteur de la *Pipe cassée*. Être aimé et apprécié de l'auteur du *Dictionnaire philosophique* est le plus bel éloge que puisse avoir un chansonnier. Vadé ne fut pas seulement chansonnier, il composa également un certain nombre d'opéras comiques pour le Théâtre de la foire.

L'histoire de *Mademoiselle Manon la Couturière*

tient une place fort importante parmi les chansons de Vadé. Le sentiment et la naïveté font tout le mérite de ce petit chef-d'œuvre.

En voici quelques couplets :

> Qui veut savoir l'histoire entière
> De Mademoiselle Manon la couturière
> Et de monsieur son cher zamant,
> Qui l'aimait zamicablement.
>
> Ce jeune homme, t'un beau dimanche,
> Qu'il buvait son d'mistier à la Croix-Blanche,
> Fut accueilli par des farauds,
> Qui raccollent z'en magner' de crocs.
>
> L'un d'eux lui dit : Voulez-vous boire
> A la santé du roi couvert de gloire ?
> — A sa santé ? dit-il, zoui-dà ;
> Il mérite bien cet honneur-là.
>
> On n'eut pas plutôt dit la chose,
> Qu'un racolleur ly dit et ly propose,
> En lui disant en abrégé
> Qu'avec eux-til est z'engagé.
>
> . . . .
> . . . .
>
> Sachant cela Manon z'habille
> S'en va tout droit de cheux M. d'Merville
> Pour lui raconter z'en pleurant,
> Le malheur de son accident.
> . . . .

La chanson a vingt-et-un couplets.

Vadé était admis dans les salons pour y chanter ses chansons et débiter ses facéties. On l'invitait aussi aux bons dîners, aux parties fines, pour l'entendre et pour l'applaudir.

Malheureusement, au milieu de ses triomphes, il se surmena, il se livra à des excès et mourut à peine âgé de trente-sept ans, le 14 juillet 1757.

DE LEYRE — J.-J. ROUSSEAU

N'est-ce pas curieux de voir à cette époque, parmi toutes ces chansons grivoises et débraillées, surgir et devenir populaire une chanson d'amour, innocente et modeste. Nous voulons parler du *Rosier* :

> Je l'ai planté, je l'ai vu naître,
> Ce beau rosier où les oiseaux
> Au matin, près de ma fenêtre,
> Viennent chanter sous les rameaux.
>
> Joyeux oiseaux, troupe amoureuse,
> Ah ! par pitié ne chantez pas ;
> L'amant qui me rendait heureuse
> Est parti pour d'autres climats.
>
> Pour les trésors du nouveau monde
> Il fuit l'amour, brave la mort.
> Hélas ! pourquoi chercher sur l'onde
> Le bonheur qu'il trouvait au port.
>
> Vous, passagères hirondelles,
> Qui revenez chaque printemps,
> Oiseaux voyageurs, mais fidèles,
> Ramenez-le moi tous les ans.

Les paroles de cette romance sont de De Leyre

et la musique de J.-J. Rousseau, auteur du *Devin du Village*, opéra-comique qui fut représenté avec succès à Fontainebleau, en 1752. C'est donc à tort que les paroles du « Rosier » sont ordinairement attribuées à l'auteur de la *Nouvelle Héloïse*.

LA BELLE BOURBONNAISE

Sous le règne de Louis XVI, la chanson ne changea pas beaucoup d'allure ; ce ne fut qu'à l'approche des grands événements de 1789 qu'elle devint agressive et satirique.

Avant de passer à cette époque, parlons encore de la *Belle Bourbonnaise*.

Cette chanson avait été faite sous Louis XIV contre une courtisane délaissée, mais la malignité publique l'avait exhumée, sous Louis XV, pour bafouer sa royale maîtresse la Du Barry. On trouva que les couplets de la *Belle Bourbonnaise* s'appliquaient parfaitement à la royale favorite « d'un Bourbon ».

Il nous faut signaler, également, la *Nouvelle Bourbonnaise*, dont les allusions contre madame Du Barry, étaient plus vives et plus malicieuses. Malgré son succès elle n'obtint pas la vogue prolongée et retentissante de la *Belle Bourbonnaise*, la seule qui soit restée fameuse, et que nous reproduisons ici :

Dans Paris, la grand'ville
Garçons, femmes et filles,
Ont tous le cœur débile

Et poussent des hélas ! (*On pleure.*)
   Ha, ha, ha, ha,
La belle Bourbonnaise,
La maîtresse de Blaise,
Est très mal à son aise.
Elle est sur le grabat
Ha, ha, ha, ha, ha, ha,
Ha, ha, ha, ha, ha, ha. (*On rit.*)
Est très mal à son aise,
Elle est sur le grabat.

N'est-ce pas bien dommage
Qu'une fille aussi sage,
Au printemps de son âge,
Soit réduite au trepas.
   Ha, ha, ha, ha !
La veille d'un dimanche,
En tombant d'une branche,
Se fit mal à la hanche
Et s'est cassé le bras.
Ha, ha, ha, ha, ha, ha,
Ha, ha, ha, ha, ha, ha.
Se fit mal à la hanche
Et s'est cassé le bras.

Pour guérir cette fille,
On chercha dans la ville,
Un médecin habile ;
Et l'on n'en trouva pas.
   Ha, ha, ha, ha.
L'on mit tout en usage,
Médecine et herbage,
Bon bouillon et laitage,
Rien ne la soulagea.
Ha, ha, ha, ha, etc.

Et la pauvre malade
D'argent n'ayant pas garde,

On tomba sur ses hardes
Et rien ne lui resta.
   Ha, ha, ha, ha.
Et fermant la paupière,
Ell' finit sa carrière,
Et sans drap et sans bière
En terre on l'emporta.
Ha, ha, ha, ha, ha, ha,
   Etc., etc.

Pour fair' sonner les cloches,
On donna ses galoches,
Son jupon et ses poches,
Son mouchoir et ses bas.
   Ha, ha, ha, ha,
Quant à sa sœur Javotte,
On lui donna sa cotte,
Son manteau plein de crotte,
Le jour qu'elle expira.
Ho, ha, ha, ho, ha, ha,
   Etc., etc.

La pauvre Bourbonnaise
Va dormir à son aise,
Sans fauteuil et sans chaise,
Sans lit et sans sopha.
   Ha, ha, ha, ha,
Voila qu'elle succombe,
Puisqu'elle est dans la tombe,
Qu'elle est dans l'autre monde,
Chantons son *Libera*.
Ho, ha, ha, ho, ha, ha,
Ho, ha, ha, ha, ha, ha, ha, ha,
Puisqu'elle est dans la tombe,
Chantons son *Libera*.

Un chanteur, nommé Valsuani, dit le *Grimacier*,

disait cette chanson avec un grand talent. Il avait une énorme paire de lunettes, sans verres et branlantes, sur son nez. L'instrument qui lui tenait lieu de violon, se composait d'un long manche avec deux cordes, auxquelles une vessie servait de chevalet. Son rire et ses pleurs au refrain étaient grotesquement pleins d'originalité.

En 1840, au quartier latin, il y avait un imitateur du *Grimacier*, qui chantait aussi admirablement la *Belle Bourbonnaise*. Il fréquentait les hôtels et les tables-d'hôtes. Il avait près de soixante-dix ans.

LA CHANSON RÉVOLUTIONNAIRE

La Révolution française et la chanson adoptèrent la cocarde et le bonnet phrygien comme emblèmes de la liberté. En voici la raison : La Phrygie était un pays libre, ses habitants trafiquaient des produits de leur sol sans octrois et sans impôts. Leurs navires sillonnaient la Méditerranée. Les Phrygiens faisaient principalement le commerce avec la Grèce et les États-Romains. Ils avaient entre autres un costume particulier, propre aux habitants de l'Asie Mineure, ils se coiffaient d'un bonnet rouge, en grosse étoffe, d'une forme exceptionnelle, que nous connaissons sous le nom de *bonnet phrygien*.

Ce bonnet, que portaient tous les navigateurs de ce pays, était un signe de liberté, parce qu'il était adopté par des hommes libres. Lorsqu'un de leurs navires entrait dans un port, on apercevait de loin les bonnets rouges des matelots et l'on disait avec un certain ton : *ce sont des Phrygiens !* ce qui voulait dire : ce sont de braves gens, nous pouvons trafiquer avec eux, ils ne nous tromperont pas, car ils n'y ont pas intérêt, ne vendant que pour leur propre compte et n'ayant pas de redevance à payer à un seigneur et maître, qu'il s'appelle *roi, empereur ou seigneur.* Aussi les Phrygiens étaient accueillis avec cordialité partout où ils allaient. Quant à Rome on affranchissait un esclave, on lui posait sur la tête le bonnet phrygien, en signe d'émancipation.

La Révolution, pour la bourgeoisie, a répandu la terreur autour du bonnet phrygien ; le bonnet *rouge* est devenu un insigne de massacre, de sang, de pillage et de cruautés. Le bonnet phrygien avait été, pourtant, adopté logiquement par les révolutionnaires, et si, par les événements, cet insigne d'affranchissement s'est trouvé mêlé à des drames sanglants, son origine n'en est pas moins louable, noble et digne. Aujourd'hui, heureusement, les bourgeois sont revenus de leur peur, car on voit, sur quelques-unes de nos places publiques, des statues officielles représentant la République coiffée du bonnet phrygien.

De 1789 à 1800, il se publia à Paris la valeur de dix volumes de chansons.

La chanson, sous la Révolution, prend une allure qui jusqu'à ce jour lui était inconnue. Beaucoup sont empreintes des meilleures convictions républicaines, et respirent les plus nobles sentiments, mais hélas ! à côté d'elles, il y en a qui sont inspirées par le sang ou par la réaction la plus injuste et la plus effrénée.

Coupigny fit des strophes en l'honneur de Marat et de Le Pelletier de Saint-Fargeau, tous deux assassinés par des royalistes. Le premier par Charlotte Corday, le second par un ancien garde du corps nommé Pâris, dans un café du Palais-Royal.

Coupigny était employé dans les bureaux de la marine. Au début de la Révolution, il était, comme on le voit, ultra-révolutionnaire. Mais son zèle et son dévouement pour le nouvel état de choses s'évanouirent à l'avénement de Napoléon. Il en arrive à chanter l'empereur et à devenir le maître des cérémonies du nouveau monarque.

L'empereur l'aimait beaucoup et ne trouvait bien ordonné que ce qui avait été conçu et exécuté par Coupigny.

C'était aussi un parasite, mais recherchant la société qui lui plaisait et ne s'asseyant pas à la table du premier venu.

Il fut, pendant de longues années, le commensal de Talma. Lorsque le célèbre tragédien mourut, Coupigny, qui nourrissait l'espoir d'être couché sur son testament, apprenant qu'il n'y figurait pas, s'écria avec dédain : « Quelle ingratitude ! Un homme chez qui je dînais depuis plus de vingt ans tous les mercredis ! »

Il mourut dans l'opulence, en 1835, après avoir publié deux volumes de romances, qui étaient la négation, comme pensées, de ses premières œuvres poétiques. Il était né en 1766.

La première chanson révolutionnaire que nous citerons, est le fameux *Ça ira!*

Ces couplets étaient l'écho des sentiments populaires de l'époque.

Elle fut composée pendant que le peuple de Paris faisait les terrassements au Champ-de-Mars, pour la fête de la Fédération, qui eut lieu le 14 juillet 1790.

L'auteur des paroles est inconnu. Pourtant, en nivôse de l'an II, un ancien soldat, nommé Ladreyt, qui pour vivre s'était fait chanteur des rues, revendiqua l'honneur des paroles du *Ça ira*. Il écrivit une lettre au Comité de sûreté générale pour demander une récompense nationale « comme auteur » des paroles du *Ça ira* de 1790 et de plusieurs » autres chansons révolutionnaires. »

L'air du *Ça ira* est une contredanse du temps, de Bécourt, très à la mode, que Marie-Antoinette jouait souvent sur son clavecin. Elle entendit encore cet air en montant à l'échafaud ; les faubouriens qui entouraient la guillotine, la chantaient à tue-tête. En voici deux couplets :

 Ah! ça ira, ça ira, ça ira,
 Le peuple en ce jour sans cesse répète
 Ah! ça ira, ça ira, ça ira :
 Malgré les mutins, tout réussira!
 Nos ennemis confus en restent là,
 Et nous allons chanter *alleluia!*
 Ah! ça ira, ça ira, ça ira.
 Quand Boileau, jadis, du clergé parla,
 Comme un prophète il a prédit cela.
 En chantant ma chansonnette,
 Avec plaisir on dira :
 Ah! ça ira, ça ira, ça ira.
 Malgré les mutins, tout réussira.

 Ah! ça ira, ça ira, ça ira,
 Suivant les maximes de l'Evangile,

Ah ! ça ira, ça ira, ça ira.
Du législateur tout s'accomplira ;
Celui qui s'élève, on l'abaissera ;
Et qui s'abaisse, l'on élèvera.
Ah ! ça ira, ça ira, ça ira.
Le vrai catéchisme nous instruira
Et l'affreux fanatisme s'éteindra,
Pour être à la loi docile
Tout français s'exercera
Ah ! ça ira, ça ira, ça ira,
Malgré les mutins, tout réussira.

Une chanson révolutionnaire, très célèbre, c'est la *Carmagnole*, dont l'auteur est resté inconnu. Elle fut composée en juillet 1792, époque à laquelle Louis XVI fut enfermé au Temple, et elle ne tarda pas à devenir la rivale, en succès, du *Ça ira !*

La *Carmagnole* était dansée dans les bals publics. On la chantait sur les théâtres et aussi au pied de la guillotine. Elle était donnée, alors, comme une approbation du peuple aux exécutions sanglantes qu'on faisait des traîtres à la patrie.

Barrère ne craignit pas d'appeler des *Carmagnoles* les harangues qu'il prononçait à la tribune de la Convention nationale.

La musique de cette chanson est fort entraînante. L'auteur est, dit-on, Italien et d'origine piémontaise. Mais il a évité de se faire connaître. L'air de la *Carmagnole* produit beaucoup d'effet en pas redoublé, joué par une musique militaire.

Madam' Veto avait promis
De faire égorger tout Paris ;

Mais son coup a manqué
　　　Gràce à nos canonnié.

　　Dansons la carmagnole,
　Vive le son! vive le son!
　　Dansons la carmagnole,
　　Vive le son du canon!

Monsieur Veto avait promis
D'être fidèle à sa patrie;
　　Mais il y a manqué,
　　Ne faisons plus cartié.
　　Dansons, etc.

Antoinette avait résolu
De nous fair' tomber sur le cu;
　　Mais son coup a manqué,
　　Elle a le nez cassé.
　　Dansons, etc.

Son mari, se croyant vainqueur,
Connaissait peu notre valeur.
　　Vas, Louis, gros paour,
　　Du Temple dans la tour.
　　Dansons, etc.

Les Suisses avaient tous promis
Qu'ils feraient feu sur nos amis;
　　Mais comme ils ont sauté,
　　Comme ils ont tous dansé!
　　Dansons, etc.

Quand Antoinette vit la tour,
Ell' voulut faire demi-tour;
　　Elle avait mal au cœur
　　De se voir sans honneur.
　　Dansons, etc.

Lorsque Louis vit fossoyer,
A ceux qu'il voyait travailler,
   Il disait que pour peu
   Il était dans ce lieu.
  Dansons, etc.

Le patriote a pour amis
Toutes les bonn's gens du pays;
   Mais ils se soutiendront
   Tous au son du canon.
  Dansons, etc.

L'aristocrate a pour amis
Tous les royalist's à Paris;
   Ils vous les soutiendront
   Tous comm' des vrais poltrons.
  Dansons, etc.

La gendarm'rie avait promis
Qu'elle soutiendrait la patrie;
   Mais ils n'ont pas manqué
   Au son du canonnié.
  Dansons, etc.

Amis, restons toujours unis,
Ne craignons pas nos ennemis;
   S'ils viennent attaquer,
   Nous les ferons sauter.
  Dansons, etc.

Oui, je suis sans-culotte, moi,
En dépit des amis du roi.
   Vivent les Marseillais,
   Les Bretons et nos lois.
  Dansons, etc.

Oui, nous nous souviendrons toujours
Des sans-culottes des faubourgs.

A leur santé buvons.
Vivent ces bons lurons !

Dansons la carmagnole,
Vive le son ! vive le son !
Dansons la carmagnole,
Vive le son du canon !

Quand Bonaparte devint premier consul, il fit interdire le *Ça ira* et la *Carmagnole*.

A côté des cris de la rue et des refrains des carrefours, on chantait la *Guillotine d'amour*, à l'usage des horizontales du jour, qui en faisaient les délices de leurs boudoirs. Cette œuvre, malgré son immoralité flagrante, était imprimée tout au long dans les recueils populaires que l'on vendait sur la voie publique.

L'autre chanson en vogue est l'*Orage*, — dans un autre ordre d'idées, — dont la musique est de Simon et les paroles de Fabre-d'Églantine.

Il pleut, il pleut, bergère,
Presse tes blancs moutons :
Allons sous ma chaumière,
Bergère, vite, allons !
J'entends sur le feuillage
L'eau qui tombe à grand bruit ;
Voici, voici l'orage ;
Voilà l'éclair qui luit.

Entends-tu le tonnerre ?
Il roule en approchant ;
Prends un abri, bergère ;
A ma droite, en marchant,
Je vois notre cabane...
Et, tiens, voici venir

Ma mère et ma sœur Anne,
Qui vont l'étable ouvrir.

Bonsoir, bonsoir, ma mère ;
Ma sœur Anne, bonsoir.
J'amène ma bergère
Près de vous pour ce soir.
Va te sécher, ma mie,
Auprès de nos tisons ;
Sœur, fais-lui compagnie.
Entrez, petits moutons.

Soignons bien, ô ma mère !
Son tant joli troupeau ;
Donnez plus de litière
A son petit agneau.
C'est fait : allons près d'elle.
Eh bien ! donc, te voilà !
En corset qu'elle est belle !
Ma mère, voyez-la.

Soupons. Prends cette chaise ;
Tu seras près de moi ;
Ce flambeau de mélèze
Brûlera devant toi.
Goûte de ce laitage.
Mais tu ne manges pas ?
Tu te sens de l'orage,
Il a lassé tes pas.

Eh bien ! voilà ta couche ;
Dors-y jusques au jour ;
Laisse-moi sur ta bouche
Prendre un baiser d'amour.
Ne rougis pas, bergère :
Ma mère et moi, demain,
Nous irons chez ton père,
Lui demander ta main.

Fabre avait ajouté *d'Églantine* à son nom, parce qu'il avait remporté, aux jeux floraux de Toulouse, un prix composé d'une *églantine d'argent*.

Il était né à Carcassonne en 1755, et fut guillotiné à Paris en 1794.

N'oublions pas de dire qu'en 1790, il avait obtenu un grand succès avec le *Philinte de Molière, ou la suite du Misanthrope,* comédie en cinq actes et en vers, sur laquelle repose toute sa réputation d'auteur dramatique.

Une remarque : c'est qu'au milieu de la tourmente révolutionnaire, des recueils de chansons tendres et galantes poursuivaient leur publication; ce sont : *l'Almanach des Muses, le Chansonnier des Grâces, les Étrennes du Parnasse* et *les Étrennes d'Apollon.*

L'Almanach des Gens de bien paraissait encore en 1797, et ne contenait que des chansons contre-révolutionnaires, qui exprimaient son opinion avec une grande force et un véritable courage.

Le 18 floréal an II (7 mai 1794), le citoyen Robespierre avait présenté à la Convention un rapport sur les fêtes nationales. Il y disait : « *Si l'im-* » *mortalité de l'âme est un songe, elle est la plus su-* » *blime des conceptions humaines. L'idée de l'Être* » *suprême et de l'immortalité de l'âme rappelle à* » *la justice; elle est donc républicaine.* » — Et il fut décrété que le peuple français reconnaîtrait *l'Être suprême* et *l'immortalité de l'âme.* L'Assemblée tout entière approuva ce décret avec enthousiasme.

On pensa donc à célébrer la fête de *l'Être suprême.* Cette célébration eut lieu le 20 prairial an II (8 juin 1794). Robespierre, alors président de l'Assemblée, se rendit avec tous ses collègues au Champ-de-Mars, pour entendre des hymnes composés par Marie-Joseph Chénier et Désorgues, et mis en musique par Chérubini, Méhul, Lesueur et Gossec.

Puis, la journée se termina par des danses et des repas fraternels.

Le *Père de l'Univers*, un des hymnes de la fête, était du chansonnier Désorgues, et la musique de Gossec.

Désorgues, comme Ésope et Tyrtée, était contrefait. Il avait une bosse par devant et par derrière, ce qui le faisait appeler le *Petit Bossu*. Ses vers furent couronnés au concours ouvert à l'occasion de la fête.

Les voici :

Père de l'Univers, suprême intelligence,
Bienfaiteur ignoré des aveugles mortels,
Tu révélas ton être à la reconnaissance
    Qui seule éleva tes autels.

Ton temple est sur les monts, dans les airs, sur les ondes;
Tu n'as point de passé, tu n'as point d'avenir;
Et sans les occuper, tu remplis tous les mondes
    Qui ne peuvent te contenir.

Tout émane de toi, grande et première cause :
Tout s'épure aux rayons de ta divinité;
Sur ton culte immortel la morale repose,
    Et sur les mœurs, la liberté.

Pour venger leur outrage et ta gloire offensée,
L'auguste Liberté, ce fléau des pervers,
Sortit au même instant de ta vaste pensée,
    Avec le plan de l'univers.

Dieu puissant ! elle seule a vengé ton injuré ;
De ton culte elle-même instruisant les mortels,
Leva le voile épais qui couvrait la nature,
    Et vint absoudre tes autels.

O toi ! qui du néant, ainsi qu'une étincelle,
Fis jaillir dans les airs l'astre éclatant du jour,
Fais plus... verse en nos cœurs ta sagesse immortelle,
    Embrase-nous de ton amour.

De la haine des rois anime la patrie ;
Chasse les vains désirs, l'injuste orgueil des rangs,
Le luxe corrupteur, la basse flatterie,
    Plus fatale que les tyrans.

Dissipe nos erreurs, rends-nous bons, rends-nous justes ;
Règne, règne au delà du tout illimité :
Enchaîne la nature à tes décrete augustes,
    Laisse à l'homme sa liberté.

Le poète Désorgues s'était passionné pour la République. Plus tard, il chanta Bonaparte général et consul, mais il n'épargna pas les sarcasmes contre Napoléon empereur.

Il fit entre autres une chanson qui avait pour refrain :

    Oui, le grand Napoléon
    Est un grand caméléon.

Il fut dénoncé, arrêté et renfermé à Bicêtre comme fou. Il y mourut en 1808, sans avoir voulu demander sa grâce à celui qui reniait son origine révolutionnaire pour mieux acclimater son implacable despotisme. Il avait quarante-cinq ans seulement ; et c'est en vain qu'on l'avait fait passer pour fou, car, jusqu'à son dernier moment, il avait conservé sa pleine raison.

Gossec, compositeur belge, qui avait mis en musique les strophes de Désorgues, devint plus tard membre de la classe des beaux-arts à l'Institut. L'Opéra et l'Opéra-Comique le placent au nombre de leurs compositeurs célèbres. C'est à lui que revient la première idée du Conservatoire.

François-Joseph Gossec était né à Vergnies (Hainaut) en 1733, et il est mort à Passy en 1829, âgé de quatre-vingt-seize ans.

Maintenant, parlons de la *Marseillaise*, du *Chant du départ* et du *Chant de liberté,* plus connu sous ce titre : *Veillons au salut de l'Empire*. Le mot Empire doit être, là, considéré comme synonyme de République. L'auteur a donc voulu dire : *Veillons au salut de la République*. Cette chanson, que nous donnerons tout à l'heure, affirmera ce que nous avançons.

L'hymne patriotique de la *Marseillaise* fut apporté à Paris le 30 juillet 1792, par les Volontaires marseillais qui arrivèrent dans la capitale. Ce fut par le faubourg Saint-Antoine qu'ils entrèrent, et le citoyen Santerre les conduisit aux Champs-Élysées, où un banquet avait été préparé pour eux. Ce chant patriotique exalta, par sa mâle allure, l'enthousiasme des Parisiens pour la défense de la patrie.

Tout le monde sait que cet hymne est de Rouget de l'Isle, pour les paroles et la musique, et qu'il lui fut inspiré par les événements. La réaction étrangère voulait étouffer la liberté en arrêtant la Révolution dans sa marche.

La *Marseillaise* fut bientôt populaire, et devint d'un grand secours pour repousser les armées royalistes qui menaçaient d'envahir la France. Le 18 nivôse an IV (8 janvier 1795), un arrêté du Directoire ordonna de jouer l'œuvre de Rouget de l'Isle dans tous les spectacles.

Rouget de l'Isle était officier du génie et royaliste. Il est né à Lons-le-Saulnier, et il mourut, le 27 juin 1836, à Choisy-le-Roy, près Paris. Louis-Philippe lui avait fait une petite pension de deux mille francs, qui lui permettait de ne pas mourir de faim. Ajoutons que le roi bourgeois avait chanté la *Marseillaise* au balcon de l'Hôtel-de-Ville, à côté de Lafayette, pour paraître plus digne de son avènement au trône. Rien que cela valait plus de deux mille francs de pension viagère.

Nous n'insistons pas sur la valeur patriotique de ce chant de guerre, dont les couplets sont gravés dans toutes les mémoires; seulement, nous ferons remarquer que le sixième couplet de cette œuvre n'est pas de Rouget de l'Isle : il est attribué à Marie-Joseph Chénier, qui l'improvisa pour les enfants qu'il était chargé de conduire du faubourg Saint-Antoine à la fête de la Fédération.

La *Marseillaise* est aujourd'hui notre hymne national. Toutes les musiques civiles et militaires l'exécutent dans les cérémonies officielles.

Allons, enfants de la patrie !
Le jour de gloire est arrivé !
Contre nous de la tyrannie
L'étendard sanglant est levé. (*Bis.*)
Entendez-vous, dans les campagnes,
Mugir ces féroces soldats ?

　　　　Ils viennent jusque dans nos bras
　　　　Égorger nos fils, nos compagnes !...
Aux armes, citoyens ! formez vos bataillons !
Marchons !... qu'un sang impur abreuve nos sillons !

　　　　Que veut cette horde d'esclaves,
　　　　De traîtres, de rois conjurés ?
　　　　Pour qui ces ignobles entraves,
　　　　Ces fers dès longtemps préparés ?... (*Bis.*)
　　　　Français, pour nous, ah ! quel outrage !
　　　　Quels transports il doit exciter !
　　　　C'est nous qu'on ose méditer
　　　　De rendre à l'antique esclavage !
Aux armes, citoyens ! etc., etc.

　　　　Quoi ! ces cohortes étrangères
　　　　Feraient la loi dans nos foyers ?
　　　　Quoi ! ces phalanges mercenaires
　　　　Terrasseraient nos fiers guerriers ? (*Bis.*)
　　　　Grand Dieu ! par des mains enchaînées,
　　　　Nos fronts sous le joug se ploieraient ;
　　　　De vils despotes deviendraient
　　　　Les maîtres de nos destinées !
Aux armes, citoyens ! etc., etc.

　　　　Tremblez, tyrans ! et vous, perfides,
　　　　L'opprobre de tous les partis !
　　　　Tremblez ! vos projets paricides
　　　　Vont enfin recevoir leur prix ! (*Bis.*)
　　　　Tout est soldat pour vous combattre :
　　　　S'ils tombent, nos jeunes héros,
　　　　La France en produit de nouveaux,
　　　　Contre vous tout prêts à se battre.
Aux armes, citoyens !... etc., etc.

　　　　Français, en guerriers magnanimes,
　　　　Portez ou retenez vos coups ;

> Épargnez ces tristes victimes
> A regret s'armant contre nous. (*Bis*)
> Mais ces despotes sanguinaires,
> Mais les complices de Bouillé,
> Tous ces tigres qui, sans pitié,
> Déchirent le sein de leur mère.

Aux armes, citoyens ! etc., etc.

> Nous entrerons dans la carrière
> Quand nos aînés n'y seront plus ;
> Nous y trouverons leur poussière
> Et la trace de leurs vertus. (*Bis.*)
> Bien moins jaloux de leur survivre
> Que de partager leur cercueil,
> Nous aurons le sublime orgueil
> De les venger ou de les suivre.

Aux armes, citoyens ! etc., etc.

> Amour sacré de la patrie,
> Conduis, soutiens nos bras vengeurs.
> Liberté, Liberté chérie,
> Combats avec tes défenseurs ! (*Bis.*)
> Sous nos drapeaux, que la victoire
> Accoure à tes mâles accents !
> Que tes ennemis expirants
> Voient ton triomphe et notre gloire !

Aux armes, citoyens ! formez vos bataillons !
Marchons !... qu'un sang impur abreuve nos sillons !

Le *Chant du Départ* est de Marie-Joseph Chénier.

Il le composa pour la fête anniversaire de la prise de la Bastille, le 14 juillet 1794. Méhul en fit la musique.

Cet hymne de guerre fut accueilli avec transport

par nos armées, et partagea les succès de la *Marseillaise*.

Marie-Joseph Chénier était un républicain dévoué et convaincu. Représentant du peuple, il consacra toute sa vie à la propagation des vertus républicaines. Il mourut en 1811, et Méhul en 1817.

Méhul était un grand compositeur de musique, dont les œuvres sont considérables; mais le *Chant du Départ*, par son inspiration toute patriotique, a survécu dans l'esprit du peuple aux quarante-deux opéras qu'il a composés.

C'est un maître qui tient une large place dans l'œuvre musicale de la France.

LE CHANT DU DÉPART

Un Député du peuple.

La Victoire, en chantant, nous ouvre la barrière,
    La Liberté guide nos pas,
Et du Nord au Midi, la trompette guerrière
    A sonné l'heure des combats.
    Tremblez, ennemis de la France!
    Rois ivres de sang et d'orgueil!
    Le peuple souverain s'avance.
    Tyrans, descendez au cercueil!
    La République nous appelle,
    Sachons vaincre ou sachons périr;
    Un Français doit vivre pour elle,
    Pour elle un Français doit mourir.

Une Mère de famille.

De nos yeux maternels ne craignez pas les larmes :
    Loin de nous de lâches douleurs!
Nous devons triompher quand vous prenez les armes :
    C'est aux rois à verser des pleurs!
    Nous vous avons donné la vie,

Guerriers! elle n'est plus à vous;
Tous vos jours sont à la patrie;
Elle est votre mère avant nous!

La République, etc., etc.

Deux vieillards

Que le fer paternel arme la main des braves!
Songez à nous, au Champ-de-Mars;
Consacrez dans le sang des rois et des esclaves
Le fer béni par vos vieillards;
Et, rapportant sous la chaumière
Des blessures et des vertus,
Venez fermer notre paupière
Quand les tyrans ne seront plus!

La République, etc., etc.

Un enfant

De Barra, de Viala, le sort nous fait envie;
Ils sont morts, mais ils ont vaincu.
Le lâche accablé d'ans, n'a point connu la vie!
Qui meurt pour le peuple a vécu.
Vous êtes vaillants, nous le sommes;
Guidez-nous contre les tyrans;
Les républicains sont des hommes,
Les esclaves sont des enfants!

La République, etc., etc.

Une épouse

Partez, vaillants époux; les combats sont vos fêtes;
Partez, modèles des guerriers;
Nous cueillerons des fleurs pour en ceindre vos têtes;
Nos mains tresseront vos lauriers;
Et, si le temple de mémoire,
S'ouvrait à vos mânes vainqueurs,

Nos voix chanteront votre gloire,
Nos flancs porteront vos vengeurs !

La République, etc., etc.

Une jeune fille

Et nous, sœurs des héros, nous qui de l'hyménée
Ignorons les aimables nœuds,
Si, pour s'unir un jour à notre destinée,
Les citoyens forment des vœux,
Qu'ils reviennent dans nos murailles,
Beaux de gloire et de liberté,
Et que leur sang, dans les batailles,
Ait coulé pour l'égalité.

La République, etc., etc.

Trois guerriers

Sur le fer devant Dieu, nous jurons à nos pères,
A nos épouses, à nos sœurs,
A nos représentants, à nos fils, à nos mères,
D'anéantir les oppresseurs :
En tous lieux, dans la nuit profonde,
Plongeant l'infâme royauté,
Les Français donneront au monde
Et la paix et la liberté !

La République, etc., etc.

Cette œuvre martiale, due à la collaboration de deux hommes de grand talent, chacun dans leur genre, est comme la *Marseillaise* une œuvre impérissable.

Voici venir le *Chant de liberté* ou *Veillons au salut de l'Empire*, ou encore le *Salut de la France*, dont l'auteur est Adrien Simon Boy (1791).

Cette chanson, sous la Révolution, était très populaire, mais depuis, n'étant désignée que par son premier vers : *Veillons au salut de l'Empire*, substitué à son véritable titre : *Le Chant de liberté*, elle a passé pour beaucoup de gens — ne s'étant pas donné la peine de la lire — pour une chanson bonapartiste. L'auteur disait, selon lui, veillons au salut de la République, du pays, de la France ; voilà son idée première, son idée véritable et non pas, je le répète, *Veillons au salut de l'Empire* créé par Napoléon.

Nous avons, malheureusement, certains citoyens qui ne lisent jamais ; ils se font l'écho de ce qu'ils entendent, et lorsqu'ils récoltent ainsi une erreur ou une sottise, ils la colportent, et à la longue elle passe pour un article de foi ou une vérité.

Adrien Simon Boy était ancien chirurgien en chef de l'armée du Rhin, mort en 1795 à Alsen, près Mayence.

Le *Chant de Liberté* est sur l'air de : *Vous qui d'amoureuse aventure*. (musique de Dalayrac.)

    Veillons au salut de l'empire,
    Veillons au maintien de nos droits !
    Si le despotisme conspire,
    Conspirons la perte des rois !
Liberté ! que tout mortel te rende hommage,
Tremblez, tyrans ! vous allez expier vos forfaits.
    Plutôt la mort que l'esclavage !
    C'est la devise des Français.

    Du salut de notre patrie
    Dépend celui de l'univers ;
    Si jamais elle est asservie,
    Tous les peuples sont dans les fers !
Liberté ! que tout mortel te rende hommage,
Tremblez, tyrans ! vous allez expier vos forfaits.

Plutôt la mort que l'esclavage !
C'est la devise des Français.

Ennemis de la tyrannie,
Paraissez tous, armez vos bras.
Du fond de l'Europe avilie,
Marchez avec nous aux combats.
Liberté ! Liberté ! Que ce nom sacré nous rallie.
Poursuivons les tyrans, punissons leurs forfaits !
Nous servons la même patrie,
Les hommes libres sont Français.

Jurons union éternelle,
Avec tous les peuples divers ;
Jurons une guerre mortelle
A tous les rois de l'univers.
Liberté ! Liberté ! Que ce nom sacré nous rallie.
Poursuivons les tyrans, punissons leurs forfaits !
On ne voit plus qu'une patrie,
Quand on a l'âme d'un Français.

Cette chanson est une exaltation des sentiments républicains et l'empire de Napoléon n'a rien de commun avec elle.

Nous terminerons notre revue de l'époque révolutionnaire en citant encore cinq noms de chansonniers.

Le premier est François Marchant, qui mit la *Constitution* en *vaudeville* et chansonna vertement les *Jacobins*. Son œuvre anti-républicaine est considérable. Il mourut en 1793 âgé de trente-trois ans.

Le second est Louis-Ange Pitou également chansonnier royaliste. Il chantait en plein air et principalement sur le place de Saint-Germain-l'Auxerrois.

Une de ses chansons intitulée : le *père Hilarion* avait un grand succès, à cause de ses idées réactionnaires et du quartier où il la chantait. Il semblait prendre à témoin le Louvre et les Tuileries de ce qu'il disait, et la foule lui répondait dans le sens qu'il donnait à entendre. Ange Pitou fut déporté à Cayenne. Il en revint et écrivit ses mémoires en deux volumes. Ils sont peu connus, étant peu intéressants.

Clairville a fait sortir Louis-Ange Pitou de son obscurité en le prenant pour un des personnages dans son opérette : *la Fille de madame Angot*.

Les trois autres : Barré, Radet et Desfontaines étaient trois amis qui, pendant de longues années, firent en collaboration, pièces de théâtre et chansons.

En 1792, Barré, avocat et auteur dramatique, fonda le théâtre du Vaudeville, situé rue de Chartres. Il en fut le directeur pendant vingt-cinq années.

Il collabora, quoique directeur, à un grand nombre de pièces qu'il fit jouer sur sa scène et ses collaborateurs habituels étaient Radet et Desfontaines.

En ce temps-là, les auteurs dramatiques et les chansonniers mêlaient la politique à leurs œuvres. Ce fut à ce propos qu'en 1793, Radet et Desfontaines furent incarcérés. Ils restèrent plusieurs mois sous les verrous. Le Comité de salut public doutait de leur civisme. Pour reconquérir leur liberté, ils firent un vaudeville patriotique et guerrier intitulé : *Au retour*, assaisonné au goût du moment, qui ne pouvait plus faire douter de leur sympathie pour les idées révolutionnaires. Cependant, leur rançon ne fut complétée que par les couplets suivants, qu'ils envoyèrent à la Commune de Paris :

Air : *On doit soixante mille francs*.

L'aristocrate incarcéré
Par le remords est déchiré ;
    C'est ce qui le désole ;
Mais le patriote arrêté
De l'âme a la sérénité,
    C'est ce qui le console.

Des mesures de sûreté
Nous ont ravi la liberté,
    C'est ce qui nous désole ;
Mais dans nos fers nous l'adorons,
Dans nos chants nous la célébrons,
    C'est ce qui nous console.

Des lieux témoins de nos succès,
Hélas ! on nous défend l'accès
    C'est ce qui nous désole ;
Mais dans nos vers, c'est là le *hic*,
Nous propageons l'esprit public,
    C'est ce qui nous console.

Pour nous encore la vérité
N'éclaire pas l'autorité
    C'est ce qui nous désole ;
Mais en attendant ce beau jour,
Vous applaudirez *Au retour*,
    C'est ce qui nous console.

Les deux prisonniers avaient accompagné ces couplets d'une lettre. La voici :

« Citoyen président,

» Nous avons lu avec autant de plaisir que de reconnaissance dans le journal du *Décadi*, la mention civique faite au conseil général de la Commune, de notre pièce intitulée : *Au retour*.

» En attendant l'expédition qui doit nous être remise et que nous désirons avec la plus vive impatience, nous te prions, citoyen président, de communiquer au conseil nos joyeux remerciements.

» Reçois, citoyen président, la salutation fraternelle de tes concitoyens.

» RADET et DESFONTAINES. »

Il ne faut pas oublier de dire que dans la pièce : *Au retour*, un camarade du volontaire Justin, se permet une plaisanterie sur la taille peu *grenadière* du jeune soldat.

Celui-ci lui répond :

> Ami, mets la main sur mon cœur
> Tu sentiras que j'ai la taille,
> Tout comme toi, rempli d'ardeur,
> J'grandirai l'jour de la bataille.
> Les plus p'tits comme les plus grands
> Savent combattre les despotes ;
> C'est à leur hain' pour les tyrans
> Qu'on doit m'surer les patriotes.

En effet, avec de pareils couplets de facture, les membres de la redoutable Commune de Paris ne pouvaient rester insensibles, et nos deux vaudevillistes échappèrent à la guillotine. L'esprit peut donc parfois servir à quelque chose !

Nous ajouterons que c'est dans cette même pièce que se trouve : *J'ons un curé patriote*, dont l'air est devenu classique pour les chansonniers et les vaudevillistes.

Nous allons donc reproduire ici ces couplets qui jouissent d'une si grande renommée :

J'ons un curé patriote,
Un curé bon citoyen,
Un curé vrai sans-culotte,
Un curé qui n'fait qu'du bien.
Chaqu' paroissien trouve en lui,
Son modèle, son appui,
Et nos cœurs (*ter*) sont tous à lui,
    Sont tous à lui (*bis*).

Désormais le presbytère,
Séjour de la liberté,
Par un froid célibataire,
Ne sera plus habité ;
Not' curé vivra chez lui
Et sans dîmer chez autrui,
Il aura (*ter*) sa femme à lui,
    Sa femme à lui (*bis*).

Sans le s'cours de la soutane,
Et comm' nous coiffé, vêtu,
Y r'mettra celui qui s'damne
Dans l'chemin de la vertu.
Y prêch'ra l' s'enfants d'autrui,
Puis le soir en bon mari,
Il en f'ra (*ter*) qui seront à lui,
    Qui s'ront à lui (*bis*).

Si l'vieux évêque de Rome
Dit quelqu' mauvaises raisons,
Contre un prêtre qui s'fait homme,

> S il braque ses saints canons,
> Notre curé, Dieu merci,
> N'en prendra point de souci.
> Il aura (*bis*) d'aut' canons qui s'ront pour lui,
> Qui s'ront pour lui (*bis*).

En 1796, on fonda les *Dîners du Vaudeville*, société chantante à l'instar du *Caveau* défunt, qui ne pouvait renaître à cause de la Révolution, tous ses membres étant royalistes.

Parmi les membres les plus actifs de ce nouveau cénacle littéraire, on comptait naturellement Barré, le *directeur du Vaudeville* et ses deux amis Radet et Desfontaines. La Société se composait de vingt-cinq chansonniers, dont nous avons donné les noms autre part dans ce volume.

Les *Dîners du Vaudeville* vécurent avec la plus franche gaieté jusqu'au 2 nivôse an X. Leur répertoire littéraire ou plutôt la collection des chansons et pièces diverses auxquelles ils donnèrent naissance forme neuf volumes in-18, qui sont devenus très rares en librairie.

La plupart des membres, sauf pourtant Barré, Radet et Desfontaines, entrèrent dans le nouveau *Caveau* créé en 1806, par Désaugiers et le libraire Capelle, et connu sous le nom de *Caveau moderne*, dont les premières années furent présidées par Laujon, puis par Désaugiers. Les réunions se tenaient au Rocher de Cancale, elles existèrent jusqu'en 1817. Elles eurent pour illustrations : Désaugiers, Armand Gouffé, Brazier, Laujon et Béranger. Ce dernier y fut reçu en 1813.

Ensuite vinrent *les Soupers de Momus*, qui avaient pour adeptes : Jacinthe Leclerc, Casimir

Ménestrier, Etienne Jourdan et Emile Debraux. Les événements politiques qui surgirent à cette époque dispersèrent encore les chansonniers. Ce ne fut que vers 1825 qu'ils songèrent à fonder le *Réveil du Caveau*. Mais la mort de leur maître à tous, Désaugiers, détruisit encore une fois cette association (1827).

DÉSAUGIERS

Marc-Antoine-Madelaine Désaugiers naquit à Fréjus en Provence, le 17 novembre 1772. Son père était un bon propriétaire, un peu musicien, un peu poète et auteur de la chanson des *Deux Jumeaux de Bergame*.

La famille Désaugiers étant venue habiter la capitale en 1774, l'enfant fut placé quelques années plus tard au collège Mazarin; puis il suivit sa sœur en Amérique.

Il revint en France, en 1797, et se jeta dans la littérature dramatique. Il fit, en collaboration, de charmantes pièces avec Gentil, Brazier, Rougemont, Francis, etc. Nous citerons parmi ses succès le *Dîner de Madelon*, *Monsieur Vautour*, *Je fais mes farces*, la *Chatte merveilleuse* et les *Petites Danaïdes*.

Mais nous n'avons pas ici à nous occuper de l'auteur dramatique, nous n'avons qu'à parler du chansonnier.

La philosophie tient peu de place dans ses couplets. Désaugiers est un paysagiste, il peint ce qui frappe ses yeux. Sa chanson : *Le tableau du jour de l'an*, est d'une piquante vérité d'observations ; c'est comme dirait un bon Parisien : « La nature prise sur le fait. » La *Treille de sincérité*, sa *Chanson à manger*, excellente contre-partie de la chanson à boire : *Le vrai buveur*, de maître Adam.

La lecture de la *Treille de sincérité* suffira pour apprécier le talent de Désaugiers :

> Nous n'avons plus cette merveille
> Ce phénomène regretté :
>   La treille
>   De sincérité (*bis*).

Cette treille miraculeuse,
Dont la vertu tient du roman,
Passa longtemps pour fabuleuse
Chez le Gascon et le Normand ; (*bis*)
Mais des garants très authentiques
Ont lu, dans un savant bouquin,
Que son raisin des plus antiques,
Existait sous le roi Pépin...

> Nous n'avons plus, etc.

Un docteur qui faisait parade
De son infaillibilité,
Allant visiter un malade,
Vit le raisin et fut tenté.
Puis de son homme ouvrant la porte
Et le trouvant sans pouls ni voix :
C'est, dit-il, le diable m'emporte !
Le trentième depuis un mois.

> Nous n'avons plus, etc.

Un auteur sous son frais ombrage,
Lisant un poème fort beau,

A chaque feuille de l'ouvrage,
S'humectait d'un raisin nouveau.
« Ça, lui dit-on, un tel poème
Vous a coûté six mois et plus ?
Non, reprit-il à l'instant même,
Il m'a coûté cinquante écus. »
    Nous n'avons plus, etc.

Sous la treille, un petit Pompée
Criait aux badauds étonnés :
« Dans ma vie, ah ! quels coups d'épée,
Quels coups de sabre j'ai donnés !
Quels coups de fusil ! Quels... » Zeste,
Il mord la grappe là-dessus,
Et poursuit d'un air plus modeste :
« Quels coups de bâton j'ai reçus ! »
    Nous n'avons plus, etc.

Au moment de donner la vie
A l'héritier de son époux,
Une jeune femme eut envie.
De raisin si beau si doux...
Et le pauvre homme ayant pour elle
Cueilli le fruit qu'elle happa :
« Que mon cousin, lui dit la belle,
Sera content d'être papa ! »
    Nous n'avons plus, etc.

Un curé que le saint bréviaire
Amusait moins que le bon vin,
S'avisa de monter en chaire
Plein du jus du fatal raisin.
« Frères, dit-il à l'auditoire,
Malgré tout ce que je vous dis,
Je sais aimer, chanter et boire,
Et je fais gras les vendredis... »
    Nous n'avons plus, etc.

> Mais hélas ! par l'ordre du prince,
> Ce raisin justement vanté,
> Un jour du fond de sa province
> Près du trône fut transplanté,
> Pauvre treille autrefois si belle
> Que venais-tu faire à la cour ?
> L'air en fut si malsain pour elle,
> Qu'elle y mourut le premier jour.
>
> Nous n'avons plus cette merveille
> Ce phénomène regretté :
>   La treille
>   De sincérité.

Comme chef-d'œuvre, parmi les chansons de Désaugiers, nous pourrions nommer après celle-ci : *Monsieur et Madame Denis* ou les souvenirs de deux époux du dix-septième siècle.

Désaugiers avait le physique du vrai chansonnier, son embonpoint, sa jovialité, sa figure ronde et réjouie, ses cheveux frisés, ses yeux noirs et perçants, son geste toujours juste, sa voix qui était fort agréable, contribuaient au succès de ses chansons ; en un mot, il savait bien les dire et les faire valoir. Il était ardent royaliste.

Désaugiers a créé un personnage : *Cadet-Buteux*, qui lui sert dans les parodies de pièces jouées sur les théâtres de Paris. Cadet-Buteux appartient à Désaugiers, comme la *Lisette* que s'est appropriée Béranger.

Lisette existait dans le répertoire des chansonniers, vingt ans avant la naissance de Béranger. Seulement lui, il a su lui donner une allure particulière et sympathique qui en a fait cette bonne petite fille que nous connaissons sous le nom de la *Lisette de Béranger*.

Désaugiers est mort dans sa cinquante-quatrième année, à la suite de l'opération de la pierre, et fut enterré le 11 août 1827.

Avant d'être opéré, il avait composé son épitaphe :

> Ci-gît, hélas ! sous cette pierre
> Un bon vivant mort de la pierre ;
> Passant, que tu sois Paul ou Pierre,
> Ne va pas lui jeter la pierre.

ÉMILE DEBRAUX

Quatre ans après la mort de Désaugiers, un autre chansonnier populaire mourait. Nous voulons parler de Paul-Emile Debraux qui, avec son maître Béranger, contribua à la vulgarisation de la légende napoléonienne.

Emile Debraux était né à Ancerville (Meuse) en 1798. Il fit ses études au lycée impérial et plus tard fut employé à la bibliothèque de l'Ecole de médecine. Il resta peu de temps dans cette place, de 1816 à 1817 seulement.

Amoureux de l'indépendance et de la chanson, il ne voulut aucune entrave à sa liberté.

Mais hélas ! Il n'était pas riche, et la misère vint bientôt à son foyer. Sa muse joyeuse et patriotique, doublée d'une insouciance philosophique, ne purent le sauver d'une longue et cruelle maladie qui amena sa mort. Quand il mourut, il était à peine âgé de trente-trois ans.

Ses chansons la *Colonne*, le *Prince Eugène*, *T'en souviens-tu?* le *Mont-Saint-Jean*, *Fanfan-la-Tulipe* et *Mon p'tit Mimile* obtinrent un grand succès dans le peuple. Les guinguettes et les ateliers fredonnaient ses refrains.

Sa muse fut parfois politique, et les Bourbons qu'il frondait le mirent sous les verrous. La Restauration était sans pitié pour ceux qui avaient des idées et de l'esprit... quand ils étaient ses adversaires.

Béranger a fait une chanson-prospectus sur Emile Debraux, qui sert de préface aux œuvres de ce chansonnier.

Emile Debraux était très appécié dans les réunions chantantes appelées *Goguettes*. Comme Béranger, il avait pris le héros Bonaparte pour faire opposition aux Bourbons, ramenés sur le trône de France par les baïonnettes étrangères.

Faisons un simple rapprochement entre deux chansons de ces chansonniers traitant le même sujet. Dans sa chanson intitulée : *Sainte-Hélène*, Debraux dit :

>J'ai dit au chef de nos vieux matelots :
>Quel est ce roc embrassé par les flots ?
>Un saint respect succède à l'insolence.
>Je vois les fronts s'incliner en silence.
>De ces rochers quel est donc le renom ?
>Quelle est cette tombe sans nom ?
>   A qui furent ces armes ?
>   — Bon voyageur, verse des larmes,
>   Ici mourut Napoléon.

Béranger, dans sa chanson ayant pour titre le *Cinq Mai*, fait parler ainsi un soldat de l'Empire, revenant en France sur un vaisseau espagnol :

> Dieu ! le pilote a crié : Sainte-Hélène !
> Et voilà donc où languit le héros !
> Bons Espagnols, là s'éteint votre haine.
> Nous maudissons ses fers et ses bourreaux.
> . . . .
> Sa gloire est là comme le phare immense
> D'un nouveau monde et d'un monde trop vieux,
> Pauvre soldat, je reverrai la France,
> La main d'un fils me fermera les yeux.

Cette comparaison des deux œuvres suffit à démontrer que ces deux chansonniers ont vulgarisé la légende napoléonienne.

Maintenant, donnons les chansons les plus populaires de Émile Debraux. D'abord :

TE SOUVIENS-TU ?

(1817)

> *Te souviens-tu*, disait un capitaine
> Au vétéran qui mendiait son pain,
> *Te souviens-tu* qu'autrefois dans la plaine,
> Tu détournas un sabre de mon sein ?
> Sous les drapeaux d'une mère chérie,
> Tous deux jadis nous avons combattu ;
> Je m'en souviens, car je te dois la vie :
> Mais, toi, soldat, dis-moi, *T'en souviens-tu ?*
>
> *Te souviens-tu* de ces jours trop rapides,
> Où le Français acquit tant de renom !
> *Te souviens-tu* que sur les pyramides,
> Chacun de nous osa graver son nom ?

Malgré les vents, malgré la terre et l'onde,
On vit flotter, après l'avoir vaincu,
Notre étendard sur le berceau du monde :
Dis-moi, soldat, dis-moi, *t'en souviens-tu ?*

Te souviens-tu que les preux d'Italie
Ont vainement combattu contre nous ?
Te souviens-tu que les preux d'Ibérie
Devant nos chefs ont plié les genoux ?
Te souviens-tu qu'aux champs de l'Allemagne
Nos bataillons, arrivant impromptu,
En quatre jours ont fait une campagne :
Dis-moi, soldat, dis-moi, *t'en souviens-tu ?*

Te souviens-tu de ces plaines glacées
Où le Français, abordant en vainqueur,
Vit sur son front les neiges amassées
Glacer son corps sans refroidir son cœur ?
Souvent alors, au milieu des alarmes,
Nos pleurs coulaient, mais notre œil abattu
Brillait encore lorsqu'on volait aux armes :
Dis-moi, soldat, dis-moi, *t'en souviens-tu ?*

Te souviens-tu qu'un jour notre patrie
Vivante encore descendit au cercueil,
Et que l'on vit, dans Lutèce flétrie,
Des étrangers marcher avec orgueil ?
Grave en ton cœur ce jour pour le maudire,
Et quand Bellone enfin aura paru,
Qu'un chef jamais n'ait besoin de te dire :
Dis-moi, soldat, dis-moi, *t'en souviens-tu ?*

Te souviens-tu ?... Mais ici ma voix tremble,
Car je n'ai plus de noble souvenir ;
Viens-t'en, l'ami, nous pleurerons ensemble,
En attendant un meilleur avenir.
Mais si la mort, planant sur ma chaumière,
Me rappelait au repos qui m'est dû,

Tu fermeras doucement ma paupière,
En me disant : Soldat, *t'en souviens-tu ?*

Puis, la Colonne, qui date de l'année 1818 :

> O toi, dont le noble délire
> Charma ton pays étonné,
> Eh quoi ! Béranger, sur ta lyre,
> Mon sujet n'a pas résonné !
> Toi, chantre des fils de Bellone,
> Tu devrais rougir, sur ma foi.
> De m'entendre dire avant toi :
> Français, je chante la *Colonne.*

> Salut, monument gigantesque,
> De la valeur et des beaux arts ;
> D'une teinte chevaleresque
> Toi seul colore nos remparts.
> De quelle gloire t'environne
> Le tableau de tant de hauts faits,
> Ah ! qu'on est fier d'être Français
> Quand on regarde la *Colonne.*

> Avec eux la gloire s'exile,
> Osa-t-on dire des proscrits ;
> Et chacun vers le champ d'asile
> Tournait ses regards attendris.
> Malgré les rigueurs de Bellone,
> La gloire ne peut s'exiler,
> Tant qu'en France on verra *briller*
> Des noms gravés sur la *Colonne.*

> L'Europe qui, dans ma patrie,
> Un jour pâlit à ton aspect,
> En brisant ta tête flétrie,
> Pour toi conserva du respect.
> Car des vainqueurs de Babylone,

Des héros, morts chez l'étranger,
Les ombres, pour la protéger,
Planaient autour de la *Colonne*.

Anglais, fier d'un jour de victoire,
Par vingt rois conquis bravement,
Tu prétends, pour tromper l'histoire,
Imiter ce beau monument.
Souviens-toi donc, race bretonne :
Qu'en dépit de tes factions,
Du bronze de vingt nations
Nous avons formé la *Colonne*.

Et vous, qui domptiez les orages,
Guerriers, vous pouvez désormais
Du sort mépriser les outrages,
Les héros ne meurent jamais.
Nos noms, si le temps nous moissonne,
Iront à la postérité ;
Vos brevets d'immortalité
Sont burinés sur la *Colonne*.

Proscrits, sur l'onde fugitive
Cherchez un destin moins fatal :
Pour moi, comme la sensitive,
Je mourrais loin du sol natal !
Et si la France, un jour m'ordonne
De chercher au loin le bonheur,
J'irai mourir au champ d'honneur,
Ou bien au pied de la *Colonne*.

Ensuite, dans un autre ordre d'idées, voici *Fanfan la Tulipe* et le *P'tit Mimile*, qui faisaient les délices des milieux populaires :

FANFAN LA TULIPE

(1819)

Comme l'mari d'notre mère
Doit toujours s'app'ler papa,
Je vous dirai que mon père,
Un certain jour me happa.
Puis me m'nant jusqu'au bas de la rampe,
M' dit ces mots, qui m'mir'nt tout sens d'sus d'sous :
    « J' te dirai ma foi,
    » N'y a plus pour toi
      » Rien chez nous,
      » V'là cinq sous,
      » Et décampe !
      » En avant
        » Fanfan
      » La Tulipe,
    » Oui, mill' noms d'une pipe,
      » En avant ! »

Puisqu'il est d' fait qu'un jeune homme,
Quand il a cinq sous vaillant,
Peut aller d' Paris à Rome,
Je partis en sautillant.
L' premier jour je trottai comme un ange,
    Mais l' lendemain
    J'mourais quasi de faim.
    Un r'cruteur passa,
      Qui m'proposa...
        Pas d'orgueil,
        J'men bats l'œil,
        Faut que j' mange.
        En avant, etc., etc.

Quand j'entendis la mitraille,
Comm' je r'grettais mes foyers !

Mais quand j' vis à la bataille
Marcher nos vieux grenadiers ;
Un instant, nous somm's toujours ensemble,
Ventrebleu ! me dis-je alors tout bas,
    Allons, mon enfant,
    Mon p'tit Fanfan,
      Vite au pas.
    Qu'on n'dise pas
    Que tu trembles !
    En avant, etc., etc.

En vrai soldat de la garde,
Quand les feux avaient cessé,
Sans r'garder à la cocarde,
J' tendais la main au blessé.
D'insulter des homm's vivant encore,
Quand j'voyais des lâch's se faire un jeu ;
    Ah ! mill' ventrebleu,
      Quoi,
    Devant moi,
    J'souffrirais
    Q'un Français
    S'*déshonore !*
    En avant, etc., etc.

Vingt ans soldat, vaill' que vaille,
Quoiqu'au d'voir toujours soumis,
Un' fois hors du champ de bataille,
J' n'ai jamais connu d'ennemis.
Des vaincus la touchante prière,
    M' fit toujours
    Voler à leur secours
      P't-être c' que j' f'ais pour eux
      Les malheureux
      L' front un jour
      A leur tour

Pour ma mère !
En avant, etc., etc.

A plus d'un' gentill' friponne
Mainte fois j'ai fait la cour ;
Mais toujours à la dragonne,
C'est vraiment l' chemin l' plus court
Et j' disais, quand un' fille un peu fière,
Sur l'honneur se mettait à dada :
N'tremblons pas pour ça,
Ces vertus-là,
Tôt au tard
Finissent par
S' laisser faire.
En avant, etc., etc.

Mon père, dans l'infortune,
M'app'la pour le protéger ;
Si j'avais eu de la rancune,
Quel moment pour me venger !
Mais un franc, un loyal militaire,
D'ses parents doit toujours être l'appui ;
Si j' n'avais eu qu' lui,
J' srais aujourd'hui
Mort de faim,
Mais enfin
C'est mon père !
En avant, etc., etc.

Maintenant je me repose
Sous le chaume hospitalier ;
Et j'y cultive la rose
Sans négliger le laurier.
D'mon armur' je détache la rouille,
Car si l'temps ramenait les combats,
D'nos jeunes soldats
Guidant les pas,

>   J'mécrirais :
>   J'suis Français,
>   *Qui touch' mouille.*
>   En avant
>   Fanfan
>   La Tulipe,
>   Oui, mill' noms d'un' pipe
>   En avant !

Voici pour finir :

LE P'TIT MIMILE

Air des Bourgeois de Châtres.

> J'apprends, mon p'tit Mimile,
> Qu't'es palfrenier du roi :
> Pers'onn' dans notre ville,
> N'sait pas plus c'que c'est qu'moi.
> C'est sans dout' queuqu'emploi
> Bourgeois ou militaire.
> Au surplus, ça n'nous r'garde pas :
>   Mon fieu, tu f'ras
>   Comm' tu voudras,
>   Nous n'te tourment'rons guère.

> J'te l'dirai sans rancune,
> Je m' doutais qu' par là-bas
> T'avais fait ta fortune,
> Car tu n'écrivais pas.
> Après tant d'embarras,
> Pis qu' t'es tiré d'affaire :
> Envoi-nous un millier de ducats,
>   Ensuite tu f'ras, etc.
>   Etc., etc.

> Ton père, que ta lettre
> A contenté beaucoup,

Veut qu' tu y envoi' d' quoi s' mettre
Dans les vign's jusqu'au cou ;
Mais n' te gên' pas pour ça,
Y n' boit pas fort ton père,
Un tonneau d' Bourgogn' suffira,
   Ensuite tu f'ras,
      Etc., etc.

Ton oncle l' garde chasse
Commence à bien s'user ;
Ta tante Boniface
Dit qu'i' n' sait plus viser.
Tu sais que son grand papa
D' l'Etat fut pensionnaire :
Fais-lui rendre c'te pension-là ;
   Ensuite, tu f'ras
      Etc., etc.

Ton filleux, Fanfan l' bête,
Est un grand garnement,
Dans l' cas de tenir tête
A tout un régiment.
Puisque c' chien d'enfant-là
A l' goût du militaire,
D'un' épaulette y s'contentera ;
   Ensuite, tu f'ras
      Etc.. etc.

Ton cousin, l' grand Giraffe,
Va tout droit a son but,
Y sait d'jà l'ostographe
Et l' ba, be, bi, bo, bu.
Y en a d' pus bêt' que ça
Dans l' nouveau ministère :
Mais c'est égal, pouss' le par là ;
   Ensuite, tu f'ras
      Etc., etc.

Quand au cousin Batisse
Y n' manqu'ra pas d'emploi,
Car il est royalisse
Encor' plus que le roi ;
Pour n' pas s' battr' y s' cacha
Pendant la dernière guerre.
Y n'demande que la croix pour ça ;
    Ensuite, tu f'ras
        Etc., etc.

Maint'nant chaque dimanche
Ton parrain Tournesol,
Porte un' cocarde blanche
Larg' comme un parasol.
Depuis vingt ans il a
Vingt fois changé d' bannière,
Faut qu' tu l' fass' jug' de paix c'ti-là ;
    Ensuite, tu f'ras
        Etc., etc.

Y faudrait pour bien faire
Qu' ton oncl' Jean soit juré,
Qu' not' bedeau soit vicaire,
Qu' not' vicaire soit curé.
Pour finir c't' articl'-là,
Enfin qu' ton pèr' soit maire,
L' reste du village attendra ;
    Ensuite, tu f'ras
        C' que tu voudras
    Nous n' te tourment'rons guère.

Voici ce que Béranger a écrit sur Émile Debraux, en 1836 :

« Ce n'était pas un chansonnier ordinaire qu'Émile Debraux ! Ses chansons patriotiques répondaient au vif besoin d'opposition de l'époque où il les composa.

» Voyez quelle haine de la Restauration dans ses chansons, quelle colère de nationalité et d'indépendance, quel orgueil de nos victoires, quelle douleur de nos revers ! Lisez la *Veuve du soldat*, morceau épique où brillent d'admirables strophes ; lisez l'ode intitulé *Marengo*, hymne sainte de la vieille et glorieuse République ; l'*Appel aux Députés*, etc., etc.

» J'ai connu sa vie, ses habitudes, ses goûts, tout cela me plaisait ; comme on le sait, il n'était pas riche, les riches auraient ri de son indigence, ou l'auraient insulté en le secourant. Il les fuyait, et c'était de sa part haute raison que d'agir ainsi. »

Paul-Émile Debraux est mort le 12 février 1831.

ARMAND GOUFFÉ

Armand Gouffé, né à Paris en 1775, le 22 mars, fut, une grande partie de sa vie, sous-chef au ministère des finances. Gai et satirique, ses compositions ont parfois une teinte philosophique. Il était vaudevilliste et chansonnier. Parmi ses pièces de théâtre, nous remarquerons : *Nicodème à Paris* ; le *Chaudronnier de Saint-Flour* ; les *Deux Jocrisses* ; le *Bouffe et le Tailleur*.

Si nous en croyons *son portrait*, qu'il nous donne sous forme de chanson, il n'était pas mal de sa personne ; seulement, il penchait un peu la tête et portait des lunettes. Il achève de parler de lui, en ces termes :

> Du reste, j'ai deux pieds, deux mains,
>   J'ai deux jambes pareilles ;
> J'ai, comme tant d'autres humains,
>   Deux fort belles oreilles,
> Rois puissants qui nous gouvernez,
>   A qui je rends hommage,
> Aussi bien que vous, j'ai le nez
>   Au milieu du visage.

Voici ce que Béranger pense de ce chansonnier :
« Armand Gouffé, qui me rechercha avec beaucoup de bonté, avait présidé le *Caveau*, mais l'avait quitté, disait-on, par jalousie des succès de Désaugiers, — qu'il y avait amené. Ce n'est pas lui qui eut pu égayer cette réunion ; mais il n'en était pas moins un des plus spirituels et des plus habiles faiseurs de couplets. Son genre, qui était celui de Panard, n'est peut-être pas ce qu'on doit appeler la chanson ; c'est plutôt le vaudeville, où l'auteur procède par couplets, reliés seulement par quelque dicton proverbial ou même par un mot mis en refrain. Dans ce genre, Gouffé conserve une véritable supériorité, et c'est lui qui, dans notre temps, donna le plus de soin à la correction des vers et à la richesse de la rime, trop négligée depuis le siècle de Louis XIV. »

Parmi ses chansons, nous en citerons sept qui, dans leur genre, sont de véritables petits chefs-d'œuvre : *Le Verre et la Raison*, le *Corbillard*, le *Coup du milieu*, le *Verre*, la *Cave*, l'*Éloge de l'eau* et *Plus on est de fous, plus on rit*.

Voici l'*Éloge de l'eau* :

> Il pleut, il pleut enfin !
> Et la vigne altérée
> Va se voir restaurée
> Par ce bienfait divin !
> De l'eau chantons la gloire,
> On la méprise en vain :
> C'est l'eau qui nous fait boire
> Du vin, du vin, du vin.
>
> C'est par l'eau, j'en conviens,
> Que Dieu fit le déluge ;
> Mais ce souverain juge
> Mit les maux près des biens :
> Du déluge, l'histoire
> Fait naître le raisin.
> C'est l'eau qui nous fait boire
> Du vin, du vin, du vin.
>
> Du bonheur je jouis
> Quand la rivière apporte,
> Presque devant ma porte,
> Des vins de tout pays.
> Ma cave et mon armoire,
> Dans l'instant tout est plein !
> C'est l'eau qui me fait boire
> Du vin, du vin, du vin.
>
> Par un temps sec et beau,
> Le meunier du village
> Se morfond, sans ouvrage,
> Et ne boit que de l'eau.
> Il rentre dans sa gloire
> Quand l'eau vient au moulin.
> C'est l'eau qui lui fait boire
> Du vin, du vin, du vin.

S'il faut un trait nouveau,
Mes amis, je le guette;
Voyez à la guinguette
Entrer mon porteur d'eau :
Il y perd la mémoire
Des travaux du matin.
C'est l'eau qui lui fait boire
Du vin, du vin, du vin.

Mais à vous chanter l'eau,
Je sens que je m'altère;
Passez-moi vite un verre
Plein de jus du tonneau.
Que tout mon auditoire
Répète mon refrain :
C'est l'eau qui nous fait boire
Du vin, du vin, du vin.

Armand Gouffé savait bien faire une chanson, mais, hélas! il ne savait pas la chanter. La manière d'interpréter des couplets est pour beaucoup dans leur succès.

Sa chanson : *Plus on est de fous, plus on rit*, avait été faite par son auteur pour l'admission de nouveaux convives aux *Dîners de la Société épicurienne*. A la première audition, elle était sur l'air de : *Tenez, moi, je suis un bon homme;* elle ne produisit pas d'effet. Ce fut alors que M. Fasquel, professeur de harpe et compositeur de musique, trouvant la chanson bien, fit l'air que nous connaissons, et qui est plein de gaieté, d'humour et d'entraînement.

La chanson d'Armand Gouffé, alors, ne fut plus la même; elle sembla transformée et obtint ce succès prodigieux qui l'amena jusqu'à nous.

Toutefois, nous ne dirons pas : « C'est l'air qui fait la chanson, » mais : « C'est l'air qui fait valoir tous les avantages de la chanson. » Le musicien, par son art, fait ressortir le talent du poète ; il donne plus de brillant à ses pensées et plus d'esprit à ses refrains.

Plus on est de fous, plus on rit, parut pour la première fois dans le *Journal des Gourmands et des Belles*, en 1807.

Des frelons bravant la piqûre,
Que j'aime à voir, dans ce séjour,
Le joyeux troupeau d'Épicure
Se recruter de jour en jour !
Francs buveurs que Bacchus attire
Dans ces retraites qu'il chérit,
Avec nous venez boire et rire...
Plus on est de fous, plus on rit. (*Bis.*)

Ma règle est plus douce et plus prompte
Que les calculs de nos savants ;
C'est le verre en main que je compte
Mes vrais amis, les bons vivants !
Plus je bois, plus leur nombre augmente,
Et quand ma coupe se tarit,
Au lieu de quinze, j'en vois trente...
Plus on est de fous, plus on rit.

Si j'avais une salle pleine
Des vins choisis que nous sablons,
Et grande au moins comme la plaine
De Saint-Denis ou des Sablons,
Mon pinceau, trempé dans la lie,
Sur tous les murs aurait écrit :
Entrez, enfants de la folie...
Plus on est de fous, plus on rit.

Entrez, soutiens de la sagesse,
Apôtres de l'humanité ;
Entrez, amis de la richesse ;
Entrez, amis de la beauté ;
Entrez, fillettes dégourdies,
Vieilles qui visez à l'esprit ;
Entrez, auteurs de tragédies...
Plus on est de fous, plus on rit.

Puisque notre vie a des bornes,
Aux Enfers un jour nous irons ;
Et malgré le diable et ses cornes,
Aux Enfers un jour nous rirons.
L'heureux espoir ! que vous en semble ?
Or, voici ce qui le nourrit :
Nous serons là-bas tous ensemble...
Plus on est de fous, plus on rit.

Armand Gouffé avait abandonné Paris en 1834, pour aller vivre en province, en Bourgogne, à Beaune. Ses amis furent très sensibles à l'éloignement ou plutôt à la disparition de ce charmant écrivain, qu'ils aimaient autant pour l'esprit de ses œuvres que pour les bontés de son cœur.

Brazier, son collègue au théâtre et au *Caveau*, lui adressa à ce propos une touchante chanson dont voici le premier couplet :

Toi, dont les talents, mon cher maître,
De cent rivaux ont triomphé,
Tu t'avises de disparaître,
Et sous les lauriers étouffé,
Tu vis à Beaune, cher Gouffé ?
De Piron l'ombre qui t'enchante,
Doit te dire : « Suis ton patron ;

» Chante, chante, cher Gouffé, chante,
» Dans la ville où chantait Piron. »

La chanson a cinq couplets

Armand Gouffé était, sans contredit, un des membres les plus distingués du *Caveau moderne*.

Il mourut à Beaune, à l'âge de soixante-douze ans.

DU MERSAN
LAUJON
PHILIPPON DE LA MADELAINE

Ces trois chansonniers sont morts chacun à l'âge de quatre-vingt-quatre ans.

1° Marion Du Mersan, père du vaudevilliste contemporain, un des auteurs des *Saltimbanques*; il naquit en 1718 et mourut en 1802.

2° Pierre Laujon, qui naquit en 1727 et mourut en 1811.

3° Philippon de la Madelaine, qui naquit en 1734 et mourut en 1818.

On peut dire en passant que les joyeux flonflons ont été pour eux des brevets de longévité.

Notre premier octogénaire, Marion Du Mersan, est né à Peilhac, près de Ploërmel. Il ne s'occupa pas spécialement de chansons, quoiqu'il fût né en pleine Régence et qu'alors la chanson fût fort à la mode.

En 1750, commissaire général de l'armée française, il avait été dans les Indes. C'était comme délassement qu'il se livrait à ces futiles productions de l'esprit, que ceux qui n'en font pas appellent des chansons. Faire une chanson est parfois un travail devant lequel un cerveau fécond recule. Il ne s'agit pas d'avoir de l'esprit, il faut savoir lui donner une forme.

Marion Du Mersan a publié nombre de petits vers dans les recueils poétiques du dix-huitième siècle. Il fit même, au commencement de la Révolution, une chanson sur le docteur Guillotin, qui substitua, par humanité, la guillotine à la pendaison.

La plus célèbre chanson de notre auteur est, sans contredit : *Tontaine, Tonton*, sur un air de cor de chasse. Ce fut au château de la Brosse, qui appartenait à M. le duc de Montmorency, que cette mélodie forestière vit le jour. Elle fit les délices des piqueurs, des chasseurs, des maîtres, des valets et de tous les habitants des environs.

Elle a pour titre : *Le Refrain du chasseur*.

> Mes amis, partons pour la chasse ;
> Du cor j'entends le joyeux son,
>   Ton, ton, ton, ton,
>   Tontaine, ton ton.
> Jamais ce plaisir ne nous lasse ;
> Il est bon en toute saison,
>   Ton, ton,
>   Tontaine, ton, ton.
>
> A sa manière chacun chasse,
> Et le jeune homme et le barbon,
>   Ton, ton, ton, ton,
>   Tontaine, ton ton.

Mais le vieux chasse la bécasse
Et le jeune un gibier mignon,
Ton, ton,
Tontaine, ton, ton.

Pour suivre le chevreuil qui passe,
Il parcourt les bois, le vallon,
Ton, ton, ton, ton,
Tontaine, ton, ton.
Et jamais, en suivant sa trace,
Il ne trouve le chemin long,
Ton, ton,
Tontaine, ton, ton.

En 1730, il eut un fils qui fut numismate et vaudevilliste, et qui mourut en 1849.

Pierre Laujon, notre deuxième octogénaire, était un chansonnier de salon. Il faisait des bouquets à Chloris, des monologues, des à-propos pour les fêtes ; il se rapprochait plutôt de l'abbé de Bernis et de l'abbé de L'Attaignant que de Panard ou de Vadé. Il n'était pas goguettier de cabaret, mais il aimait les éclats de rire, le bruit des verres et les glouglous de la bouteille. Après avoir été camarade de Collé, au Caveau de la rue de Buci, nous le retrouvons, en 1806, au *Caveau moderne*, avec Armand Gouffé, Désaugiers, Brazier, Philippon de la Madelaine, Antignac, et Rougemont, auteur dramatique, qui eut les plus beaux succès sur les principaux théâtres de Paris. Disons, en passant, que c'est à lui que l'on doit la traduction du mot que prononça Cambronne à la bataille de Waterloo.

Rougemont répétait une pièce de théâtre où Cambronne était un des principaux personnages ;

il avait à dire à l'envoyé anglais le mot historique qu'il avait prononcé réellement sur le champ de bataille, quand, tout à coup, Rougemont le traduisit à sa manière : « Vous vous écrierez, dit-il à l'artiste qui représentait le général Cambronne : « *La Garde meurt et ne se rend pas!* »

Depuis lors, cette fière réponse est acceptée comme de l'argent comptant.

Rougemont, qui collabora à de nombreux drames du boulevard du Temple, est mort sous le règne de Louis-Philippe, en 1840.

Mais revenons à Pierre Laujon. Il nous dit lui-même quelque part qu'il y a en lui un *poète de société;* et il ajoute que pour se glorifier de ce titre, il avait pris pour modèle Benserade : « Ce poète, qui justifiait en lui le surnom de galant, était très avantageusement connu par nombre d'ouvrages de poésie dans presque tous les genres, quand il conçut, en 1651, l'idée des fêtes et ballets dont les succès se soutinrent pendant trente années. »

Pierre Laujon fut successivement secrétaire du comte de Clermont et du prince de Condé. Il fit ses débuts dans les lettres par un opéra en quatre actes, intitulé : *Daphnis et Chloé.* Cette pastorale fut représentée pour la première fois le jeudi 28 septembre 1747, par l'Académie royale de musique.

Il avait fait ses études au collège Louis-le-Grand et avait pour camarade Turgot. A cette époque, il nous dit « qu'il se hâtait de finir ses *devoirs*, afin de se livrer à des lectures amusantes, et surtout à son penchant très décidé pour les chansons ». Malgré son goût pour les chansons et les fêtes, il n en fit pas moins vingt-deux *opéras, parodies, comédies et opéras-comiques.*

Le père de Laujon voulait que son fils suivît la carrière du barreau; mais, hélas! Pierre ne se sentait pas de prédispositions pour un état aussi grave. Le comte de Clermont se fit alors son protecteur et le nomma son premier secrétaire. Dès ce moment, le jeune homme put se livrer entièrement à la littérature, car le père Laujon se trouva très honoré de voir son fils au service d'un si haut personnage que le comte de Clermont.

Pierre Laujon eut une carrière longue et laborieuse. Elle ne lui donna pas toujours la fortune, mais elle lui conserva la gaieté. A l'époque de la Révolution de 1789, il fut presque réduit à l'indigence; mais il n'en continua pas moins de chanter, car il était surtout chansonnier.

Il fut reçu de l'Académie française en 1807, pour succéder à Portalis.

Nous avons dit que Laujon était très gai; en voici la preuve par la *Chanson bachique* suivante :

    Folâtrons, rions sans cesse :
    Que le vin et la tendresse
    Remplissent tous nos moments!
    De myrte parons nos têtes,
    Et ne composons nos fêtes
    Que de buveurs et d'amants.

    Quand je bois, l'âme ravie
    Je ne porte point d'envie
    Aux trésors du plus grand roi :
    Souvent j'ai vu sous la treille
    Que Thémise et ma bouteille
    Étaient encor trop pour moi.

> S'il faut qu'à la sombre rive
> Tôt ou tard chacun arrive,
> Vivons exempts de chagrin ;
> Et que la Parque inhumaine
> Au tombeau ne nous entraîne
> Qu'ivres d'amour et de vin.

Laujon eut une verte vieillesse, et jusqu'à la fin il conserva son intelligence. Il n'y avait que quatre années qu'on lui avait permis de *passer par l'Institut*, comme l'avait dit Delille, en lui donnant sa voix. Il mourut en 1811. Dans sa dernière année, il avait présidé à l'impression de ses œuvres, publiées par les libraires Patris et Ce, à Paris.

Notre troisième octogénaire, Philippon de la Madelaine, jouit d'une véritable réputation parmi nos chansonniers. Pendant sa longue existence, il a toujours fait acte de présence dans les joyeux cénacles de la chanson. Nous avons déjà dit qu'il avait été un des plus illustres convives des *Dîners du Vaudeville*. Mais, en même temps, il était un des spirituels auteurs de ce théâtre, qu'on appelait en ce temps-là et avec juste raison : *la boîte à l'esprit*. C'était, paraît-il, un excellent homme ; et, si nous en croyons un vaudevilliste qui fut de ses amis, il n'eut jamais d'ennemis, « parce qu'il ne s'était jamais permis aucune épigramme directe, aucune personnalité. Il avait conservé jusqu'à ses derniers moments sa gaîté, sa douceur, sa sensibilité, son humeur égale, son caractère obligeant et affectueux, et tout le charme de l'ancienne urbanité française. »

Celui qui a écrit ces belles et bonnes lignes sur l'ancien membre des *Dîners du Vaudeville* et du

Caveau moderne — car il fut de toutes les sociétés chantantes — est Du Mersan, ancien bibliothécaire à la Bibliothèque nationale, nommé en 1842 à la place de conservateur-adjoint du cabinet des médailles. Sans demeurer étranger à la numismatique, il collabora avec Bouilly, Désaugiers, Brazier, etc., à plus de cent vaudevilles.

Philippon a laissé de ses chansons dans tous les recueils lyriques de son époque. Pour donner un spécimen de son talent, nous citerons sa chanson qui a pour titre : *Le Singe*.

Air : *Mon père était pot*.

Sur les goûts ne disputons pas,
   Chacun a sa manie ;
Aimez les chiens, aimez les chats :
   Le singe est ma folie.
     Dans ses jolis tours
     Je vois les amours,
C'est la fille au bel âge.
     Devient-il malin,
     Grondeur et lutin,
C'est la femme en ménage.

Le singe imite ; et c'est pour nous
   Trop souvent un modèle.
Églé, près d'un crédule époux,
   Singe la tourterelle.
     Mille beaux esprits
     De Thalie épris,
Volent dans la carrière ;
     Que sont-ils, pourtant,
     Même en nous comptant ?
Les *singes* de Molière.

Le singe semble aux mœurs du temps
　　Imprimer son génie.
Beaux discours, promesses, serments,
　　Tout n'est que singerie.
　　　Qui nous connaît bien
　　　Ne croit plus à rien,
　　Pas même aux embrassades ;
　　　Les dettes du cœur,
　　　Celles de l'honneur,
　　Tout se paie en gambades.

Quand Bertrand croque les marrons
　　Qu'au feu Raton va prendre,
Il donne de bonnes leçons
　　A qui veut les entendre.
　　　Mais soyons prudents ;
　　　Des sots, des puissants,
　　N'éveillons pas la haine.
　　　Loin de tout souci,
　　　Ne songeons ici
　　Qu'à bien *singer* Silène.

On voit, par ces couplets, que notre chansonnier savait tourner ses idées du côté philosophique. Selon nous, on pourra encore en juger par le *Fleuve de l'oubli;* on y verra aussi que ses chansons, par leur ton et leur facture, se rapprochent beaucoup du genre cultivé par Panard. Jamais sa poésie n'est négligée ; on s'aperçoit qu'il y apportait tous ses soins.

LE FLEUVE DE L'OUBLI

On nous dit qu'aux royaumes sombres,
Il existe un fleuve d'oubli ;
S'il est ainsi, paisibles ombres,

Dites bien aux dieux : Grand merci.
Votre âme n'est pas excédée
Des maux que l'on souffre ici-bas.
Jouissez, et, même en idée,
Parmi nous ne revenez pas.

L'un pourrait y voir sa maîtresse
Entre les bras de son rival ;
L'autre, un neveu qui dans l'ivresse
Se rit d'un oncle trop frugal :
Ces grands auteurs de petits drames
Trouveraient, au lieu d'un laurier,
Sur leur tombe force épigrammes,
Et leurs œuvres chez l'épicier.

Comme vous, dans votre Élysée,
La terre a son fleuve d'oubli ;
Heureuse d'en être arrosée
S'il n'emportait que le souci !
Malgré tes soins, ô bienfaisance !
Mamans, malgré vos beaux discours,
L'honneur et la reconnaissance
Y font naufrage tous les jours.

Pour en boire, le sage même
Prend la coupe des mains du Temps :
Lorsque le chagrin est extrême,
C'est là le plus sûr des calmants.
Il m'a sauvé de l'esclavage
De quelques volages beautés ;
J'en ai perdu jusqu'à l'image
Sans être ingrat à leurs bontés.

Le souvenir hélas ! se lie,
Au regret, ainsi qu'au désir ;
Et le passé, s'il ne s'oublie,
Est le tourment de l'avenir.

Le vrai Léthé, c'est ma bouteille ;
J'y noie et désirs et regrets
Et je ne garde sous la tre...
Que le souvenir des bienfaits.

Ce bon et joyeux Philippon de la Madelaine est mort sous la Restauration, à Paris, en 1818. Ce cher chansonnier était royaliste ou républicain, suivant qu'il y allait de son intérêt; il mangeait, en politique, à tous les râteliers. — Il avait été d'abord avocat du roi près du bureau des finances. En 1786, intendant des finances du comte d'Artois. — Plus tard, il reçut de la Convention nationale, comme homme de lettres, un secours de deux mille livres, en 1795, et obtint la place de bibliothécaire au ministère de l'Intérieur. — En 1814, le comte d'Artois lui accorda, avec une pension, le titre d'intendant honoraire de ses finances. Il savait plaire à tout le monde.

LE CHEVALIER DE PIIS

Antoine-Pierre-Augustin de Piis, plus connu sous le nom de *chevalier de Piis*, est né à Paris en 1755. Il était fils d'un chevalier de Saint-Louis, et dans sa jeunesse il avait pris des leçons de prosodie de Mgr de Bernis et de l'abbé de L'Attaignant. Il composa d'abord des pièces pour la comédie italienne, puis, en 1792, il fonda, avec Barré, le théâtre du Vaudeville.

Avec cela, il était un membre fécond et assidu de la Société du Caveau. Sous le premier Empire, il était dans ce qu'on appelle les favoris de la cour; il savait se plier aux événements et aux circonstances. Non moins favorisé de la Restauration, il fut nommé secrétaire général de la Préfecture de police.

Il fit un grand nombre de vaudevilles et de poésies fugitives. Parmi ses chansons, nous prendrons un couplet sur l'*Inutilité des prêtres*, une de ses meilleures compositions :

> Engeance adroite et fanatique
> Qui viviez jadis de l'autel,
> Voulez-vous de la République
> Obtenir un pardon formel?
> En uniforme, en casque, en guêtres,
> Armez vos bras d'un fer vengeur,
> Et perdez, en prenant du cœur,
> Votre caractère de prêtres.

Nous recommandons ce huitain à MM. les séminaristes; qu'ils le méditent et l'observent.

Voici, maintenant, une de ses chansons, du temps qu'il appartenait aux *Dîners du Vaudeville*. Il faut se rappeler que les membres de cette Société tiraient au sort le sujet de leurs chansons; un soir, il lui échut le nom de *Ninon de Lenclos*. Il en profita pour écrire d'un bout à l'autre la vie douce et merveilleuse de la belle courtisane.

NINON DE LENCLOS

Air : *Femmes, voulez-vous éprouver ?*

> Rempli du sévère projet
> De mêler l'utile au comique,

J'ambitionnais un sujet,
Ou moral ou mythologique :
Des bulletins dans l'urne enclos
Dispersant la masse confuse,
Je tombe sur *Ninon Lenclos :*
Ah ! le bon billet qu'a ma muse ! (*Bis*).

Comment vous rendre les attraits
Dont Ninon Lenclos fut pourvue ?
Ce n'est que dans ses seuls portraits,
Peints ou gravés, que je l'ai vue :
On la citait à dix-sept ans
Comme une personne accomplie ;
Car la nature en même temps
L'avait faite belle et jolie.

Qu'elle était légère, sa voix !
Qu'elle était légère, sa danse !
Et qu'ils étaient légers ses doigts
Sur le luth, faits à la cadence !...
Mais, dès qu'à ces arts d'agrément
Elle put joindre l'art de plaire,
On convient généralement
Qu'elle y fut encore plus légère.

Coligny, d'Albret et Condé
Lui rendirent d'abord les armes ;
Banier, Villarceaux, Sévigné
Encensèrent après ses charmes ;
Lachâtre et Gourville bientôt
Obtinrent ses faveurs intimes ;
Et même La Rochefoucault
Près d'elle oublia ses maximes.

Toujours d'un long engagement
Elle appréhenda la fatigue,
Conservant plus fidèlement
Un dépôt d'argent qu'une intrigue.

De ses caprices tour à tour
Etiez-vous objet ou victime,
Elle vous rendait votre amour ;
Mais elle gardait votre estime.

Faisant trêve à la volupté,
De bel esprit s'occupait-elle,
Le ton de sa société
Dans le sien trouvait un modèle :
Ses conseils sur le double mont
Servaient de plus d'une manière
A Chapelle, à Saint-Evremont,
A Scarron, et même à Molière.

On sait qu'à Voltaire en mourant
Elle laissa deux mille livres,
Afin qu'il pût, auteur naissant,
Se procurer quelques bons livres.
Voltaire dut à la beauté
Sa bibliothèque première :
Mais que le legs a profité
Entre les mains du légataire !

Par les petits soins d'un abbé,
Porteur d'une antique promesse,
Est-il vrai qu'elle a succombé
A quatre-vingts ans... par faiblesse ?
Ah ! si de Philémon Gedoin
Ninon Baucis fut aussi folle,
C'est qu'en hiver, de loin en loin,
Un rayon de soleil console.

Au reste, amis, ne croyons pas,
En proie aux flammes éternelles,
Ninon, qui se plut ici-bas,
A des flammes toujours nouvelles ;
Son salut nous est confirmé
Par ces paroles très précises :

> « A quiconque a beaucoup aimé,
> « Beaucoup de fautes sont remises. »

Le chevalier de Piis mourut en 1832.

P. J. DE BÉRANGER

Après de Piis, nous placerons par ordre chronologique Béranger, car Béranger se tait tout à coup en 1834, il trouve sa tâche achevée et se retire de la lice comme un lutteur fatigué de ses victoires.

Béranger est une des gloires du dix-neuvième siècle. Il a porté la chanson jusqu'au sommet de la littérature. Il a fait accepter, à force de génie, ses couplets comme des odes, et la postérité le placera à côté des grands hommes de notre époque.

Pierre-Jean de Béranger naquit à Paris, rue Montorgueil, le 17 août 1780. Son grand'père était tailleur et son père cabaretier d'abord, puis banquier, puis notaire, etc., etc.

A neuf ans, il fut envoyé à Péronne, chez une de ses tantes, qui tenait une auberge. Ce fut là qu'il commença la lecture de Voltaire. Les ouvrages de ce grand homme eurent une influence manifeste sur l'avenir du jeune Béranger.

A dix-sept ans, Béranger revint à Paris, où il commença à composer un poème épique : *Clovis*, et une comédie : *les Hermaphrodites*. Mais il était pauvre, et il ne gagnait pas avec ses alexandrins de quoi vivre. Il envoya ses vers à Lucien Bonaparte, et ce frère de l'empereur, qui faisait aussi des poèmes, le prit sous sa protection et lui abandonna son traitement de l'Institut. Ceci se passait en 1803. — Vers 1809, protégé par Arnault, Béranger entra comme expéditionnaire au secrétariat de l'Université, avec 1,200 francs d'appointements. En 1813, il fut reçu membre du *Caveau;* à partir de sa réception, il devient réellement chansonnier, et sa popularité était déjà établie après la seconde restauration. Ses chansons le firent condamner à la prison, mais sa condamnation ne fit que rendre ses chants plus populaires, et le parti libéral paya les amendes.

Nous ne nous occuperons pas de ses chansons grivoises et bachiques, qu'il a écrites en prenant pour maître le viveur et spirituel Collé. Nous dirons seulement, en passant, que dans ce genre, ses chansons ont moins de gaieté que celles de Désaugiers et moins de lyrisme que celles d'Armand Gouffé.

Béranger est plutôt un poète populaire qu'un poète national. Cette appréciation est de M. Laurent Pichat, et nous la trouvons juste. Car, la chanson par elle-même n'est pas flatteuse, elle est toujours de l'opposition, c'est là qu'elle montre son esprit, sa raison et sa valeur. Elle critique, ridiculise et frappe ; voilà sa mission, voilà le but qu'elle doit atteindre. Et Béranger a su la mener glorieusement dans cette voie.

Le *Roi d'Ivetot,* le *Sénateur,* le *Marquis de Carabas, Paillasse,* le *Petit Homme rouge, Monsieur Judas,* le *Ventru,* sont des œuvres impérissables. Elles sont des caricatures, ou des critiques qui resteront dans l'esprit des libres-penseurs comme une scène de Molière ou un conte de Voltaire.

Béranger a dit : le peuple c'est ma Muse. C'est vrai, il s'est inspiré du peuple. Il traduit ses aspirations. Il a été pour lui un ami plutôt qu'un Mentor. Voilà d'où vient sa popularité. La Fontaine dit : Notre ennemi c'est notre maître. Béranger, qui voulait être aimé et applaudi, n'a fait que traduire les pensées du peuple, mais il n'a pas cherché à l'élever en le morigénant, ni à le tirer de certaines erreurs qui lui étaient sympathiques et familières.

Il a créé, pour lui, la légende Napoléonienne avec : les *Souvenirs du peuple*, le *Vieux Sergent*, *Il n'est pas mort*, etc., etc. Les exploits du grand homme déplaisant aux Bourbons, il les chanta. Il ne songeait pas, le poète, que plus tard, ses faiblesses pour le César reculeraient dans les masses l'éclosion du progrès, il faisait par son amour pour l'illustre despote un obstacle moral aux libres penseurs et par conséquent à l'avènement de la République.

Béranger avait des vertus républicaines, mais il ne croyait pas à l'installation possible de la République en France avant le vingtième siècle. En 1830, quand le mot de République fut prononcé, il dit à ses amis : *Pas encore !* En 1848, quand les Parisiens le nommèrent représentant du peuple, il était dans les mêmes idées et donna sa démission. Il disait toujours, à part lui : pas encore !

Avait-il raison de refuser son concours à l'établissement de la République ? Un homme tel que lui, qui aimait le peuple et chantait la liberté, ne devait pas déserter sa mission, quitte à y laisser une partie de sa popularité. — Mais, hélas ! le bonhomme Béranger était fort avare de cette popularité et il a fait tout ce qui a été en son pouvoir pour la conserver et s'en faire un suaire le jour de sa mort.

Le grand Béranger, le vrai, existe dans ses dernières chansons de 1834. Les *Contrebandiers*, *Jacques*, les *Fous*, le *Vieux vagabond*, etc., plaçaient le chansonnier aux premiers rangs des esprits forts du siècle. On dirait qu'il eut peur de s'aventurer sur ce nouveau chemin que son origine plébéienne lui traçait. Il s'arrêta.

Nous le regrettons, car nous croyons que si sa popularité en eût souffert momentanément, il l'eût retrouvée plus tard, plus vive et plus resplendissante. Il n'a pas osé se mettre à la tête du peuple pour les idées, en lui disant : Écoute-moi et marche.

A sa mort, Napoléon III s'est souvenu qu'il avait célébré son oncle, et par un décret signé Piétri, préfet de police, et affiché sur les murailles de Paris, l'a nommé *poète national*. En faisant cela, le fils d'Hortense le compromettait, en voulant accaparer une part de sa gloire populaire.

Malgré cela, n'oublions pas que Béranger aima la liberté et qu'il combattit les *hommes noirs* avec toute l'énergie d'un anti-clérical et d'un bon patriote.

Que ce grand homme repose en paix, couché pour l'éternité dans le tombeau de Manuel ! Il a accompli sa tâche. Elle lui donne l'immortalité.

Béranger ne s'est pas tenu au moule étroit de la

chanson créé par ses devanciers. Ses dernières productions ne sont, à vrai dire, que de belles pièces de vers, coupées en strophes, quoiqu'on leur donne toujours le nom de couplets.

Parmi ses productions les plus populaires, nous citerons : *Jacques*.

> Jacques, il me faut troubler ton somme.
> Dans le village, un gros huissier
> Rôde et court, suivi du messier.
> C'est pour l'impôt, las ! mon pauvre homme.
> Lève-toi, Jacques, lève-toi ;
> Voici venir l'huissier du roi.
>
> Regarde : le jour vient d'éclore.
> Jamais si tard tu n'as dormi.
> Pour vendre chez le vieux Remi,
> On saisissait avant l'aurore.
> Lève-toi, Jacques, lève-toi ;
> Voici venir l'huissier du roi.
>
> Pas un sou ! Dieu ! Je crois l'entendre.
> Ecoute les chiens aboyer.
> Demande un mois pour tout payer :
> Ah ! si le roi pouvait attendre !
> Lève-toi, Jacques, lève-toi ;
> Voici venir l'huissier du roi.
>
> Pauvres gens ! l'impôt nous dépouille !
> Nous n'avons, accablés de maux,
> Pour nous, ton père et six marmots,
> Rien que ta bêche et ma quenouille.
> Lève-toi, Jacques, lève-toi ;
> Voici venir l'huissier du roi.
>
> On compte, avec cette masure,
> Un quart d'arpent, cher affermé.

Par la misère il est fumé ;
Il est moissonné par l'usure.
Lève-toi, Jacques, lève-toi ;
Voici venir l'huissier du roi.

Beaucoup de peine et peu de lucre.
Quand d'un porc aurons-nous la chair ?
Tout ce qui nourrit est si cher !
Et le sel aussi, notre sucre !
Lève-toi, Jacques, lève-toi ;
Voici venir l'huissier du roi.

Du vin soutiendrait ton courage ;
Mais les droits l'ont bien renchéri !
Pour en boire un peu, mon chéri,
Vends mon anneau de mariage.
Lève-toi, Jacques, lève-toi ;
Voici venir l'huissier du roi.

Rêverais-tu que ton bon ange
Te donne richesse et repos ?
Que sont aux riches les impôts ?
Quelques rats de plus dans leur grange.
Lève-toi, Jacques, lève-toi ;
Voici venir l'huissier du roi.

Il entre ! ô ciel ! que dois-je craindre ?
Tu ne dis mot ! quelle pâleur !
Hier tu t'es plaint de ta douleur,
Toi qui souffres tant sans te plaindre.
Lève-toi, Jacques, lève-toi ;
Voici monsieur l'huissier du roi.

Elle appelle en vain ; il rend l'âme.
Pour qui s'épuise à travailler,
La mort est un doux oreiller.
Bonnes gens, priez pour sa femme.
Lève-toi, Jacques, lève-toi ;
Voici monsieur l'huissier du roi.

Une telle œuvre valait mieux pour le peuple et la France, que de diviniser le *Petit Chapeau* et la *Redingote grise.*

Il est toujours mauvais de célébrer un despote, fût-il un grand conquérant.

EUGÈNE DE PRADEL

Pierre-Marie-Michel-Eugène Coutray de Pradel, plus connu sous le nom de Eugène de Pradel, est le plus célèbre des improvisateurs français. Il naquit à Toulouse en 1784, et non à Paris en 1787, comme certains biographes le prétendent. Ce poète extraordinaire possédait au plus haut degré l'à-propos, la verve et l'esprit du méridional, homme du monde et de bonne compagnie ; son père, le comte Coutray de Pradel, major de cavalerie et chevalier de Saint-Louis, avait épousé, à Toulouse, en 1783, une héritière de la maison de Laval, c'est pour cela qu'il naquit dans cette belle ville du Midi en 1784.

Bientôt, M. le comte Coutray de Pradel fut forcé de quitter Toulouse par les exigences du service, et ne pouvant emmener son enfant avec lui, il confia son petit Eugène aux soins d'un vieux parent, le commandeur Dauffréry. Ce brave et excellent homme éleva l'enfant avec la plus vive sollicitude et commença par lui faire donner une bonne éducation, il voulait qu'il fît honneur au noble nom qu'il portait.

Doué des plus heureuses qualités, Eugène, dès ses premières années, prit goût au travail et acquit toutes les connaissances que réclame l'instruction d'un jeune homme de famille. Quand il fut en état de porter les armes, son père le fit partir pour l'Espagne, muni d'un brevet de cadet gentilhomme, dans le régiment de Bourbon, commandé par le comte de Caldaguès. Cela se comprend, le comte, qui avait été ruiné par la Révolution, ne voulait pas que son fils servît un pays qui lui avait ravi ses titres et sa fortune.

« Eugène, dit un de ses biographes, en repassant à Toulouse, y vit son parent, son bienfaiteur, M. Dauffréry, qui lui confia, pour l'Espagne, une mission importante. Il s'agissait de porter, de la part du commandeur, des papiers précieux à S. A. madame la duchesse douairière d'Orléans, alors retirée à Figuières. Intelligent et audacieux, le jeune Pradel remplit convenablement sa mission et se rendit à Barcelone d'où il devait s'embarquer pour l'île de Majorque, où son régiment tenait garnison. Le ciel en avait décidé autrement.

» Le vieux comte d'Ortafa, père de celui qui fut membre de la fameuse Junte de la Seu d'Urgel, se trouvant à Barcelone et ayant été compromis dans une altercation assez vive, Eugène de Pradel s'intéressa chaudement à la cause du vieillard offensé; il y eut provocation et duel. — Cette affaire fournit un prétexte suffisant à Eugène qui, répugnant à servir un autre pays que le sien, revint en France au milieu de sa famille. »

A quelque temps de là, le comte de Pradel étant devenu veuf, se remaria en secondes noces. Eugène partit pour Paris, avec l'intention de s'adonner aux lettres pour lesquelles il avait une attraction profonde. Mais il ne resta pas longtemps dans la capitale; il avait vingt ans, et une occasion de visiter l'Italie s'offrit à lui. Il la saisit. Là, dans le pays de Virgile, de l'Arioste et du Tasse, son imagination impressionnable s'électrisa à la lecture de leurs chefs-d'œuvre. Ce fut alors qu'inspiré par la limpidité d'un ciel poétique, par la vue des prodiges de l'art, surexcité par l'exemple des improvisateurs qu'on rencontre partout, Pradel sentit en lui cette faculté singulière de l'improvisation. Il vit là, pour ses facultés extraordinaires, un horizon nouveau.

En attendant les succès de poète que lui réservait l'avenir, Eugène de Pradel entra au service à son retour en France. En 1810, il publia une ode sur le mariage de Napoléon. En 1812, il était à Boulogne-sur-Mer, attaché à l'état-major de la 16e division militaire; puis, après avoir passé successivement sous les ordres du général Brenier et du maréchal-duc de Trévise, il quitta le service en 1814.

Ce fut alors qu'il se livra réellement à son art bien-aimé : l'improvisation. — En 1815, Paris tout entier applaudissait à ses œuvres instantanées; sa chanson des *Lanciers Polonais* rendit son nom universel.

>Dans la froide Scandinavie
>Du héros retentit le nom :
>Soudain la Pologne asservie
>Se lève pour Napoléon.
>Il avait brisé les entraves

De ce peuple, ami des Français,
Et la France, au rang de ses braves,
Compta les lanciers Polonais.

Sans regret quittant leur patrie,
Pour Napoléon, ces guerriers
Vont jusqu'aux champs de l'Ibérie
Cueillir des moissons de lauriers.
Partout où l'honneur les appelle
Ils volent tenter des hauts faits,
Et partout la gloire est fidèle
Aux braves lanciers Polonais.

Quand la fortune trop volage,
Quand la plus noire trahison,
Ensemble ont trompé le courage
De notre grand Napoléon,
Il fit, en déposant les armes,
De touchants adieux aux Français,
Et l'on vit répandre des larmes
Aux braves lanciers Polonais.

Napoléon, l'âme attendrie,
Leur dit, dans ces cruels moments :
« Retournez dans votre patrie ;
» Adieu, je vous rends vos serments. »
Il croyait, dans son triste asile,
N'être suivi que de Français ;
Mais il retrouva dans son île
Encor des lanciers Polonais.

O vous qu'à nos belles journées
La gloire a fait participer !
Polonais, de vos destinées
Le ciel doit enfin s'occuper ;
Mais fussiez-vous dans les alarmes,
Amis, nous n'oublierons jamais

> Que nous avions pour frères d'armes
> Les braves lanciers Polonais.

Au commencement de l'année 1822, il publia un recueil de chansons qui avait pour titre : les *Etincelles*. Il fut poursuivi pour cette publication et, par jugement du 23 mai 1822, il fut condamné à six mois de prison et 1,000 francs d'amende. L'ouvrage fut saisi et détruit.

La sympathie que Eugène de Pradel montre, dans la préface de son volume pour Béranger, ne pouvait pas certainement lui servir de circonstance atténuante. Voici ce qu'il y dit : « O Béranger, ô mon guide et mon maître! poursuis ta noble carrière et ton nom et tes ouvrages vivront dans la postérité. Continue à chanter les braves, la valeur et notre gloire nationale; tu puniras assez tes obscurs détracteurs! Moins heureux dans ma destinée, je te suivrai de loin dans le chemin que tu t'es frayé au Parnasse... » Ce n'est pas au Parnasse qu'il suivit son maître, c'est à Sainte-Pélagie. Le hasard voulut que leurs cellules fussent voisines et qu'ils pussent se parler de leurs fenêtres.

Parmi les chansons qui causèrent sa condamnation nous citerons : les *Étincelles*, l'*Immortel laurier*, l'*Enfer*, l'*Ile lointaine*, les *Prémices de Javotte*, l'*Anguille*, le *Vieux drapeau*, les *Missionnaires en goguette* et la *Victime de l'Inquisition* où nous lisons ces deux beaux couplets :

> Fille des cieux, divinité chérie,
> Que l'Eternel forma pour l'univers;
> O Liberté, viens rendre à ma patrie
> L'heureux oubli des maux qu'elle a soufferts!

Le despotisme en sa marche insensée,
Ose fouler notre sol attristé ;
Mais son pouvoir ne peut à ma pensée
    Ravir la Liberté !

Réveillez-vous, peuples que l'arbitraire
Afflige encor de son joug odieux !
A vos tyrans, l'honneur doit vous soustraire ;
D'indignes fers tomberont avec eux.
Pour étouffer leur aveugle furie,
Et pour briser leur sceptre ensanglanté,
Réveillez-vous, au nom de la Patrie
    Et de la Liberté !

Avec Béranger, il trouva à Sainte-Pélagie : Cauchois-Lemaire, Paul-Louis Courier, Jay, Jouy, Barginet, Magalon, Victor Ducange, Bonin, Le Page, Emile Debraux, etc. — Heureux temps pour la libre-pensée que ce règne de Louis XVIII !

A sa sortie de prison, il reprit plus que jamais ses improvisations. Il improvisa un poème de cent vers sur un sujet donné : la *Captivité de Christophe Colomb*, puis une tragédie complète sur le théâtre de Versailles. Il commença alors un voyage triomphal : Orléans, Tours, Angers, Nantes, Rochefort, Angoulême, Bordeaux, Toulouse, Montpellier, Nîmes, Marseille, Toulon, Grenoble, Besançon, Dijon, Genève, Lausanne, Berne, Louvain, Anvers, Gand, Bruges, Bruxelles, etc., furent visités par lui ; et partout son merveilleux talent souleva l'étonnement et l'enthousiasme. On le regardait comme un prodige.

En 1832, il publia un second volume de chansons, intitulé : *Chansons nationales* de Eugène Pradel. — Nous citerons de ce volume : la *Truffe* et la *pomme de terre*, les *Bâtons*, les *Plaisirs de la campagne*, la *Bataille de Waterloo*, les *Barricades*, la *Tombe de Labedoyère*, l'*Insurrection de 1830*, etc., etc. Outre ces chansons, Eugène de Pradel a improvisé dans sa carrière, plus de deux cents tragédies. C'est à ne pas y croire. Il alla même jusqu'à improviser sur la scène française, devant mademoiselle Mars.

Ses productions instantanées, il les oubliait aussitôt que conçues, à moins qu'un sténographe ne fût là pour les recueillir.

En 1836, il alla rendre une visite à Béranger qui alors s'était retiré à Fontainebleau. L'illustre chansonnier le reçut avec tous les honneurs dus à un confrère. — Il improvisa une scène dramatique sur *Camoëns*. Dans la conversation, Béranger ayant dit qu'il ne se servait jamais de parapluie, Pradel improvisa ce couplet sur l'air de : l'*Hermite du hameau voisin*.

> Nous savons tous que Béranger
> Ne se sert point de parapluie.
> D'un meuble pourquoi se charger,
> Quand il fatigue et qu'il ennuie?
> A d'autres il laisse le soin
> De lui rester toujours fidèle...
> Un aigle n'en a pas besoin :
> Il peut se couvrir de ses ailes.

L'à-propos fut goûté, comme on se l'imagine.

Puis, on demanda à notre improvisateur une improvisation SUR MOLIÈRE.

> Molière de son art reculant les limites,
> Et des mœurs de son siècle intrépide censeur,

Démasqua les cagots, flétrit les hypocrites;
Mais il n'a pas, comme eux, laissé de successeur.

Béranger, quelques jours après la visite que Eugène de Pradel lui avait faite, disait dans une lettre à ce rimeur extraordinaire : *Vous n'avez pas eu de devancier, vous n'aurez pas de successeur.* (27 septembre 1836.)

Eugène de Pradel ne fut pas qu'un improvisateur étonnant, il fut aussi journaliste, auteur dramatique et chansonnier. L'apogée de sa réputation fut vers 1840; il faisait alors l'admiration de ses contemporains. Il se tirait toujours avec succès de la *Dictée de César*. Voilà en quoi consistait cette difficulté poétique : trois sujets lui étaient donnés à haute voix; par exemple : le *Malade*, le *Masque de fer* et la *Lune de miel*, et il dictait sur-le-champ ses vers, en les jetant alternativement aux trois personnes qui, munies de papier et de crayons écrivaient ses paroles. Nous ne parlerons pas de ses *bouts-rimés*, qu'il faisait à merveille; c'était l'enfance de l'art pour lui.

Eugène de Pradel mourut à Wiesbaden, le 11 septembre 1857.

LES CHANSONNIERS PATRIOTES

DE 1848

Nous avons réuni en un faisceau les principaux chansonniers qui sortirent des barricades de Février pour célébrer les bienfaits de la Révolution. Nous voulons parler de ceux qui, au lendemain du combat, jetaient en pleine rue leurs chants populaires.

Ces couplets improvisés sans travail, tout d'inspiration, expriment bien les idées nouvelles qui à cette époque fermentaient dans les têtes républicaines de Paris et de ses faubourgs.

La plupart de ces chansonniers appartiennent au travail manuel de l'atelier, du magasin ou de la boutique; peu ont des occupations indépendantes ou une profession libérale.

Ils ont tous plus ou moins pratiqué la *goguette*, malgré les mouchards et les sergents de ville de la Royauté. On sait combien était peu respecté le droit de réunion sous le règne de Sa Majesté Louis-Philippe I%%er%%.

On appelle *goguette* l'endroit, cabaret ou café, où les membres sociétaires d'une réunion chantante ont le droit de se présenter et de chanter une ou plusieurs de leurs chansons. Nous citerons comme exemple, le *Gymnase lyrique*, les *Soupers de Momus*, les *Lapiniers*, et cinquante autres dont nous pourrions citer les noms.

Ces réunions ne sont pas fermées, les amis peuvent y assister sur la présentation d'un membre titulaire, on les reçoit à titre de visiteurs; ils peuvent même y chanter avec l'autorisation du président.

Ces assemblées chansonnières sont toujours joyeuses et paisibles. On n'y admet que des gens sérieux; les loustics et les blagueurs n'y font pas leurs frais, car ils sont vivement éliminés. Le président est tout-puissant et sa parole souveraine est toujours écoutée.

Le côté moralisateur de ces fêtes rimées est à considérer; il habitue à la discipline et au respect.

Aujourd'hui, sous la République, les chanteurs de couplets ont toujours leurs modestes cénacles, mais ils y jouissent de la plus grande liberté; leurs séances n'en sont que plus gaies et plus amusantes.

Voici les noms, par ordre alphabétique, des chansonniers qui ont principalement acclamé les trois journées de février 1848 :

Alais (Auguste), Avenel (Paul), Baillet (Eugène), Dalès (Alexis), Demanet (Hippolyte), Drappier (V.), Dupont (Pierre), Festeau (Louis), Gille (Charles),

Le Boulanger (d'Yvetot), Leroy (Gustave), Loynel (Gustave), Loynel (Auguste) et Louvet.

Pour apprécier l'œuvre révolutionnaire de ces rimeurs parisiens, nous donnerons une chanson de chacun d'eux.

Au lendemain de la victoire du peuple, quand ce n'étaient pas des chanteurs des rues permissionnés qui interprétaient les couplets révolutionnaires, c'étaient des étudiants du quartier latin ou des jeunes gens des quartiers populeux qui s'improvisaient virtuoses du pavé, et la recette qu'ils faisaient était versée à la caisse des blessés. Le soldat des barricades quittait le fusil pour se faire chanteur au profit des victimes de la révolution.— C'était original et généreux.

AUGUSTE ALLAIS

Auguste Allais était horloger. Il avait reçu une certaine instruction. Son nom, comme chansonnier, est ignoré de la classe bourgeoise. Mais les nombreux succès qu'il a obtenus dans les sociétés chantantes, l'ont mis en grand honneur parmi ses collègues de la classe ouvrière.

Il a fait un grand nombre de chansons parmi lesquelles nous citerons, comme se rapportant à notre sujet : *Vive la République!* le *Parisien en action*, le *Progrès*, *Aux Martyrs de la Liberté*, le *Chiffonnier candidat*, *Jésus républicain* et la *Faubourienne*.

Il salua le 24 février par *Vive la République!*

Air : *De la colonne.* (Émile Debraux.)

  Salut, ô vierge populaire !
  Salut, sœur de la Liberté !
  Victoire, le soleil éclaire
  La chute de la Royauté !
Non, plus de rois, de pouvoir tyrannique,
Plus de Bourbons et plus de d'Orléans !
  Paris fait dire à ses enfants :
  Vive à jamais la République !

  Paris, tes fils sont toujours braves,
  Lorsque le tocsin des combats,
  Pour briser d'ignobles entraves,
  Change tes enfants en soldats !
Des insensés, fiers de leur politique,
T'osaient jeter leur gant, et toi, Paris,
  Tu les chasses avec ces cris :
  Vive à jamais la République !

  Adieu donc, Juillet tricolore,
  Adieu, ton règne est effacé,
  Un nouveau règne vient d'éclore,
  Qui doit racheter le passé.
Mânes sacrés de la gloire civique,
Puissiez-vous dire au Peuple souverain,
  Du fond de vos tombes d'airain :
  Vive à jamais la République !

  Irlande, Allemagne, Italie,
  Peuples si longtemps outragés,
  Allons, que ce cri vous rallie,
  De par nous vous êtes vengés
Car nous avons, sur la place publique,
Brûlé le trône, et nos voix s'élevant,
  Quand on jetait sa cendre au vent,
  Criaient : Vive la République !

En soixante ans, trois rois qui tombent
Au vent des révolutions ;
Que désormais tous ils succombent
Pour le bonheur des nations !
Peuples, formons une ligue héroïque
Contre les rois et leurs lâches suppôts,
Ecrivons tous sur nos drapeaux :
Vive à jamais la République !

La génération nouvelle,
Va, te proclame avec amour ;
A tes serments, reste fidèle !
Ne nous trompe pas à ton tour.
Que ton pouvoir soit grand, soit énergique,
Au bien de tous, travaille avec ardeur !
Ces mots salûront ta splendeur :
Vive à jamais la République !

PAUL AVENEL

Paul Avenel, en 1848, était étudiant en médecine. Tout en suivant les cours de la Faculté, il était un des membres actifs du comité républicain des Écoles.

En ce temps-là, les écoles s'occupaient de la science et de l'avenir de la patrie.

Il était rédacteur du journal l'*Avant-Garde*. Ce journal avait pour rédacteur en chef Bosselet, et pour directeur Louis Blanc. Ses bureaux étaient rue Corneille, place de l'Odéon.

Après avoir passé deux jours sur les barricades,

en plein vent. Mais, le premier couplet chanté, une voix dit : « Ce sont des étudiants. » Et l'on écouta.

Entre chaque chanson, un des chanteurs la donnait au public pour un sou, après avoir eu bien soin de dire que la recette serait pour les victimes de la royauté. Ceux qui ne pouvaient payer la recevaient gratuitement, mais en revanche, bien des gens la payaient double sans réclamer. A dix heures, la recette montait à cinquante-quatre francs.

Le Boullenger (d'Yvetot), vu le succès, avait ajouté une chanson pour le lendemain. Nous en parlerons plus tard.

La soirée suivante, les étudiants chanteurs ambulants se rendirent place de la Bastille. Chansons, tambour de basque, flûte et violon firent merveille. A onze heures, la recette était de cent quatre francs. La troisième séance se fit le lendemain, place de la Bourse, et produisit quatre-vingt-deux francs cinquante centimes. Une séance, place de l'Odéon, avait donné soixante et onze francs vingt centimes. La qualité d'étudiants des chanteurs piquait la curiosité publique, et le but qu'ils voulaient atteindre excusait leur folle équipée.

Là, se bornèrent les succès de nos artistes improvisés, car, le quatrième jour, les chanteurs étaient aphones, ils ne se parlaient plus que par signes. L'atmosphère froide des nuits du mois de février les avait pris à la gorge et les avait gratifiés d'une aphonie complète.

L'argent recueilli fut versé à la caisse des blessés, et l'on se mit à la tisane pour quelques jours.

Voici la *Liberté de l'Europe* :

Paul Avenel concourut, avec cinq cents de ses camarades, à la prise des Tuileries.

La nomination du gouvernement provisoire ramena le calme dans la population parisienne, et Paul Avenel, dans une petite réunion d'amis, chanta les deux chansons que lui avaient inspirées les événements. Quelqu'un proposa de les faire imprimer et de les chanter dans la rue au bénéfice des blessés. Ce qui fut fait. Et nous pouvons dire comment, car nous avons entendu notre chansonnier lui-même nous raconter cette escapade de jeunesse.

La première de ces chansons avait pour titre *le Vingt-quatre Février* ou *le Maître et le Valet*. Le maître était Louis-Philippe ; le valet, Guizot. La seconde s'appelait la *Liberté de l'Europe*.

Six étudiants s'offrirent comme instrumentistes ou chanteurs. Crubailhes s'offrit comme tambour. Il était de première force sur cet instrument. Le Boullenger (d'Yvetot) se présenta comme violoniste. Larréa, des Hautes-Pyrénées, touchait admirablement du tambour de basque. Un autre, dont le nom nous échappe, jouait de la flûte. Paul Avenel, avec ses amis Deschamps et Étienne, se chargeait du chant.

C'est avec un pareil accompagnement qu'il lança ses chansons sur la voie publique. Il fut convenu qu'on ne chanterait que le soir.

La première audition eut lieu, place Maubert, à huit heures. Quatre chandelles plantées sur les pavés formaient le luminaire.

Au son des instruments, la foule accourut. Elle ne s'expliquait pas d'abord la cause de ce charivari

Air : *Des trois couleurs.*

Quel est ce bruit? La foudre sur nos têtes
Vient-elle encor se briser en éclats?
C'est le canon précurseur des conquêtes
Qui nous apprend le réveil des Etats.
L'entendez-vous gronder à la frontière?
Sa bouche en feu vomit l'égalité!...
Peuple français, l'Europe tout entière
Veut comme toi (*bis*) vivre de liberté.

Rois, empereurs, despotes dont l'envie
Sous l'ouragan courbe vos fronts pâlis;
Vous tremblez tous sur un char qui dévie
Et que traînaient vos peuples avilis..
Qui donc vous fit les maîtres de la terre?
Vos crimes seuls fondaient la royauté.
Peuple français, l'Europe tout entière,
Veut comme toi, vivre de liberté.

Ils oubliaient, bercés par la louange,
Que du pouvoir l'édifice pompeux,
Tout plaqué d'or, mais tout pétri de fange,
Sous leur orgueil, croulerait avec eux.
Un laurier d'or veut une tête altière!
Mais vous, tyrans, l'aviez-vous mérité?
Peuple français, l'Europe tout entière,
Veut, comme toi, vivre de liberté.

De la Pologne et puis de l'Italie,
Entends les cris : France, elles sont tes sœurs,
A leurs efforts l'égalité te lie,
Secours-les donc contre leurs oppresseurs!
Des potentats il faut dans la poussière
Ensevelir la fourbe royauté.
Peuple français, l'Europe tout entière,
Veut, comme toi, vivre de liberté.

A bas les rois, vive la République !
Sont les échos vengeurs de Février :
C'est que le peuple, en sa force civique,
De ses bourreaux se fait le justicier.
Pour arborer l'éclatante bannière
Des jours heureux de la fraternité.
Peuple français, l'Europe tout entière,
Veut, comme toi, vivre de liberté.

Lundi 28 février 1848.

En terminant, disons encore que Paul Avenel n'était pas seulement chansonnier en ce temps-là, mais aussi poète *iambique*, comme Archiloque, André Chénier et Auguste Barbier. — Sous le titre de : Les voix humaines, il avait composé un recueil d'iambes, dont le manuscrit fut saisi dans une perquisition faite, chez lui, par la police en 1855. Ces vers vigoureux et retentissants sapaient le second empire, ainsi que la royauté et tout autre pouvoir despotique.

Malheureusement, nous ne pouvons donner qu'une pièce de ce volume anéanti, pièce que nous avons retrouvée dans une publication de l'époque.

Nous ferons remarquer que ces vers iambiques ne sortent pas de notre sujet, ils sont datés de 1848.

LE 24 FÉVRIER

I

La foudre populaire a grondé. Sa voix tonne.
La flamme a gagné les faubourgs.
Vieux roi, ne sens-tu pas vaciller la couronne

Que tu ramassas aux Trois-Jours ? (1)
Ne sens-tu pas aussi tressaillir le vieux monde
Au cri de la grande cité :
C'est que cet ouragan qui s'avance et qui gronde
Porte en ses flancs la liberté !
Oui, le peuple est debout ! le peuple parle en maître !
Rends-lui sur-le-champ tous ses droits,
Ses droits anéantis. — Si tu ne veux pas être,
Vieillard, le dernier de ses rois,
Baisse le front devant la grande populace,
Réponds au cri qu'elle a jeté,
Ou d'un trône avili laisse libre la place,
Pour qu'on y mette l'équité.
Tu souris aux efforts des citoyens en rage,
Toi, royalement entêté ?
Ah ! prends bien garde alors, au milieu de l'orage
De voir sombrer la royauté ?

II

Le peuple est un géant aux robustes épaules,
Qui ne craint rien, ni fer, ni feu,
Dont la main étendue embrasse les deux pôles,
Comme ferait la main de Dieu !
Un sang épais et noir bouillonne dans ses veines,
Ses yeux creux en sont injectés ;
Spartacus immortel, il rugit sous les chaînes
Qui garrottent ses libertés.
Ses longs rugissements de fureur vengeresse
Montent menaçants jusqu'à toi :
Ils te disent assez que son anneau le blesse
Et qu'un geôlier n'est pas un roi.
Demain, en plein soleil, il veut se lever libre,
Et de sa souveraineté

(1) Révolution de 1830.

Le souffle tout-puissant détruira l'équilibre
  De la vieille société.
Une dernière fois faut-il que l'on t'implore ?
  Ecoute donc, royal vieillard,
La volonté du peuple : il en est temps encore,
  Mais demain il sera trop tard.

III

L'émeute vagabonde, insolente, rebelle,
  Déesse aux énormes contours,
Qui porte du phosphore au fond de la prunelle
  Et des cadavres pour atours,
Avait su rassembler, pour combattre, autour d'elle
  Tous les opprimés des faubourgs.
Sa voix rauque semblait grande d'horreur, et belle
  Dans ses sanguinaires discours.
Le peuple, humble et soumis, le formidable athlète,
  Sentait en lui son cœur bondir ;
Une fièvre de sang troublait sa forte tête,
  Il voulait ou vaincre ou mourir.
On aurait pu se croire au beau temps des croisades,
  Où la foi guidait la valeur :
La Terre Sainte était ses hautes barricades
  Et l'Ottoman son oppresseur.
En avant ! en avant ! cria la sombre émeute,
  Ce jour est un jour éclatant !...
Et le peuple partit comme une ardente meute
  Qui cherche un gibier palpitant.

IV

Ses tempes sont en feu, ses veines sont gonflées,
  La vengeance marbre sa peau ;
Ses musculeuses mains par le travail enflées
  Serrent la hampe d'un drapeau.
Un virus hydrophobe en ses membres circule,
  Son œil hagard porte l'effroi ;

La poudre est le parfum qu'un peuple vengeur brûle
  Sur le catafalque d'un roi.
. . . .
. . . .
Oui, ton nom est maudit sur la place publique !
  N'espère plus, pauvre vieillard :
La grande voix humaine a fait la République...
  Louis-Philippe, il est trop tard !...
Alors, en mugissant, le torrent populaire,
  Par un flux terrible apporté,
Dans un reflux rapide emporte avec colère
  Sceptre, couronne et royauté

Février 1848.

Paul Avenel est aujourd'hui un de nos joyeux chansonniers. Il est membre de la *Lice chansonnière*, et avec cela auteur dramatique et romancier.

EUGÈNE BAILLET

Eugène Baillet est un de nos chansonniers contemporains qui a écrit l'*Histoire des Sociétés chantantes*, dites *goguettes*. Il est connu dans toutes les réunions de ce genre qui existent à Paris. Il a fait de nombreuses chansons politiques, mais il ne les a pas mises dans le recueil qu'il a publié, comme ayant sans doute perdu leur actualité. Il en a qui sont très populaires. Nous citerons au hasard : la *Religieuse, Ma Voisine, On ne meurt pas d'amour*, le *Conducteur de diligence*, etc., etc., mais comme

ce chapitre de notre étude ne traite que des chansons politiques ou révolutionnaires, nous citerons :
Au citoyen Guizot :

Air : *Les anguilles et les jeunes filles.*

Les affaires sont terminées,
Je crois que tu ne pensais pas
Que l'on pouvait, en trois journées,
Te faire ainsi sauter le pas.
La France, jadis monarchique,
Menant les choses au galop,
Est maintenant en République.
Qu'en dis-tu, citoyen Guizot ?

Ton cher ami, ton vieux compère,
Pressé, s'est montré négligent.
Je crois sa douleur bien amère,
Car il a laissé de l'argent ;
Cet argent qu'il a dû nous prendre
Sur la denrée et sur l'impôt.
On parle qu'on va nous le rendre,
Qu'en dis-tu, citoyen Guizot ?

Pour la garde-nationale,
Tu sais qu'elle a tourné le dos,
Seule on vit la municipale,
Vouloir soutenir tes drapeaux.
Jusqu'au fantassin malhonnête
Qui, connaissant ton vil tripot,
Tourna vers toi sa baïonnette.
Qu'en dis-tu, citoyen Guizot ?

Le beau château des Tuileries,
Que tu visitais si souvent,
N'a plus ces belles galeries,
Ces dorures sont en plein vent ;
La chambre à coucher de Philippe

Possède au mur plus d'un accroc,
Tous les salons sentent la pipe,
Qu'en dis-tu, citoyen Guizot?

Enfin, au pied de la Colonne,
Après tous s'en être affublé,
Ils ont osé porter le trône,
Et là, joyeux, ils l'ont brûlé.
Puis autour se pâmant d'aise,
Car ça brûlait comme un fagot,
Ils ont chanté la *Marseillaise*,
Qu'en dis-tu, citoyen Guizot?

Si jamais tu revois ton maître,
Dis-lui qu'on a goûté son vin,
Qu'un gaillard qui doit s'y connaître
M'a dit l'avoir trouvé divin.
Bien qu'encore au sein de ses caves
On dût l'oublier aussitôt,
Car on trinquait toujours aux braves,
Qu'en dis-tu, citoyen Guizot?

Dans ton hôtel du ministère,
Sabre en main, chacun te cherchait,
Tous les yeux brillaient de colère,
Penses-tu ce qu'on te voulait!
Mais déjà du beau sol de France
Tu fuyais sans doute au grand trot,
Ton hôtel nous sert d'ambulance,
Qu'en dis-tu, citoyen Guizot?

Eugène Baillet est un passionné de la chanson. Il a été président de la *Lice chansonnière*, tout en gardant sa place dans plusieurs sociétés chantantes.

ALEXIS DALÈS

Il y avait deux Dalès parmi les chansonniers parisiens : Dalès aîné et Alexis Dalès.

Dalès aîné, dont la physionomie rougeaude et réjouie avait quelque analogie avec la figure riante et éveillée de Désaugiers, avait présidé la société chantante, les « Enfants du Temple ». Il avait du talent et s'acquittait à merveille de ses fonctions de président. Vers 1844, une de ses chansons : *Montons à la barrière*, eut un grand succès de rue.

Son frère, Alexis Dalès, né en janvier 1813, était aussi fort connu. Il fréquentait les goguettes. Il était très applaudi aux « Amis de la Vigne », à Ménilmontant, et à la « Lice chansonnière ». Il a rimé un nombre considérable de chansons, parmi lesquelles nous remarquerons : *Pauvre Paris*, *A genoux devant le soleil*, *Nos souvenirs*, la *Bulle de savon*, etc., etc. Elles brillent toutes par l'esprit et la gaieté.

Eh bien, ce chansonnier insouciant, cet homme si joyeux, si alerte, si bon vivant, si aimé de ceux qui le connaissaient intimement, fut arrêté tout à coup en pleine vie. Un mal pire que la mort vint frapper son corps bien portant, sans pourtant détruire son intelligence. Écoutez, il va lui-même vous renseigner sur sa maudite destinée, sur son impitoyable martyre.

Lisez avec le cœur, l'élégiaque chanson qu'il a adressée à son ami Jest, et vous comprendrez avec quelle cruauté le malheur s'est appesanti sur lui.

Elle a pour titre : *le Perclus*, en voici quelques vers :

> ... En mon cœur brisé toute joie est ravie ;
> Le sort, depuis longtemps me frappant sans pitié,
> Me condamne à mourir sans sortir de la vie,
> Et des jours qu'il me doit me reprend la moitié.
>
> Vous, joyeux *Licéens*, qui m'avez vu sourire (1),
>   Vous pour qui j'accordais ma lyre,
>   Rappelez-vous quelle franche gaieté
> Inspirait ma musette, alors qu'en ma jeunesse
>   Du présent savourant l'ivresse,
> J'osais, fou que j'étais, compter sur la santé.
>
> Chantez, frères, chantez le sourire à la bouche !
> Sur les maux d'ici-bas répandez quelques fleurs.
> Que d'un pauvre perclus, étendu sur sa couche,
>   Dieu vous épargne les douleurs.
>   Etc., etc.

Alexis Dalès n'avait pas quarante ans quand il fut atteint par la maladie, et il vit encore. Il est plus que septuagénaire.

Il est dans un asile de vieillards, où la charité l'a accueilli, en lui tendant la main.

Voici sa chanson de 1848, intitulée : GARDE A VOUS ! *appel au peuple électeur*.

    Air : *A genoux devant le soleil.*

> Peuple géant des barricades,
>   Apôtre de l'humanité,
> Toi qui, bravant les fusillades,
>   Succombe en criant : Liberté !...

(1) *Licéens*, c'est par un pareil *barbarisme* que se désignent habituellement les membres de la *Lice chansonnière*.

Ton courage est plus qu'héroïque,
Mais pourtant ne va pas fléchir.
En proclamant la République, (*bis*)
Il faut savoir la maintenir.   (*ter*)

Pour vaincre l'aristocratie,
Ouvriers, consultant vos cœurs,
Apprenez la diplomatie,
Usez donc du droit d'électeurs.
Hélas! votre ciel politique
Par l'intrigue peut s'obscurcir.
En proclamant la République, (*bis*)
Il faut savoir la maintenir.   (*ter*)

Bon peuple, ton insouciance
A nommer tes représentants,
Compromet notre belle France
Et l'avenir de ses enfants.
Ah! sur notre sol énergique
Doit-on semer sans recueillir.
En proclamant la République, (*bis*)
Il faut savoir la maintenir!   (*ter*)

C'est peu de se couvrir de gloire
Un jour de Révolution;
Chacun doit, après la victoire,
Propager sa conviction.
Sur les débris d'un trône antique,
Apprenez l'art de rebâtir.
En proclamant la République, (*bis*)
Il faut savoir la maintenir!   (*ter*)

Sur vous la réaction veille,
Serrez-vous, donnez-vous la main:
Votre victoire de la veille
La perdrez-vous le lendemain?
Le peuple, bien que pacifique,

Des traîtres doit se garantir.
En proclamant la République, (bis)
Il faut savoir la maintenir ! (ter)

Frères, lorsque Dieu nous seconde,
Ennemis de la royauté,
Greffons tout le bonheur du monde
Sur l'arbre de la liberté !...
Ce symbole patriotique,
Parmi nous doit-il se flétrir !
En proclamant la République, (bis)
Il faut savoir la maintenir ! (ter)

Nous citerons encore d'Alexis Dalès trois chansons de la même époque : *Philippe et son chien, Jean Pichet,* et *Tapez-moi là-dessus.*

HIPPOLYTE DEMANET

Hippolyte Demanet est un des chansonniers parisiens les plus féconds. Il est connu de tous les *goguettiers*. Pendant quelques années, il fut membre actif de la « Lice chansonnière ».

Parmi ses productions lyriques, nous citerons : *Le Chemin de la Vie, Aimons-nous, Chacun s'amuse à sa manière, Trop tôt venue* et *La Royauté mise sur le tapis.*

Il sera représenté parmi nos rimeurs politiques par : *la Nouvelle Carmagnole.*

Espoir, bourgeois et travailleurs,
Nous reverrons des jours meilleurs.

L'arbre d' la Liberté
Parmi nous est planté.
Dansons la Carmagnole, vive le son
Du canon.

Par un roi, le peuple enchaîné
Vers l'abîme était entraîné.
Chacun était réduit.
Vainqueurs tous aujourd'hui,
Dansons la Carmagnole, vive le son
Du canon.

Enfants, vieillards se sont levés ;
Le trône, assailli de pavés,
Croule en quelques moments ;
Sur ses débris fumants,
Dansons la Carmagnole, vive le son
Du canon.

Plus de rivaux, plus de partis ;
Le sort confond les appétits.
Tenant de l'Éternel
Le bidon fraternel,
Dansons la Carmagnole, vive le son
Du canon.

Si l'étranger, plein de terreurs,
Menace encor de ses fureurs,
Le pays combattant
L'ira vaincre en chantant :
Dansons la Carmagnole, vive le son
Du canon.

Chassant tyrans et potentats,
Affranchissant tous les États,
Lombard, Slave et Germain,
En nous donnant la main,

Dansons la Carmagnole, vive le son
Du canon.

Ne formant qu'un faisceau d'amis,
Du bonheur aux élus promis,
Le monde est héritier,
Sur tout le globe entier.
Dansons la Carmagnole, vive le son
Du canon.

Cette chanson fit les délices des carrefours populeux.

VICTOR DRAPPIER

Le chansonnier Drappier avait oublié les flonflons de sociétés chantantes, en 1848, pour faire honneur à la Révolution, par les chansons suivantes : *Le Drapeau de la Démocratie, Gloire à la République, le Carnaval des Riches* et *Respect aux Monuments*.

Le mercredi soir, 23 février 1848, il chantait à ses amis, sur les barricades, ces couplets du *Drapeau de la Démocratie* :

Air : *Les trois couleurs.*

Le temps n'est plus où les peuples esclaves
Courbaient le front devant les oppresseurs ;
La Liberté vient briser leurs entraves,
La Liberté veut d'ardents défenseurs.
Allons, debout, France, plus d'inertie !

De tes tyrans brave enfin le courroux !
Sous les drapeaux de la démocratie,
L'heure a sonné ; citoyens, rangez-vous !

L'heure a sonné ; l'abus, ce monstre informe
Qui si longtemps sut entraver nos pas,
Dans les assauts de l'active *réforme*
Va succomber, étouffé dans ses bras ;
Les cris vainqueurs de la foule grossie
A l'ennemi portent les premiers coups.
Sous les drapeaux de la démocratie,
L'heure a sonné ; citoyens, rangez-vous !

Rangez-vous tous ; que pas un ne recule,
Que pas un cœur ne reste indifférent.
Accomplissons cette tâche d'Hercule ;
Que le succès s'organise en courant.
Le cœur brûlant de la jeune Helvétie
Bat de triomphe et fait des vœux pour nous.
Sous les drapeaux de la démocratie,
L'heure a sonné ; citoyens, rangez-vous !

Tournez les yeux vers le Sud qui se lève ;
Naple et Palerme, après un long sommeil,
Pour nous montrer comment finit un rêve,
En traits de sang impriment leur réveil.
Leur atmosphère est enfin éclaircie ;
Le pouvoir tombe et râle à leurs genoux.
Sous les drapeaux de la démocratie,
L'heure a sonné ; citoyens, rangez-vous !

Peuple, debout ! Paris, reprends les armes !
Combats, triomphe, et montre à tes tyrans,
Aux jours de lutte et de grandes alarmes,
Ce que tu vaux et la part que tu prends :
Frapper au cœur leur vaine autocratie,
Peuple indompté, c'est le devoir de tous.

> Sous les drapeaux de la démocratie,
> L'heure a sonné; citoyens, rangez-vous !

Dans les autres chansons citées, ci-dessus, brille également le plus ardent patriotisme.

PIERRE DUPONT

Pierre Dupont, dont nous parlerons plus tard d'une façon plus détaillée, dut à la révolution de Février de se trouver tout de suite en lumière.

En fréquentant le quartier latin, où il s'était fait beaucoup d'amis, et en assistant aux banquets démocratiques et protestataires d'alors, il commença sa réputation de chansonnier.

A cette époque, il était déjà réputé par ses productions : *le Pain, le Chant des Ouvriers, le Chant des Étudiants* et *la Vigne*.

Qui ne se souvient pas de ce vigoureux *Chant des Ouvriers*, qui emplissait tous les faubourgs?

> Nous dont la lampe, le matin,
> Au clairon du coq se rallume,
> Nous tous qu'un salaire incertain
> Ramène avant l'aube à l'enclume,
> Nous qui des bras, des pieds, des mains,
> De tout le corps luttons sans cesse,
> Sans abriter nos lendemains
> Contre le froid de la vieillesse,
>
> Aimons-nous, et quand nous pouvons
> Nous unir pour boire à la ronde,

Que le canon se taise ou gronde,
 Buvons (*ter*)
A l'indépendance du monde.

Cette chanson a six couplets, et Pierre Dupont les chantait lui-même admirablement.

LOUIS FESTEAU

Louis Festeau est un chansonnier dont les œuvres sont considérables. Il était très connu dans le monde ouvrier, et, dans ses chansons de 1848, il s'intitulait : *Chansonnier du peuple*. Il publia successivement : *la Fraternité*, *le Rameau de la paix* et *la République en danger*.

Louis Festeau était un libre-penseur et un fier républicain.

Voici *la Fraternité* :

Air *De Nostradamus*.

Volons au but!... L'ouragan populaire
Balaye un roi qui barrait le chemin ;
La France a dit, dans sa sainte colère :
Avec les grands, plus de trompeur hymen !
Sans recourir aux justes représailles,
L'Égalité, le front paré de fleurs,
Jette aux martyrs l'anneau des fiançailles.
Fraternité, joins nos bras et nos cœurs !

Disparaissez, royales comédies !
La République a dressé son *forum*.

Paix aux regrets! silence aux psalmodies!
Tout cri s'efface en un seul *Te Deum*.
La Liberté, télégraphe électrique,
Touche en courant ses nombreux défenseurs;
L'univers chante un sublime cantique...
Fraternité, joins nos bras et nos cœurs!

Ne craignez pas que Lutèce affranchie
Élève un jour une Tour de Babel;
Chaque Français repousse l'anarchie,
Et se souvient de Caïn et d'Abel...
Terrible et doux, il va prouver au Monde
Qu'il a trouvé sous ses pavés vainqueurs,
L'Art qui détruit et la Raison qui fonde.
Fraternité, joins nos bras et nos cœurs!...

Plus de combats où le Faible succombe!
Foudres d'airain, taisez vos grandes voix!
Dans les Cités, en devançant la bombe,
La Pensée entre et détrône les Rois.
Sur l'Union fondant l'Ère nouvelle,
Avec son sang, son épée et ses pleurs,
Le Peuple écrit sur sa Charte immortelle :
Fraternité, joins nos bras et nos cœurs.

Un même élan a fait courir aux armes;
Un même choc a brisé les faux dieux.
Qu'un même accord dissipe les alarmes;
Qu'un même encens s'élève vers les cieux.
Tous abrités sous la même oriflamme,
En abjurant de haineuses fureurs,
N'ayons qu'un chant, qu'un but, qu'un Dieu, qu'une âme,
Fraternité, joins nos bras et nos cœurs.

Du Globe entier, grande étoile polaire,
Lève-toi, France, et scintille aux regards!
A tes rayons l'Europe enfin s'éclaire,
Et fait flotter de nouveaux étendards.

Les Nations, astres purs et sans voiles,
En gravitant sous tes feux protecteurs,
Viendront former la couronne d'étoiles...
Fraternité, joins nos bras et nos cœurs !...

CHARLES GILLE

Charles Gille était très populaire. Il était le président et le fondateur de la goguette appelée la *Ménagerie,* où chaque membre portait un nom d'animal ; lui, représentait le moucheron.

Une fois en séance, chaque membre oubliait son nom d'homme pour ne répondre qu'à celui de l'animal qu'il représentait.

Et, comme nous le dit, dans son *Histoire des Sociétés chantantes,* M. Eugène Baillet, « les séances avaient lieu le vendredi, et l'on commençait à chanter aussitôt que treize animaux étaient réunis. Un chien ou un chat, dans la salle, comptait dans ce nombre treize.

» La *Ménagerie* avait son argot : les visiteurs se nommaient des *rossignols,* les visiteuses des *fauvettes.* Le président voulait-il rappeler au silence les *animaux* un peu trop bruyants, il s'écriait : « Carter! Carter! » C'était le nom d'un dompteur célèbre. Pour faire applaudir les chansons, le président disait : « Animaux, à nous les pattes! »

» La première séance de cette singulière Société eut lieu en 1841, rue Saint-Germain-l'Auxerrois, chez un marchand de vins nommé Bacquet. »

Les noms portés par les membres étaient le *Coq d'Inde*, le *Cochon*, le *Chameau*, le *Cerf*, le *Loup*, le *Cheval*, le *Rouget*, le *Lézard*, etc.

Quand on recevait un nouveau membre, on lui disait, en lui donnant l'accolade fraternelle : « Il n'y a rien de changé en France, il n'y a qu'une bête de plus ! »

C'est à cette joyeuse Société chantante que Charles Gille, chansonnier d'un incontestable talent, donna la primeur de ses chants les plus remarquables : *le Vengeur, la 32ᵉ demi-brigade, le Départ des Volontaires en 92, le Cabinet de Ramponneau*, etc., etc.

La fondation de la *Ménagerie* fit condamner Charles Gille à six mois de Sainte-Pélagie, pour avoir créé une société sans autorisation. Alors, les animaux se dispersèrent Et, comme nous le dit encore M. Baillet, « on touchait à 1848; beaucoup d'entre eux furent tués sur les barricades de Février ».

Charles Gille venait de faire sa chanson : *Napoléon*, que nos révolutionnaires auraient bien dû méditer.

NAPOLÉON

Air : *Versez amis, versez à tasse pleine*.

Autour de moi va s'amasser l'orage ;
Je le savais en évoquant ce nom.
Fils du progrès, il faut bien du courage
Pour s'attaquer à leur Napoléon.
Sans essayer de capter l'auditoire,
Je vais juger mon homme par deux vers :
Gloire au soldat qui nous donna la gloire !
Haine au tyran qui nous donna des fers !

Qu'il était beau, quand de la République
Il entraînait les courageux enfants ;
Quand le surnom tout Romain d'*Italique*
Récompensait des efforts triomphants !
D'un tel passé ternissant la mémoire
Il lui faut plus que les lauriers offerts :
Gloire au soldat qui nous donna la gloire !
Haine au tyran qui nous donna des fers !

Du Saint-Bernard il a franchi les cimes,
La vieille Autriche a revu son vainqueur ;
Nos généraux, nos soldats sont sublimes,
Et leur consul devient notre empereur.
Le peuple alors n'est plus rien dans l'histoire,
Son nom magique éblouit l'univers :
Gloire au soldat qui nous donna la gloire !
Haine au tyran qui nous donna des fers !

Tout lui sourit. Il domine, il est père,
L'Espagne éteinte a son frère pour roi ;
Parmi les camps, quel tumulte s'opère !
Le Niémen en tressaille d'effroi.
Il part, formant le projet illusoire
De conquérir l'empire des hivers :
Gloire au soldat qui nous donna la gloire !
Haine au tyran qui nous donna des fers !

De francs avis ne purent le convaincre ;
Dupe des rois qu'il a su ménager,
Les voilà tous réunis pour le vaincre ;
La France ouverte a subi l'étranger.
Son aigle altier se noya dans la Loire ;
Notre avenir dépendit d'un revers :
Gloire au soldat qui nous donna la gloire !
Haine au tyran qui nous donna des fers !

Adieu, guerrier ! Carthage a vaincu Rome :
De tout pouvoir son enfant est banni.

A vous, Anglais, il se confie en homme ;
N'ayez plus peur, son règne est bien fini.
Pourquoi cingler vers cette roche noire,
Cachot brûlant isolé sur les mers ?
Gloire au soldat qui nous donna la gloire !
Honte au bourreau qui lui donna des fers !

Eh bien, malgré ce caractère franc, ouvert, cet esprit primesautier, ce talent à mille facettes qui lançait tant de rayons divers, le brave chansonnier Charles Gille vit tout à coup le désespoir et le découragement venir ensemble l'assaillir à un moment donné. Ses rêves les moins ambitieux ne se réalisaient pas; ses affaires commerciales, au lieu de prospérer, périclitaient. Il lui arriva forcément qu'en travaillant, il ne trouva pas ce qu'il cherchait dans la vie. Et, pour mettre un terme à toutes ses déceptions, il eut recours au suicide. Il se pendit en 1856; il avait trente-six ans. Il fut vivement regretté de ses nombreux amis.

LE BOULLENGER (d'Yvetot)

Le citoyen Le Boullenger (d'Yvetot) — comme il signait ses chansons politiques — était un ancien chirurgien de la marine française. Il s'était embarqué fort jeune, ayant seulement en poche son diplôme d'officier de santé, et, après avoir fait le tour du monde, il revenait à la Faculté de médecine pour obtenir son diplôme de docteur.

C'était un homme fort gai et spirituel. Il racontait ses voyages avec beaucoup d'intérêt. Il avait chanté de ses chansons dans les cinq parties du monde. Il avait une belle voix et il jouait du violon. C'est lui qui était parmi les chanteurs ambulants des écoles après le 24 Février.

Il aimait la chanson, et il en avait rapporté de fort originales des pays qu'il avait parcourus. Il les avait presque toutes traduites en français, pour mieux en montrer le côté gai, drôle ou comique. Il parlait plusieurs langues comme sa langue maternelle.

Voici les couplets qu'il avait improvisés en Février. Disons aussi que pour accompagner, avec son violon, sa chanson dans la rue, il s'était mis une magnifique barbe postiche de sapeur. Il ressemblait à un druide gaulois en rupture de gui sacré, à ce que nous a rapporté un de ses amis.

ZOZOT ET PHILIPPE

Air : La faridondaine.

Philippe disait à Guizot,
 Le jour des barricades :
Le peuple veut la poule au pot ;
 Mais c'est trop de bravades.
Henri Quatre fut un dindon,
La faridondaine, la faridondon,
 D'avoir fait son mérite ainsi,
  Biribi,
 A la façon de Barbari,
  Mon ami.

Toi, surnommé l'*Homme de Gand*,
 Tu restes en arrière,
Et malgré ton rare talent,

Que fut ton ministère ?
Sans posséder un ducaton,
La faridondaine, la faridondon,
Crois-tu pouvoir être chéri,
Biribi,
A la façon de Barbari,
Mon ami ?

Admire ton prédécesseur :
Thiers fut pétri d'adresse ;
Moins que toi sublime orateur,
Il eut plus de finesse.
Par la *fortification*,
La faridondaine, la faridondon,
Il devint *Crésus* à Paris,
Biribi,
A la façon de Barbari,
Mon ami.

Comprends que tout heur est pour moi,
Et plus je thésaurise,
Plus je suis sûr de rester roi,
Quoi qu'on fasse et qu'on dise.
Guizot, tremblant comme un poltron,
La faridondaine, la faridondon,
Dit : l'*heur* est de filer d'ici,
Biribi,
A la façon de Barbari,
Mon ami.

Hélas ! peuples, n'imitez plus
Ces batraciens d'*Ésope*,
Et proclamez, par vos vertus,
RÉPUBLIQUE EN EUROPE.
Naîtrait-il un *Napoléon*,
La faridondaine, la faridondon,

> Qu'à présent il dût être honni,
> Biribi,
> A la façon de Barbari,
> Mon ami.

Le docteur-chansonnier Le Boullenger (d'Yvetot) était encore, il y a quelques années, chirurgien-major dans nos troupes de Cochinchine.

GUSTAVE LEROY

Gustave Leroy est un chansonnier populaire dans la bonne acception du mot. Il a, dans le peuple, une réputation faite. C'est à juste titre qu'on l'aime et qu'on l'applaudit. Sous l'Empire, il ne se gênait pas, dans les goguettes, pour décocher quelques flèches bien empoisonnées et bien aiguës contre l'*aigle impériale;* il avait le courage de dire ses pensées, sans se soucier plus que ça de Cayenne ou de Lambessa.

Gustave Leroy fut un des premiers à acclamer les journées de Février et le nouveau régime qu'elles apportaient à la France. Il fit, dans son enthousiasme, une chanson qui eut beaucoup de vogue. Elle s'appelait :

LA RÉPUBLIQUE FRANÇAISE

Air : *Vive Paris.*

> Salut, salut, auguste République;
> Viens nous donner le règne de la loi.

Dans mes chansons, guérillas politique,
Pendant dix ans, j'ai combattu pour toi.
Aux fiers accents de notre *Marseillaise*,
Rends-nous enfin le bonheur et nos droits.
Salut, salut, République française,
Je puis mourir, je t'ai vue une fois.

Gronde, tocsin !... de fortes barricades
Vont t'embellir, pittoresque Paris.
Malgré soldats, canons et fusillades,
La République apparaît à nos cris.
La Royauté, ce fardeau qui nous pèse,
D'un trône en poudre a quitté les parois.
Salut, salut, République française,
Je puis mourir, je t'ai vue une fois.

Vers l'avenir que nos chefs nous conduisent.
Que voulons-nous? des travaux et du pain ;
Que nos enfants à l'école s'instruisent,
Que nos vieillards ne tendent plus la main.
Moins arriérés qu'en l'an quatre-vingt-treize,
Sachons unir la justice et les lois.
Salut, salut, République française,
Je puis mourir, je t'ai vue une fois.

Courons brûler le trône d'un parjure
Sur les débris des héros de Juillet.
Brûlons ce trône !... et que leur sépulture
Retrouve enfin ce droit qu'il reniait.
Le bois, la soie et l'or deviennent braise,
La Royauté chauffe nos membres froids.
Salut, salut, République française,
Je puis mourir, je t'ai vue une fois.

Consolez-vous ! plus de pleurs, pauvres veuves;
Oh! que vos cœurs soient fiers de nos martyrs !
Songez qu'il faut de sanglantes épreuves;

> N'écoutez pas les tendres repentirs,
> Car lorsqu'au front la Liberté nous baise,
> Sous son baiser le sang vient quelquefois !
> Salut, salut, République française,
> Je puis mourir, je t'ai vue une fois.
>
> Plus d'incendie... Oh ! ces tristes furies
> Pourraient salir la Révolution ;
> Ce vieux château, nommé les Tuileries,
> Pour l'avenir dote la nation.
> Vieux ouvriers, allez mourir à l'aise
> Dans ce palais du dernier de nos rois.
> Salut, salut, République française,
> Je puis mourir, je t'ai vue une fois.

Gustave Leroy publia d'autres chansons dont voici les titres : *Peuple et Bourgeoisie, les Hommes de la veille et ceux du lendemain,* et *les Députés de 1848.*

Elles avaient toutes le succès qu'elles méritaient, surtout lorsqu'il les chantait lui-même de sa voix rauque et sentencieuse.

LE CAPITAINE LOUVET

Le capitaine Louvet était un ancien marin provençal de la République, et doyen (en 1848) de la *Lice chansonnière.* Il fit nombre de chansons joyeuses, qu'il chantait tous les mois dans cette petite académie des flonflons et des bachiques refrains.

Nous citerons les plus connues : *les Mystères*

bachiques, *Je crois en Dieu*, le *Délire*, *l'Esclavage africain*, *la Noce du Buveur*, le *Serment d'Ivrogne* et *les Plaisirs du célibat*.

Sa chanson de la Révolution de Février est intitulée :

LE CITOYEN MAYEUX EN 1848

Air : *La Grande orgie.*

Nous avons chassé les Bourbons,
  O France !
  Ta vaillance
Donne l'exemple aux nations.
Qu'on craigne le feu des lurons
  Ronds.

  Amis, allons,
   Rabaissons
Des comtes et barons
La morgue qui nous blesse.
  Les droits pourris
   Des marquis
Sont à jamais proscrits ;
Au diable la noblesse !

 Nous avons, etc.

  Lorsqu'en Juillet
   Tout brillait,
A peine commençait
La France de renaître ;
  On nous dupait,
   Quel toupet !
Tout en chassant Capet,
Nous replâtrer un maître.

 Nous avons, etc.

Égalité,
Liberté,
Voilà l'hérédité
Qu'il faut à la patrie.
Ils sont rasés,
Les aînés;
Pour vous quel pied de nez,
Ventrus de la pairie!

Nous avons, etc.

Républicain,
Va ton train;
Le peuple souverain
Va te suivre à la ronde.
Gai, gai, mes vieux,
De Mayeux
L'étendard radieux
Fera le tour du monde.

Nous avons, etc.

Frères lointains,
Vos destins
Seront prompts et certains,
Quand maint trône chancelle;
Serrez vos rangs,
Peuples grands,
Renversez les tyrans,
L'occasion est belle.

Nous avons, etc.

Juste milieu,
Nom de Dieu!
Vous êtes pris au jeu
De vos noires cabales;
Plus d'attentats,
Vils Judas,

Décampez chapeau bas
Pour saluer nos balles.

Nous avons, etc.

Vingt rois jaloux
Avec vous
En vain fondraient sur nous.
Tremblez, race assassine,
Revenez, chiens
D'Autrichiens,
Cosaques et Prussiens,
Venez, qu'on vous échine !

Nous avons, etc.

Jusqu'au tombeau,
En faisceau
Rallions le drapeau,
Et s'il faut qu'on se brosse,
Sur leurs canons,
Avançons,
Nous les culbuterons,
Ou j'y perdrai ma bosse !!!

Nous avons chassé les Bourbons
O France !
Ta vaillance
Donne l'exemple aux nations,
Qu'on craigne le feu des lurons
Ronds.

AUGUSTE LOYNEL

Auguste Loynel, l'auteur de l'*Assommoir de Belleville*, était un des principaux membres de la goguette désignée sous le nom de : *les Amis de la Vigne*. Cette société chantante se tenait dans la banlieue de Paris, à Ménilmontant.

Il se rencontrait là avec Colmance, Alexandre Guérin, Auguste Guigne, Alexis Dalès, Auguste Alais, Demanet, Alexandre Taillaud, etc., etc.

Le triomphe du 24 février lui inspira :

A LA POLOGNE

Air : *Vive Paris*.

Après trente ans d'un infâme esclavage,
Pologne, enfin tu veux briser tes fers,
Déjà la voix de ton mâle courage
A retenti dans tout notre univers.
A ton réveil, plus d'un grand cœur espère
Que tes enfants de leurs droits seront forts ;
Pour toi bientôt va luire un jour prospère ;
La liberté bénira tes efforts.

Le souvenir d'un passé plein de gloire,
Vient aujourd'hui te faire ouvrir les yeux
Sur le présent, dont la triste mémoire
Accentuera notre siècle oublieux.
Tu veux, pour prix de ce sang qui féconde
Les champs glacés où tes héros sont morts,
Te replacer sur la carte du monde...
La liberté bénira tes efforts.

A peine as-tu mis le pied dans l'arène
Qu'à tes côtés surgit la trahison ;
De tes soldats on égare la haine,
Fais que tes chefs conservent la raison.
Si dans tes rangs, quelque frère perfide,
Manque au serment, frappe-le sans remords...
De Waterloo, que l'exemple te guide !...
La liberté bénira tes efforts.

Nous te semblons bien pauvres de courage,
Toi qui, peut-être, espérais nos secours,
De tes bourreaux on respecte la rage,
Pour maintenir l'entente des deux cours.
Quand tu combats, cloîtrés dans nos murailles,
Des intrigants enchaînent nos transports !...
En attendant l'heure des représailles,
La liberté bénira tes efforts.

Si quelque jour, ton peuple patriote
Te fait sortir du lugubre linceul
Où tu dormais, Pologne, pauvre ilote,
Hélas ! l'honneur n'en sera qu'à lui seul.
De l'incendie on craint les étincelles,
Nos chants guerriers suspendent leurs accords...
Mais ne crains rien, si parfois tu chancelles,
La liberté bénira tes efforts.

Oh ! comme toi, la Grèce, à l'agonie,
Avait osé rêver la liberté !
Pour renverser l'ignoble tyrannie
Qui l'opprimait, notre bras fut prêté.
Pologne, à nous, notre vieille alliée,
A nous bientôt de réparer nos torts...
De tous les cœurs tu n'es pas oubliée,
La liberté bénira nos efforts !...

Auguste Loynel lança encore quelques chansons

à la même époque : les *Hommes de l'avenir*, le *Peuple français à Louis Napoléon*.

EUGÈNE POTTIER

Lorsque la révolution de Février éclata, l'ouvrier Eugène Pottier avait trente-deux ans. Ses chansons étaient déjà fort appréciées par ses amis et par tous ceux qui avaient l'occasion de les entendre, car l'auteur ne les chantait alors qu'en petit comité, étant pour la plupart révolutionnaires.

Lorsque Ledru-Rollin, ministre de l'Intérieur et *membre du Gouvernement provisoire*, décréta le *suffrage universel*, tous les républicains *de la veille* applaudirent, et comme Pottier était de ceux-là, il célébra immédiatement cette grande institution de la démocratie française par une chanson intitulée : *le Vote universel*.

Dans le courant de ce livre nous donnons, dans un article spécial, notre appréciation sur les œuvres remarquables d'Eugène Pottier ; mais en attendant, nous publierons ici la chanson susnommée, que nous n'avons pas trouvée dans les deux volumes de ses œuvres.

LE VOTE UNIVERSEL

1848

Air : *Le gros-major me l'a dit*. (Paul Henrion.)

Tout Français est électeur,
   Quel bonheur! Moi, tailleur,

Toi, doreur, lui, paveur;
Nous v'là z'au rang d'homme.
C'droit qu'est not' sang, qu'est not' chair,
Nous coût' cher; or, mon cher (*bis*)
Faut savoir c'qu'on nomme.
Sachons bien (*bis*)
Elire un homme de bien,
Craignons bien (*bis*)
D'prendre un propre à rien.

Oui, Giroux, t'es-t-électeur,
Pour fair' bon choix, prenons garde,
S'agit pas d'prendr' un loupeur
Qui s'amuse à la moutarde.
Parler n'est rien, faut agir ;
Pas d'gens à blagues suspectes ;
Puisque l'monde est à r'bâtir
Choisissons d'bons architectes.

Tout Français, etc.

L'impôt juste, y faut l'payer ;
Mais si l'Minis' des finances
Fait danser l'anse du panier,
Voilà c'qui cause nos souffrances.
Sur le chiffre des budgets
Y a des carottes à rabattre,
Faut donc choisir des cadets
Sachant qu'deux et deux font quatre.

Tout Français, etc.

Pouvoir vivre en travaillant
Est une loi bien naturelle,
Ceux qui font des lois pourtant
N'ont jamais oublié qu'elle.
Jésus, qu'était charpentier,
Prit des pêcheurs pour apôtres.

C'est p't-être dans notre atelier...
Qu'il faudra choisir les nôtres.

Tout Français, etc.

La France, à chaque nation,
En tout temps servit d'exemple :
Comme disait Napoléon,
Tout' l'Europe nous contemple.
Avec les rois embêtés
Faudra peut-être en découdre;
Que nos nouveaux députés
N'craignent pas l'odeur de la poudre.

Tout Français, etc.

Viendront des gueux en secret
Marchander nos voix, j'parie;
Honte à celui qui s'vendrait :
C'est un traître à la Patrie.
Gardons tous not' dignité,
Mais, si s'rencontre un' canaille
Qui s'vende... à perpétuité,
Qu'on lui coll' un bouchon de paille.

Tout Français, etc.

Nous arrêterons ici la nomenclature des chansonniers patriotes qui ont mis leur muse au service des idées républicaines de 1848.

CHANSONNIERS CONTEMPORAINS

1848-1889

La chanson politique au lendemain de la révolution de Février avait ses coudées franches. Elle chantait le bonheur des peuples, elle exaltait les rêves généreux de la libre pensée. Elle voulait que le tonnerre retentissant de Février, réveillât dans le cœur des nations européennes l'amour de la liberté. Elle disait sans périphrase : « Les peuples sont pour nous des frères et les tyrans des ennemis. » Mais ce bel état de choses dura peu. Il ne suffit pas d'avoir assez de bravoure pour conquérir l'indépendance, il faut assez de sagesse pour la conserver.

La réaction, ce sbire louche, patient et lâche, agit dans l'ombre et finit, dans sa marche toujours incessante et toujours progressive, à se trouver un jour assez forte pour confisquer ces droits pour lesquels le peuple avait versé son sang.

La chanson fut bientôt chassée de la rue. Son franc parler devenait un danger pour la tranquillité publique. Elle traitait les questions politiques du jour avec une liberté d'expressions qui ne plaisait pas aux gouvernants. Elle était indiscrète et devenait gênante. On lui infligea le huis-clos.

Les journées de Juin, de funeste mémoire, mirent le désarroi parmi ses Tyrtées de carrefour. La nomination du président de la République ramena dans les masses les légendes de l'époque napoléonienne et les promesses mensongères du neveu donnèrent un nouvel éclat à la gloire immortelle de l'oncle.

Le peuple de Paris fut bien vite désabusé. Le coup d'Etat eut lieu, et, au nom du peuple français les chemins de l'exil furent rouverts, et des gardes-chiourmes préparèrent Cayenne et Lambessa.

Le droit de réunion fut supprimé et la moindre des goguettes devint un foyer de conspiration. Le fils d'Hortense, sous le nom de Napoléon III, régnait.

Il fallait demander la permission de se réunir pour chanter, à la Préfecture de police. On ne pouvait être plus de vingt personnes et, si l'on vous accordait ce droit de réunion, vous pouviez être sûr d'avoir au bout de quelques séances un mouchard parmi vous. Toutes les associations artistiques ou littéraires étaient soumises à ce régime... le régime *honnête et libéral* du second empire.

Sous Napoléon III, la chanson politique fut étranglée comme l'avait été la République ; mais si la liberté n'existait plus, les chansonniers n'étaient pas morts, et s'ils ne disaient mot, ils n'en pensaient pas moins.

Nous allons donc passer en revue les principaux chansonniers qui ont publié leurs œuvres depuis 1848 jusqu'à 1889. On verra que tous n'ont pas abandonné leur marotte politique. Il en est quelques-uns comme Louis Festeau, Paul Avenel, Gustave Mathieu, Charles Vincent et Eugène Pottier, qui sont restés fidèles à leur muse favorite.

LOUIS FESTEAU

Louis Festeau, à qui nous donnons la première place par ordre chronologique, est né à Paris le 26 janvier 1793.

Ce chansonnier fut d'une fécondité extraordinaire. Il a publié successivement cinq volumes de chansons dont voici les titres :

En 1834, les *Éphémères;* — en 1839, *Chansons et musique;* — en 1842, les *Égrillardes;* — en 1848, *Chansons nouvelles*, musique et épigraphes ; — en 1850, les *Roturières*, et si nous croyons plusieurs de ses amis, il a laissé à sa mort la matière d'un volume manuscrit.

Louis Festeau a mené une vie très active, se partageant entre les arts, les lettres et le commerce. Il était joaillier, bijoutier et commerçant, moitié sédentaire et moitié cosmopolite. Il voyageait beaucoup pour ses affaires, et, tout en s'enrichissant, il n'oubliait pas son idole bien-aimée, la *Chanson!* Beaucoup de ses confrères lui ont reproché de s'être donné le titre de *Chansonnier du peuple.* C'est avec cette épithète qu'il signait les couplets qu'il adressait à la foule. Il n'était pas seulement poète, mais encore musicien. La plupart de ses productions sont rythmées sur des airs de sa composition.

Louis Festeau ne suivait pas les chemins battus; il voulait faire sortir la chanson des vieilles ornières du passé, et il joignait à la théorie, l'exécution.

Voici, selon lui, la mission du chansonnier :
« Le CHANSONNIER est l'écho, le pétitionnaire du peuple ; il rit de sa joie, pleure de sa souffrance et menace de sa colère. *Dans la lutte du passé avec l'avenir, de la féodalité financière avec le travail, de la routine avec l'invention, de la ruse hardie avec la probité timide,* sur tous ces champs de bataille, le *Chansonnier* devait, prenant le parti des parias de la civilisation, traduire à la barre populaire, attacher au pilori de l'opinion : les grands fripons qui jettent des lingots dans les balances de la justice; les détrousseurs titrés, les forbans illustres... Il devait, venant en aide au législateur honnête, semer en bas le bon grain que l'autre répand en haut, et vulgariser les idées généreuses que l'orateur de tribune veut introduire dans la loi... Il devait renoncer aux proverbes pointus et surannés, aux couplets mythologiques, aux refrains digestifs et surtout aux chansons qui semblent faites dans l'intérêt des ivrognes et des marchands de liquides, et, enfin, rejeter toute la vieille garde-robe de l'épicurisme repu et aviné qui, aux *Dîners du Vaudeville* et au *Rocher de Cancale,* était si fort en honneur... Il devait, sous une forme légère, badine,

détournée, traiter les grandes questions d'ordre, de travail, d'intelligence, etc., et instruire ses auditeurs en les amusant. »

« La divinité à laquelle j'ai toujours sacrifié et qui ne cessera jamais d'avoir mon encens, — dit encore Louis Festeau, ne porte ni le portefeuille d'un ministre, ni le manteau d'Ignace, ni le sceptre d'un roi, ni la hache d'un tribun : elle tient d'une main une balance et de l'autre un drapeau sur lequel on lit ces mots : *France, Humanité.* »

Louis Festeau a fait une innovation dans ses *Chansons nouvelles*, publiées en 1848. Il a mis en tête de chacune d'elles une épigraphe pour l'enseignement du peuple. Les couplets n'en sont que le développement.

Nous allons en citer quelques-unes.

Les couplets adressés aux *Chansonniers du peuple* ont pour épigraphe : « Le chansonnier est l'écho, le précepteur, le médecin, le pétitionnaire du peuple. »

Sa chanson intitulée : *Je change de métier* : « Les aigrefins prétendent qu'il n'y a pas de sots métiers ; c'est vrai, excepté le métier de dupe. »

L'*Homme et les deux Anges* : « La conscience est une redoute sans cesse assiégée par les sept péchés capitaux. »

Le *Congrès des peuples* : « Quand les peuples donneront à leurs seuls intérêts l'amour et le dévouement qu'ils consacrent à leurs maîtres, ils avanceront rapidement vers le bonheur stable et universel. »

LA GLORIFICATION DES ANES

> Tous les ânes n'ont pas de longues oreilles.

Air : *Ma tante Turlurette.*

Crois-moi penseur coupletier,
D'un ingrat et sot métier
Vite agrandissons la sphère :
   Il faut braire, (*bis*)
     Confrère,
   Il faut braire.

D'aucuns disaient parmi nous :
Il faut hurler près des loups!
Aujourd'hui, c'est le contraire,
   Il faut braire, (*bis*)
     Confrère,
   Il faut braire.

L'âne adore par instinct
Le chardon, le picotin ;
Pour l'attirer, pour lui plaire,
   Il faut braire, (*bis*)
     Confrère,
   Il faut braire.

Sans efforts veux-tu toujours
Gagner la palme au concours?
Beugler, ça rend poitrinaire,
   Il faut braire, (*bis*)
     Confrère,
   Il faut braire.

On fait en sixains forts beaux
Déchanter pies et corbeaux ;
Croasser c'est trop vulgaire,

Il faut braire, (*bis*)
    Confrère,
Il faut braire.

Partout Judas met un frein
A tout civique refrain;
L'âne on ne le fait pas taire,
    Il faut braire, (*bis*)
        Confrère,
    Il faut braire.

Puisqu'hélas! la Liberté
N'a plus la majorité;
En l'honneur du ministère
    Il faut braire, (*bis*)
        Confrère,
    Il faut braire.

Dans les doux propos d'amour
Femme à qui l'on fait la cour,
Aime l'extraordinaire :
    Il faut braire, (*bis*)
        Confrère,
    Il faut braire.

Voulez-vouz des passavants
Pour entrer chez les savants?
En frappant au sanctuaire
    Il faut braire, (*bis*)
        Confrère,
    Il faut braire.

Lorsqu'un trappiste martyr
Disait : Frère, il faut mourir !
Il fallait répondre : Frère,
    Il faut braire, (*bis*)
        Confrère,
    Il faut braire.

> L'homme, ce noble animal,
> Rit tant qu'il n'a pas de mal ;
> Mais près du vétérinaire,
> > Il faut braire, (bis)
> > Confrère,
> > Il faut braire.
>
> Le ciel (dit un saint écrit)
> Attend les pauvres d'esprit :
> Donc en trottinant sur terre,
> > Il faut braire, (bis)
> > Confrère,
> > Il faut braire.

Citons encore : *Les Peuples et les Rois*, dont l'épigraphe est : « *Quand les rois sont d'accord, gare aux peuples !* »

La Pologne : « Un peuple qu'on assassine, c'est l'hydre qui renaît avec des millions de têtes. »

Ces citations suffisent pour montrer le but de leur auteur. Louis Festeau voulait instruire le peuple ; il voulait que la chanson eût un but utile et un rôle moral. Il écrivait au chansonnier Étienne Jourdan : « Chantons, rimons beaucoup, mon ami ; les chansons renouvellent le courage des travailleurs en rompant la monotonie des ouvrages fatigants ; elles incrustent des maximes dans la mémoire, elles conservent les fastes glorieux, elles font descendre du baume dans le cœur. Eh ! que ne font-elles pas, les aimables folles !... »

Louis Festeau était très aimé de tous ses confrères en chansons, non seulement parce qu'il avait du talent, mais parce qu'il était foncièrement honnête. Physiquement, c'était un homme grand, maigre, dont la physionomie était bienveillante et la parole douce. Il aimait à obliger, mais il aimait aussi dire leur fait aux gens, lorsque l'occasion se présentait. Il demeurait rue de Tournon, à Paris, où il est mort.

Il était musicien, avons-nous dit; il a composé a musique de plus de cent de ses chansons. Quelques-uns de ses *airs* sont devenus populaires.

Une de ses plus célèbres chansons a pour titre : *Asmodée*, et la musique qu'il a faite pour elle est des plus agréables.

Hier, à l'heure où l'étoile scintille,
J'étais plongé dans un sommeil profond ;
Un petit diable, armé d'une béquille,
Dans mon grenier entra par le plafond.
« Avant, dit-il, de rêver à la noce,
» Ami, veux-tu choisir dans les houris
» Que l'amour sème en ce vaste Paris ?...
» — Partons, lui dis-je, en sautant sur sa bosse.
» Bon Asmodée, allons, allons toujours,
» Cherchons ailleurs l'hymen et les amours. »

Par la fenêtre, après un vol rapide,
Nous nous perchons sur un brillant palais :
De là, je vois une imposante Armide
Menant au doigt ses femmes, ses valets ;
D'adorateurs une petite armée
A genoux, flatte et son âme et ses sens ;
Sous les lambris où l'orgueil vit d'encens,
Le vrai bonheur s'évapore en fumée.
Bon Asmodée, allons, allons toujours,
Cherchons ailleurs l'hymen et les amours.

Un peu plus loin, sémillante et coquette,
Clara consulte un complaisant miroir ;

Un art cruel préside à sa toilette
Où tout se cache et se laisse entrevoir.
Devant la glace, enjouée, ingénue,
Elle s'assied, pleure et rit aux éclats ;
C'est l'oiseleur apprêtant ses appâts :
Gare au moineau que retiendra la glue !... (sic)
Bon Asmodée, allons, allons toujours,
Cherchons ailleurs l'hymen et les amours.

Plus haut, que vois-je ? Un salon à l'antique ;
Sur un divan repose une *Clairon*.
Qui, suspendant sa tirade tragique,
S'est endormie en maudissant Néron.
Sous le manteau de Phèdre ou de Lucrèce,
Qu'elle est superbe et qu'elle a de talens !
Hélas ! hélas ! pourquoi depuis vingt ans
Rend-elle heureux les Romains et la Grèce ?
Bon Asmodée, allons, allons toujours,
Cherchons ailleurs l'hymen et les amours.

A la lueur d'une pâle veilleuse,
Zoé dévore un lourd in-octavo ;
Ses yeux sont vifs, sa pose est gracieuse :
Chez elle s'ouvre... un sentiment nouveau.
Furtivement cette tendre vestale,
Dont le cœur cherche et poursuit un époux,
Prend chez *Ricard* son style à billet doux,
Et chez de Kock des leçons de morale.
Bon Asmodée, allons, allons toujours,
Cherchons ailleurs l'hymen et les amours.

Là-bas, drapant son foulard, sa pelisse,
Marche une femme au regard inspiré ;
Elle est en feu, comme la Pythonisse
Improvisant sur le trépied sacré :
C'est une muse à la voix creuse et mâle,
Dans sa mansarde est l'immortel vallon ;

En y grimpant, l'amante d'Apollon
A déchiré sa robe virginale.
Bon Asmodée, allons, allons toujours,
Cherchons ailleurs l'hymen et les amours.

Que vois-je encor ? c'est une jeune artiste
Aux doigts légers, aux modestes atours ;
Son noir crayon, fidèle anatomiste,
D'un Spartacus arrondit les contours ;
Dans chaque trait, chaque ombre, chaque ligne,
On aperçoit son goût pour les beaux-arts ;
Rien n'est omis, tout s'offre à nos regards,
Tout, jusqu'aux plis de la feuille de vigne.
Bon Asmodée, allons, allons toujours,
Cherchons ailleurs l'hymen et les amours.

Là, qu'aperçois-je, auprès d'une croisée ?
C'est une vierge aux mourantes couleurs,
Veillant la nuit sur sa mère épuisée,
En lui cachant son travail et ses pleurs.
Ange aux yeux doux, que d'amour te réclame !
Pour captiver les époux, les amants,
Ton front n'est pas orné de diamants ;
Mais Dieu versa des trésors dans ton âme...
Bon Asmodée, arrêtons pour toujours ;
Je trouve ici l'hymen et les amours.

Louis Festeau était membre honoraire du *Caveau* et membre titulaire de la *Lice chansonnière*. En 1831, il avait remporté un premier prix à cette dernière Société avec sa chanson :

LE DÉFI

Musique de l'auteur.

En respectant le sceptre des despotes,
Nous n'avons eu que le frein de l'honneur ;

Sultan du Nord! jamais les patriotes
N'ont élevé des autels à la peur!...
Jetez le gant sur l'arène sanglante,
De le saisir tous nos cœurs seront fiers :
Qu'attend encore votre haine prudente ?
Venez donc nous apporter des fers.

Quoi! nous verrions sur nos vieilles façades
Graver encor les armes d'un poltron !...
Quoi! l'on viendrait au sein des barricades
Introniser l'homme de Quiberon !
Pour repousser la race anti-française,
Pour déjouer les complots des pouvoirs,
La France en chœur redit la *Marseillaise*.
Venez donc nous apporter des fers.
    Etc., etc.

Cette chanson a cinq couplets.

Après ce que nous avons dit des œuvres de Louis Festeau, son républicanisme ne peut être mis en doute.

Louis Festeau est mort le 11 février 1869.

CHARLES COLMANCE

Louis-Charles Colmance est né rue des Ménétriers, le 6 floréal an XIII (26 avril 1805), à Paris.

Dans sa chanson intitulée : *Biographie*, il nous fait ainsi part de sa naissance :

Air : *Nos aïeux connaissaient à peine.*

Quand mes yeux virent la lumière,
Par un pâle soleil d'avril,

Un petit lutin débonnaire
Me récréait de son babil.
D'une voix forte et glapissante,
Je criais à guérir les sourds,
Et le sylphe me disait : « Chante,
» Bon courage ! et chante toujours. »

Plus tard, pour m'assouplir le crâne,
En classe on m'offrit quelques mois
De la science en bonnet d'âne,
De la morale sur les doigts ;
Avec moi la secte savante
Perdait son temps et ses discours,
Et le sylphe me disait : « Chante,
» Bon courage ! et chante toujours. »

A l'époque où le cœur s'engage,
Entre nous, j'étais assez laid,
Et la fille la moins sauvage
Semblait m'écouter à regret ;
J'ignorais la langue brûlante
Qui sert d'interprète aux amours.
Et le sylphe me disait : « Chante,
» Bon courage ! et chante toujours. »

Un beau jour, la gloire étonnée
Me trouva dans un régiment,
Où je sus, en moins d'une année,
Tuer un homme proprement :
Chétif, et la jambe traînante,
Je marchais au bruit des tambours.
Et le sylphe me disait : « Chante,
» Bon courage ! et chante toujours ! »

Depuis, en poussant mon alêne,
Je me disais : « Suis-je certain
» D'avoir gagné, dans ma semaine,
» Assez pour acheter du pain ? »

Si l'heure du travail est lente,
Les temps de repos sont bien courts.
Et le sylphe me disait : « Chante,
» Bon courage! et chante toujours. »

D'une réunion bachique,
Je devins l'ardent sectateur,
Et d'un bien-être fantastique
Je goûtai le charme trompeur.
Là, dans une ivresse bruyante,
J'oubliai bien des mauvais jours.
Et le sylphe me disait : « Chante,
» Bon courage! et chante toujours. »

Pourtant, sans haine et sans révolte,
Je quitterai ces lieux charmants,
Où j'ai fait une ample récolte
De soucis et de cheveux blancs.
Demain, j'irai planter ma tente
Dans le moins connu des séjours.
Et le sylphe me dira : « Chante,
» Bon courage! et chante toujours. »

En effet, le sylphe, en lui disant : « Chante, » lui marquait sa véritable voie, car ce fut un bon chansonnier.

En 1854, nous le trouvons à la tête d'un petit fonds de restaurateur, rue des Fontaines-du-Temple; mais, comme il était né pour chanter et non pour restaurer les estomacs creux, ses affaires ne prospérèrent pas.

« Dix ans plus tard, comme le raconte dans une petite notice Jules Jeannin, un de ses amis, comme lui chansonnier, il se fit marchand de livres au coin du Faubourg-Poissonnière et du boulevard de la Chapelle, dans l'une de ces infimes baraques construites en bordure de l'ancien chemin de ronde. De là, il vint en haut du boulevard Magenta; puis, en octobre 1869, ayant obtenu un brevet de libraire, il alla s'établir rue Tholosé, à Montmartre. »

Ce joyeux chansonnier était observateur et spirituel. Il savait montrer le côté comique des mœurs de l'ouvrier godailleur et bon enfant; il savait saisir les ridicules des gens, et, sans les fâcher, mettait les rieurs avec lui. Du reste, il était d'un naturel bon; il aimait à rire, et ses persiflages sans méchanceté dénotaient la souplesse et la finesse de son esprit.

Son œuvre de chansons est considérable.

Ses débuts datent de 1838. Son répertoire eut pour interprètes : Darcier, Pacra, Renard (de l'Opéra), Berthelier, Perrin (de l'Eldorado), Arnaud (de l'Alcazar) et la diva Hortense Schneider.

Quoique poète, il était aussi musicien, et quelques-unes de ses propres productions furent mises par lui en musique.

Pendant vingt ans, il obtint le suffrage des goguettiers. La *goguette* était le théâtre de ses exploits. Il était là comme un capitaine de vaisseau sur son navire, et Dieu sait s'il avait le pied marin! On le choyait, on l'aimait, on l'applaudissait.

Voici les noms des principales goguettes où il était passé demi-Dieu : les *Templiers*, rue Saint-Martin; les *Infernaux*, rue de la Grande-Truanderie; le *Sacrifice d'Abraham*, en face du Palais de Justice; la *Pipe*, rue Frépillon; les *Épicuriens*, rue de Vendôme; les *Insectes*, boulevard de la Chopinette ; le *Lièvre et le Lapin*, à Belleville ; les *Enfants du Temple* et le *Banquet du Jeudi* ou *les Lapiniers*.

Cette dernière se tenait dans une salle longue et basse qui, comme disait Charles Gille, avait plutôt l'air d'un terrier que d'un temple ; aussi est-ce pour cela qu'ironiquement, il en appelait les membres *Lapiniers*.

Colmance avait une voix traînante et trouée, et, malgré cela, il se faisait fort applaudir quand il chantait.

Ce fut dans cette goguette des Lapiniers que, vers 1842, il chanta : le *Cochon d'Enfant*, la *Gueule à quinze pas*, une *Noce à Montreuil*, etc., etc.

Le titre de la chanson : une *Noce a Montreuil*, qui vient de nous venir sous la plume, nous rappelle que M. Denis Poulot, dans son remarquable ouvrage : *Le Sublime*, ou *le Travailleur comme il est et ce qu'il peut être*, déplore le succès de Colmance auprès des ouvriers.

Nous allons lui donner la parole. Comme nous reconnaissons que M. Denis Poulot est plus compétent que nous, en ce qui touche l'ouvrier, nous respecterons son jugement.

« Un chansonnier, dit-il, est chanté de préférence par les travailleurs ; c'est l'auteur des *Petits Agneaux*, ce salmigondis de bastringue, de tapage. Il a écrit le chant des sublimes par excellence, sous le modeste titre d'une *Noce à Montreuil*.

» Nous vous donnons ce chant national des Sublimes :

Air : *Mire dans mes yeux tes yeux.*

Enfants, dis-je à deux confrères,
Nous avons bon pied, bon œil ;
Au lieu d' flâner aux barrières,
Si nous allions à Montreuil ?
Allons, viv'ment qu'on s'embarque.
J' possède un' couple d'écus.
Tapez, tapez-moi là-d'ssus,
   Ça sonne le monarque.
Tapez, tapez-moi là-d'ssus,
   Et n'en parlons plus.

A Charonn' c'est l' moins qu'on entre
Boire un p'tit coup chez Savart (1) ;
Mais l'un d' nous s' sent mal au ventre
En avalant son nectar.
Savart, craignant qu'i' n' s'insurge,
Dit en r'versant un coup d'ssus :
Tapez, tapez-moi là-d'ssus,
   C'est bon, mais ça purge.
Tapez, tapez-moi là-d'ssus,
   Et n'en parlons plus.

Nous y v'là. Bonjour, la mère ;
Fricassez-nous un lapin.
— Bah ! fait'-en sauter un' paire,
Histoir' de goûter vot' vin.
Nous somm's en fonds, comm' dit c' t' autre,
Les trois n' s'ront pas superflus.
Tapez, tapez-moi là-d'ssus,
   Ça s'ra chacun l' nôtre.
Tapez, tapez-moi là-d'ssus,
   Et n'en parlons plus.

(1) M. Colmance était ami intime de Savart, surnommé *Savart-l'Esprit*. Ce débitant de petit-bleu et de bons mots a souvent inspiré le chansonnier.

Tu cri's à casser les vitres;
Voyons, de quoi te plains-tu?
A trois, nous n'avons qu' douz' litres;
Vrai, nous aurons l' prix d' vertu.
Moi, je n' quitt' pas la guinguette,
Qu' mes goussets n' soient décousus.
Tapez, tapez-moi là-d'ssus,
    Qu'on mont' la feuillette.
Tapez, tapez-moi là-d'ssus,
    Et n'en parlons plus.

Allons, qui prend la parole?
L'un ou l'autr', ça m'est égal;
Mais n' chantez pas d' gaudriole,
J' trouv' ça trop sentimental.
Chantez, le vin nous excuse,
D' Martin les r'frains les plus crus.
Tapez, tapez-moi là-d'ssus,
    N'y a qu' ça qui m'amuse.
Tapez, tapez-moi là-d'ssus,
    Et n'en parlons plus.

Deux époux d' la ru' Saintonge
Sont avec nous dans la cour;
L' mari boit comme une éponge,
Et la femm' cri' comme un sourd.
Avec quelle rag' ell' contemple
Les pichets qu' son homme a bus!
Tapez, tapez-moi là-d'ssus,
    Faut faire un exemple.
Tapez, tapez-moi là-d'ssus,
    Et n'en parlons plus.

J' suis amoureux quand je chante
Et qu' j'ai pompé mon p'tit coup;
Aussi, j' vois bien qu' la servante
N'est pas déchiré' du tout.

>   Ses p'tits yeux gris semblent dire
>   De certains appâts charnus :
>   Tapez, tapez-moi là-dessus,
>   Ça m' fait toujours rire.
>   Tapez, tapez-moi là-d'ssus,
>   Et n'en parlons plus.
>
>   C'est fini ; faut s' mettre en route.
>   Allons, somm's-nous disposés ?
>   Quand nous aurons bu la goutte,
>   Tous nos gros sous s'ront usés.
>   Quand vous s'rez dans vot' domaine
>   Sur vos *divans* étendus :
>   Tapez, tapez-moi là-d'ssus,
>   En v'là pour la s'maine.
>   Tapez, tapez-moi là-d'ssus,
>   Et n'en parlons plus.

» Mais, le lundi, ils auront *mal aux cheveux*, et la fameuse *Loupe*, sur l'air de la *Fille à Dominique*, que vous leur chantez, monsieur Charles Colmance, les prendra ; elle leur fera rompre l'attache de leur tablier, et c'est en chantant vos refrains qu'ils iront s'abrutir.

» Vous êtes entraînant et moralisateur ; on est heureux d'examiner votre poésie.

» Votre chanson : *Un nez culotté*, pour finir :

>   Un nez culotté,
>   Piquante parure,
>   Gracieuseté
>   De dame Nature ;
>   Heureux l'effronté
>   Doté
>   D'un nez culotté.

Honneur au jus qui nous vient de la treille
Lait bienfaisant,
Qu'on tette encore enfant ;
L'adolescent au fond d'une bouteille,
Puise à pleins bords,
De la force et du corps ;
En réalité,
L'ami de la liqueur vermeille,
S'il en a goûté,
Possédera vers son été :

  Un nez culotté, etc.

Or, savez-vous pourquoi cet homme est blême ?
Pourquoi ses yeux
Sont toujours soucieux ?
Pourquoi sa vie est un vaste carême ?
Pourquoi son cœur
Est triste et sans vigueur ?
C'est que l'entêté,
Suivant un absurde système,
A mis de côté,
L'or ou l'argent qu'aurait coûté :

  Un nez culotté, etc.

Quand Félicie était ma souveraine
Précieux jours
De bombance et d'amours ;
Elle parait, à chaque couple pleine,
Ses traits chéris
D'un brillant coloris.
Mais en vérité,
Depuis qu'elle a sa quarantaine,
Chez Félicité,
Ce qui remplace la beauté :

  Un nez culotté, etc.

Reposez-vous et sablez les liquides,
Nobles débris,
Par vingt combats meurtris ;
En arrosant vos gosiers intrépides,
Vous stimulez
Vos membres mutilés.
La postérité
Redira, braves invalides,
Au monde attristé,
Que, du moins, il vous est resté :
Un nez culotté, etc.

Voyez le nez que porte notre maire,
Le nez pourpré
De notre bon curé,
Le nez ponceau de notre gros notaire,
Le nez violet
De notre sous-préfet,
Culte, autorité,
Défenseurs du droit populaire,
Tous ont récolté,
Grâce à l'ordre et la liberté,
Un nez culotté, etc.

Tous les trésors de la Californie,
Perdent leur prix
Devant un tel rubis ;
Le gros lingot qu'on mit en loterie
N'est, près du mien,
Qu'un souffle, un zeste, un rien.
Ma divinité,
Mon lingot, mon trésor, ma vie,
Mon bien, ma santé,
C'est d'avoir en propriété :

Un nez culotté,
Piquante parure,

> Gracieuseté
> De dame nature ;
> Heureux l'effronté
> Doté,
> D'un nez culotté.

» Vous ne savez pas que de larmes, de honte, de misère, coûte un nez culotté, à quelle extrémité le travailleur est arrivé, dans quelle dégradation infâme ce manque d'or et d'argent a précipité des individus ?

» C'est une spécialité chez vous, vous chantez tous les vins, le *piqueton*, la *gaudriole*, la *loupe*, le *p'tit bleu*, *j' t'enlève le ballon*, la *mère Chopine*, *mon premier poche-œil*, etc., etc... Nous avons parcouru votre recueil et nous n'avons pas hésité à écrire en tête le titre mérité de : *Chansonnier des sublimes.* »

Ceci était écrit à la fin du second empire.

Le *Sublime*, tel que l'entend M. Denis Poulot, est donc l'ouvrier amateur, qui s'élève au-dessus des obligations vulgaires du travail et de la famille. En un mot, c'est le mauvais ouvrier et dont la vie misérable se traduit par trois mots : Paresse, Ivresse, Détresse.

Cependant, il ne faudrait pas juger complètement Charles Colmance par ce qu'en vient de dire M. Denis Poulot. Le chansonnier a fait aussi d'autres chansons qui ne sentent pas le cabaret. Nous citerons par exemple :

LA COUPE DES DIEUX

Air : *J'ai vu le Parnasse des Dames.*

> Que cherches-tu, pauvre antiquaire,
> Le cou tendu, le dos baissé ?

Viens-tu demander à la terre,
Des débris d'un culte passé?
Des divinités de la Grèce,
Je possède un don précieux.
J'ai retrouvé chez ma maîtresse,
La coupe où s'enivraient les Dieux.

Source d'allégresse éternelle,
Cette coupe charme nos jours ;
Vénus a donné le modèle
De ses voluptueux contours.
Elle orna ses bords pleins de charmes,
De mille agréments précieux
Et l'amour creusa de ses armes,
La coupe où s'enivraient les Dieux.

A chacun elle fait envie,
C'est le berceau du genre humain,
On puise aux sources de la vie
En goûtant son nectar divin.
Admirant sa forme charmante,
Le vieillard devient radieux,
Et touche d'une main tremblante
La coupe où s'enivraient les Dieux.

Sous des voiles peu diaphanes,
Ce trésor de tous recherché,
Chaque mois, aux regards profanes,
Trois jours au moins reste caché.
Par la plus grande des merveilles,
Des nuits, l'astre mystérieux
Couvre de fleurs toujours vermeilles,
La coupe où s'enivraient les Dieux.

Ah! pour partager leur extase,
Lise, laisse-moi seulement,
Soulever un coin de la gaze
Qui cache ce bijou charmant.

> Je deviens exigeant sans doute,
> Mais l'amour rend audacieux :
> Je voudrais tarir goutte à goutte,
> La coupe où s'enivraient les Dieux.

Cette charmante chanson montre combien le talent de son auteur est souple et multiple; elle prouve aussi qu'il ne s'est pas toujours laissé inspirer par la muse godailleuse et avinée.

Charles Colmance était devenu membre titulaire de la *Lice chansonnière* en l'année 1844. Il y a laissé d'excellents souvenirs.

Les chansonniers qui alors contrebalançaient son immense popularité, étaient : Gustave Leroy et Charles Gille. Ils formaient un triumvirat qui avait toutes les sympathies de la population ouvrière. Leurs noms étaient connus et appréciés à leur juste valeur dans tous les ateliers des faubourgs et de la banlieue.

Colmance aimait la vie ouvrière avec ses vertus et ses défauts, ses excentricités et ses débauches.

Il aimait à fréquenter l'établissement de ce cher ami Savart, vigneron de la rue Conrad à Charonne. Ah! qu'il était heureux en ce temps-là, où il avait la gaieté et la santé, de pouvoir aller avec quelques camarades se ballader aux environs de Paris! à Bagnolet, à Saint-Ouen ou à Argenteuil, manger une gibelotte de lapin! Dans ces agapes fraternelles, on était quelquefois à court d'argent, mais jamais d'esprit. L'esprit servait d'assaisonnement aux plats et donnait un fumet particulier et de bon aloi au petit bleu ou à la piquette aigrelette du cru. On trinquait, on riait, et l'on revenait à Paris le soir, *casquette*... c'était le bonheur.

En 1869, lorsque Colmance se retira à Montmartre, avec son brevet de libraire, il était déjà atteint de la maladie interne qui devait l'emporter.

La joyeuseté de son caractère avait disparu et, peu à peu, il devint triste et se retira de ses amis.

La souffrance et l'isolement le tuèrent. Il mourut le 12 septembre 1870.

GUSTAVE MATHIEU

Gustave Mathieu est né à Nevers, si nous nous en rapportons à ce qu'il dit sur sa naissance en terminant son poème-fanfare, intitulé : *Monsieur Gaudéru* :

> C'est le sieur Mathieu, bourgeois de Nevers,
> Né vingt ans après l'autre République,
> Qui de la Fanfare a dicté les vers...
> Ce même Mathieu l'a mise en musique.

Gustave Mathieu était un artiste de pure race ; sous le poète, il y avait un homme. Inspiré, comme Pierre Dupont, par la muse idyllique, il fait ses amours de la nature en fleurs. Les grands bois, la prairie, la campagne rose, blanche et verte, comme il le dit lui-même, ont pour lui un attrait irrésistible ; aussi a-t-il donné à son œuvre poétique le titre de : *Parfums, chants et couleurs*.

Gustave Mathieu était un poète qui aimait, au printemps, à s'échapper de Paris pour aller respirer les haleines fraîches et vivifiantes de la forêt de

Fontainebleau ; c'était sous ses ombrages qu'il goûtait le véritable bonheur de vivre ; mais comme il y avait en lui deux hommes : l'homme des champs et l'homme de la ville, il revenait à son bien-aimé Montmartre, où il demeurait, à la chute des dernières feuilles d'automne. Alors, la politique hantait son cerveau. Le républicain convaincu rentrait en scène au milieu de tous ses amis. En pouvait-il être autrement, après avoir dit, en partant, au mois de mai : *Au revoir à Paris* en ces termes :

> Adieu ! clair flambeau de l'Humanité,
> Paris fraternel, vieux Paris qu'on aime !
> Oh ! mais ce n'est pas un adieu suprême :
> On a beau le fuir, on revient quand même
> Au foyer sacré de la liberté.
> Au revoir Paris, vieux Paris qu'on aime !

Il reprenait ses habitudes hivernales en retrouvant ses camarades. Il était causeur et bien ancré dans ses opinions, en véritable ancien marin qu'il était. Il avait tenu la mer pendant plusieurs années de sa jeunesse et il parlait de ses voyages avec plaisir. Il avait conservé un peu la marche d'un marin à terre, le plancher des vaches ne l'avait pas débarrassé de l'allure que provoque le roulis du pont d'un navire. Il était vif, actif, remuant et mettait beaucoup de feu dans sa conversation. Qu'il parlât poésie ou politique, il y mettait la même ardeur. Il était de taille moyenne et portait son feutre sur l'oreille, ce qui, avec sa barbe en pointe, lui donnait un faux air de mousquetaire en civil. Dans la saison printanière, il avait toujours un bouquet de violettes à la boutonnière gauche de son habit.

Mathieu et son bouquet de violettes étaient connus de tous les habitués du café de Madrid, boulevard Montmartre, où il faisait de fréquentes apparitions.

M. Francisque Sarcey, dans un article sur notre chansonnier, dit : « Gustave Mathieu était un poète républicain, et je me souviens qu'en 48 nous chantions à l'école quelques-unes de ses chansons en l'honneur de la jeunesse, de la liberté et de la démocratie.

« Son image, en ce temps-là, ne se distinguait pas très nettement, pour moi ni pour bien d'autres sans doute, de celle de Pierre Dupont, qui était non pas seulement le chantre des grands bœufs, mais encore de la République des paysans. Ce n'est même pas sans surprise que j'ai retrouvé dans le volume qui m'a été envoyé par M. Mariéton la jolie chanson de *Jean Raisin* :

> « Sous une vieille écorce grise
> Jean Raisin a passé l'hiver.
> Il est en fleur, le voilà vert ;
> Jean Raisin ne craint plus la bise !...
> Il est jouflu, blanc et vermeil ;
> Le voilà vin ; toute sa force
> Ruisselant de sa fine écorce,
> S'échappe en rayon de soleil.

« Cette chanson, que nous chantions à pleine voix dans les cours de l'Ecole normale, m'était restée comme une composition de Pierre Dupont. »

« Plus tard quand je suis revenu à Paris pour y faire du journalisme, j'ai beaucoup entendu parler de Gustave Mathieu, qui était le poète attitré de quelques-uns des *Rats morts* de cette époque. »

« Mon ami Laurier, qui était familier avec toutes les excentricités parisiennes, le connaissait beaucoup et m'en parlait quelquefois. Mais il ne savait de ses vers que ceux que le poète récitait dans les cafés, entre deux bocks ; et ce n'étaient pas les meilleurs, car, en 1860, le poète avait pris position, il s'était voué à la politique et toutes les pièces qu'il composait affectaient des allures de *Marseillaise !*

« Gustave Mathieu est un de ceux (et il y en a plus qu'on ne pense), que la politique a perdus ou tout au moins dévoyés. Personne ne fut jamais moins fait que lui pour le dithyrambe patriotique, démocratique ou guerrier. La fée qui l'avait doué à son berceau y avait déposé un joli chalumeau champêtre à six trous : son tort fut de vouloir en tirer des accents de trompette. »

Et le fameux critique termine son article par ces lignes : « Eh oui ! il aurait dû ne chanter que l'amour et la nature. Pourquoi diantre a-t-il voulu être un poète politique? Il y a gagné, cela est vrai, une popularité parmi les brocs de bière et les verres d'absinthe des habitués d'estaminet. Mais toute cette partie de son œuvre a péri sans retour, et il n'en restera que quelques jolies pièces dignes d'êtres mises à côté des plus fraîches poésies du seizième siècle. »

N'en déplaise à M. Francisque Sarcey, nous dirons franchement que nous ne sommes pas de son avis ; car nous trouvons fort belles les chansons politiques de Gustave Mathieu ; cela ne veut pas dire que nous ne trouvons pas admirables la *Blonde Cendérinette* et le *Chant des Yoliers*. Du reste, ce n'est pas la première fois que M. Sarcey repousse la chanson politique. Dans une de ses conférences du boulevard des Capucines, il a eu le même sentiment pour les chansons politiques d'un autre poète, qui, comme Mathieu, faisait de ses couplets une arme pour combattre le despotisme ou chanter la liberté. La chanson, pour lui, paraît être une bonne fille, soumise, docile et rieuse, qui ne doit pas se permettre d'être ferme, brave et agressive quand l'occasion se présente. Que serait Béranger si sa muse ne s'était pas mêlée de la politique de son temps?

La chanson a souvent raison de se mêler des choses qui, pour certains, ne la regardent pas. Elle est propre à tout. Et, parfois, le coup d'épingle qu'elle donne à un endroit sensible blesse davantage qu'un coup d'épée donné par un maladroit, qui n'a ni son esprit d'à-propos, ni son ironie sanglante.

Est-ce que les chansons suivantes n'ont pas un véritable mérite? *La patrie en danger; le Chant Gaulois; Monsieur Capital; Liberté, Égalité, Fraternité; la République universelle; le Plébiscite; Sauvons la République.* Ces chansons ne prouvent pas seulement le talent de l'auteur mais son courage.

Ecoutez donc ce chant daté de 1852, intitulé: *Liberté, Égalité, Fraternité.*

Prologue

On gratte au front des édifices
Les noms sacrés de Liberté,
Sans oublier ses deux complices
Egalité, fraternité!

La pauvre France désarmée
Assiste, la rougeur au front,
Aux saturnales d'une armée
Lui crachant ce suprême affront.

Chœur

Mais la devise réprouvée,
Pour refleurir aux jours meilleurs,
Bien mieux que sur l'airain, pour jamais est gravée
Au frontispice des grands cœurs.

Liberté

La République spoliée,
Debout, pleurant sur ses débris,
Cache sa face humiliée,
Ses pieds sanglants, ses seins meurtris...
Pour cette mère universelle,
Traînant tout un peuple irrité,
Le glaive au poing !... terrible et belle,
Arme-toi donc, ô Liberté !...

Égalité.

Egalité trop caressante,
De ton triangle méprisé
Courbe une faux étincelante,
Taille un manche au fer aiguisé...
Et comme on fait des hautes herbes,
Dans les prés murs, aux jours d'été,
Pour niveler les fronts superbes
Arme-toi donc, Egalité !

Fraternité.

Fraternité, le prolétaire
Est enfin las d'avoir aimé.
Pour commencer la sainte guerre
Le monde attend son Christ armé !

Paix à l'amour, place à la haine !
De par la sainte vérité
Et l'exécrable race humaine,
Arme-toi donc, Fraternité !

Épilogue.

Déshérités, race souillée,
Brouteurs d'herbe et buveurs de fiel,
Votre voix, de larmes mouillée,
Se perd dans les chemins du ciel !
Allons, debout, troupe immortelle !
Vos destins, sur l'axe arrêtés,
Reprendront leur marche éternelle ;
Armez-vous donc, déshérités...

Chœur.

Mais la devise réprouvée,
Pour refleurir aux jours meilleurs,
Bien mieux que sur l'airain, pour jamais est gravée
Au frontispice des grands cœurs.

Est-ce qu'un pareil chant n'a pas son utilité à la veille ou au lendemain d'un coup d'État? C'est un acte de courage tout en étant une bonne action. Un pareil chant effraie les timides mais augmente la fermeté des hardis; sans valeur sur une âme mercenaire, il n'est bien apprécié que par celui qui aime bien son pays et qui n'est pas à vendre.

Gustave Mathieu aimait bien la campagne, mais à ses heures; à la tombée des feuilles, il réintégrait son logis de Montmartre avec un plaisir extrême, comme nous l'avons dit.

Un jour, il fut appelé à Lyon par un sien oncle, fort riche à ce qu'il paraît. Cet oncle avait pour proche héritier, Mathieu. Il lui dit :

— Mon cher neveu, restez près de moi, et je vous laisse tout ce que j'ai.

— Impossible, répondit Mathieu, ma vie à moi est à Paris.

— Mais vous menez une vie de bohème...

— Pourvu que j'aie vingt sous par jour, répondit le poète, je suis content ; c'est tout ce qu'il me faut...

— C'est bon à savoir, fit l'oncle, avec une grimace significative.

— Vous auriez dû rester à Lyon, hasarda quelqu'un en entendant Mathieu raconter son entrevue avec son cher parent ! Mathieu se leva, s'avança vers son interlocuteur, et lui dit sous le nez, d'une voix énergique : « *Attaché!* dit le loup. »

Et enfonçant son feutre sur son oreille, il prit la porte et disparut.

Cette allusion à la fable du *Loup et du Chien* explique la manière de vivre de Mathieu. Pour vivre indépendant, il plaçait du vin de Champagne ou de Bordeaux à domicile, pour le compte d'une maison renommée.

Après la guerre de 1870, le fameux oncle de Lyon vint à mourir et il laissait pour tout héritage à Gustave Mathieu *trois cent soixante-cinq francs de rentes*.

Pour terminer, nous donnerons quelques lignes de M. Paul Arène qui, comme nous, a connu Gustave Mathieu et qui a assisté à ses derniers jours. Nous sommes persuadés qu'on nous en saura gré, elles sont d'un véritable ami :

« Païen avant tout, Gustave Mathieu aime et fait aimer la vie. Il chante l'amour, il chante le vin,

certes! mais sans ivrognerie, sans gaudriole. Le
vin, pour lui, c'est l'antique Dionysos, le dieu
généreux et vainqueur, soutien de nos travaux,
consolateur de nos tristesses.

> J'ai rêvé qu'au vieux firmament
> Les comètes ensorcelées,
> Ivres mortes, cheveux au vent,
> Dansaient des courbes étoilées ;
> Et j'ai vu sous les pieds du Dieu,
> Pour nos pressoirs et nos granges,
> Epis dorés, rouges vendanges
> Ruisseler de leurs flancs de feu.

» Ses amours ont à la fois le parfum rustique et
la marque parisienne. On dirait de sa muse une
de ces belles filles de campagne qui, venues dans
la grande ville, s'y affinent, s'y font élégantes,
tout en gardant de leur origine première, un je ne
sais quoi de naïf.

» Gustave Mathieu, le chantre des amours
simples, des vins vieux, des clairs matins et des
beaux soirs, semble impressionné plus vivement
par les splendeurs attristées de l'automne. L'automne revient à toutes les pages de son livre :

> Allons, partons ! tout est fini.
> Le soleil, plus mélancolique,
> Sur les sommets du bois jauni,
> S'en va posant son œil oblique.
> Les vaches vont la tête au vent ;
> On les voit se pendant aux branches,
> Passer, rousses, noires et blanches,
> Le pâtre chante en les suivant.

s'écrie-t-il ; et quelque part, dans ses vers, il
souhaite mourir en cette saison.

» Le destin a exaucé son vœu.

» Gustave Mathieu mourut à Bois-le-Roi, la vendange faite, au milieu des bois rougissants.

» Le jour de l'enterrement, on l'avait exposé dans le petit jardin qui sépare sa maisonnette de la rue. Le ciel était beau, un coq chantait sur le toit voisin. Ses amis venus de Paris pleuraient, mêlés aux gens du village. Son chien, Vortex, le fidèle compagnon de ses promenades et de ses chasses, s'était couché sous le cercueil.

» Par l'étroite rue aux maisons basses, par l'étroit chemin bordé de sureaux et de pruneliers, on le conduit au cimetière, un cimetière herbeux et fleuri comme un pré, que sépare à peine des champs un mur que les lièvres franchissent... Le chien, maintenant, courait éperdu, cherchant son maître, faisant des lacets dans la plaine.

» Nous retournerons un de ces jours à Bois-le-Roi, n'est-ce pas, mon brave Prosper Marius? aussitôt les courriers du printemps revenus. Nous parlerons de Mathieu, tu me diras ses *Hirondelles*, qu'il t'avait, je crois, dédiées :

> Fleur de l'azur et des nuages,
> Amantes des longs jours d'été,
> O vous qui mourez dans les cages,
> Paissez les airs en liberté !
> Pendant qu'étendu sous le chêne
> Dont l'ombrage, au déclin du jour,
> S'allonge en tremblant sur la plaine,
> J'achèverai ce chant d'amour. »

Prosper Marius est lui-même un poète charmant dont la *Librairie des Bibliophiles* a publié les poésies en un volume intitulé : *les Libellules*. Ce ravissant recueil porte cette dédicace : *A mon excellent ami Paul Arène*. Tournez la première page et vous lirez un quatrain en l'honneur de l'auteur et signé : Gustave Mathieu. Le voici :

> Par son *Cornemuseux* et sa sève d'avril,
> Par les vers empourprés de sa claire fontaine,
> Il prouve assez à tous, même à son maître Arène,
> Qu'on peut être poète et voyageur en fil.

En effet, M. Prosper Marius est voyageur de commerce, et comme on peut le voir, il fait honneur à la corporation.

Nous donnerons quelques strophes de la pièce de vers intitulée : *Rêve en Espagne*, elle est dans le volume des *Libellules* et dédiée à Gustave Mathieu.

> Te souvient-il d'un soir d'hiver
> Où nous jasions près d'un feu clair
>   Dans ma chambrette ?...
> Soudain ton rêve prit son vol :
> Tu chantais comme un rossignol
>   O poète !
>
> Ta muse entr'ouvrait à mes yeux
> Les paradis délicieux
>   Du pays tendre :
> Bercé par les illusions,
> Je m'endormis ; les visions
>   Vinrent me prendre.
>
> Errant parmi les orangers,
> Je m'en allai dans les vergers
>   Et la campagne.

Un beau songe m'avait séduit :
J'étais transporté cette nuit
   En pleine Espagne.

La nature ivre de soleil,
Se tordait dans le flot vermeil
   Comme une almée
Qui, prise de désirs lascifs,
Aux accents des tam-tam plaintifs
   Tombe pâmée.
         Etc., etc., etc.

Par ce qu'on vient de lire, n'a-t-on pas la preuve que Mathieu était très aimé par ses nombreux amis ?

Il est mort en octobre 1877.

EUGÈNE POTTIER

Eugène Pottier est né en 1816. Ce chansonnier tient la première place parmi nos poètes révolutionnaires. Ses aspirations à la vie sont larges, grandes, généreuses, humanitaires.

Chacune de ses chansons est une revendication sociale. Chacun de ses petits poèmes met à nu une plaie vive et saignante du peuple. Il montre la gangrène qui dévore et tue ceux qui l'entourent ; car il voudrait que le gouvernement trouvât un remède à ce mal invétéré, chronique et sans pitié. Selon lui, il existe, ce remède aux maux des déshérités !

Il voudrait infuser un sang nouveau, juvénile, ardent, dans les veines de cette aristocratie richissime que les jouissances satisfaites ont repue, blasée, et rendue indifférente aux souffrances qui assaillent la partie la moins fortunée de la population des grandes villes.

A Paris, il y a un monde malheureux qui s'agite, dont les douleurs morales et physiques ne sont même pas soupçonnées par ceux qui occupent les plus hauts échelons de l'échelle sociale.

Voilà pourquoi Eugène Pottier, en chantant les misères du peuple, a tant de larmes et de sanglots dans la voix.

Ah! bien des gens trouvent ses couplets tristes et lugubres... En peut-il être autrement? S'ils jugent ainsi, c'est qu'ils n'ont pas, comme notre cher poète, l'âme élevée d'un socialiste et le grand cœur d'un prolétaire.

Eugène Pottier a une nature philanthropique qui le pousse, partout et toujours, à faire son devoir et à dire sans ambages la vérité.

Il était un des chefs de la Commune, en 1871, et il s'est conduit en honnête homme. Il risquait sa vie pour ses convictions. C'est un noble courage que l'on doit respecter. Et malgré son exil et ses souffrances, Pottier est resté après la bataille ce qu'il était avant.

A la veille de sa mort, il s'honorait encore d'avoir été *communard*. Et il ne craignait pas de dire à ses amis : « Si la France est aujourd'hui gouvernée par la République, c'est à la Commune qu'elle le doit.

L'histoire, impartiale, dira un jour, en rendant

justice aux martyrs de la foi politique, ce qu'on doit penser du rôle joué par Eugène Pottier pendant les terribles événements du second siège de Paris en 1871.

Eugène Pottier était un homme de petite taille, à la physionomie mobile, au regard vif et perçant. Ses yeux noirs, à demi cachés sous ses sourcils, dénotaient par leur scintillement toute l'intelligence de son âme. Un pli très accentué, à la jonction du nez et du front, était le signe probant de la volonté et du courage. Il avait la voix douce et le sourire affable. A le voir, on n'eût jamais soupçonné qu'il y avait en lui l'étoffe d'un poète énergique, fort, grand, dévoué à la classe ouvrière. Lui seul savait fouiller dans les replis du cœur d'un misérable pour y trouver les causes de sa souffrance.

Eugène Pottier fut tiré de son obscurité par l'intervention fraternelle et dévouée de MM. Gustave Nadaud, Chebroux, Jules Vallès et Henri Rochefort.

Avant d'attribuer à chacun leur part de concours à la révélation (pour le grand public) de notre chansonnier révolutionnaire, nous allons citer son *Jean Misère*. On y verra son genre de talent, et l'on comprendra mieux les éloges qu'il mérite :

> Décharné, de haillons vêtu,
> Fou de fièvre, au coin d'une impasse,
> Jean Misère s'est abattu.
> « Douleur, dit-il, n'es-tu pas lasse? »
>   Ah! mais...
> Ça ne finira donc jamais?...
>
> Pas un astre et pas un ami!
> La place est déserte et perdue.

S'il faisait sec, j'aurais dormi,
Il pleut de la neige fondue.

Est-ce la fin, mon vieux pavé?
Tu vois, ni gîte, ni pitance,
Ah! la poche au fiel a crevé;
Je voudrais vomir l'existence.

Je fus bon ouvrier tailleur.
Vieux, que suis-je? une loque immonde.
C'est l'histoire du travailleur,
Depuis que notre monde est monde.

Maigre salaire et nul repos,
Il faut qu'on s'y fasse ou qu'on crève,
Bonnets carrés et chassepots
Ne se mettent jamais en grève.

Malheur! ils nous font la leçon,
Ils prêchent l'ordre et la famille;
Leur guerre a tué mon garçon,
Leur luxe a débauché ma fille!

De ces détrousseurs inhumains,
L'Eglise bénit les sacoches;
Et leur bon Dieu nous tient les mains
Pendant qu'on fouille dans nos poches.

Un jour, le ciel s'est éclairé,
Le soleil a lui dans mon bouge;
J'ai pris l'arme d'un fédéré
Et j'ai suivi le drapeau rouge.

Mais, par mille on nous coucha bas;
C'était sinistre au clair de lune;
Quand on m'a retiré du tas,
J'ai crié : « Vive la Commune! »

Adieu, martyrs de Satory,
Adieu, nos châteaux en Espagne!

Ah ! mourons !... ce monde est pourri ;
On en sort comme on sort d'un bagne.

A la Morgue, on coucha son corps,
Et tous les jours, dalles de pierre,
Vous étalez de nouveaux morts :
Les otages de la misère !
Ah ! mais...
Ca ne finira donc jamais ?

C'est à M. Gustave Nadaud qu'on doit la publication du premier volume de chansons d'Eugène Pottier. Il en fit généreusement les frais, quoique n'épousant pas les idées de son auteur. Voici en quelles circonstances :

M. Gustave Nadaud avait entendu, en 1848, Pottier chanter une de ses chansons, et en avait apprécié tout de suite le mérite. Mais de longues années se passèrent, et un soir, par les soins de son ami Ernest Chebroux, M. Nadaud se retrouva en présence du chansonnier à un dîner de la *Lice chansonnière*. Il était alors vieux, blanchi, à demi-paralysé et pauvre, pauvre !

On résolut de lui venir en aide ; mais que faire ? M. Chebroux, le lendemain, alla le voir et lui proposa une souscription en sa faveur ou la publication de ses chansons. Oh ! il n'hésita pas.

— Qu'on publie mes œuvres, s'écria Pottier, et que je meure ! »

En apprenant cela, M. Gustave Nadaud s'écria à son tour :

— « Va, cher poète, tu ne mourras pas de faim et tes œuvres seront publiées ! »

Il publia un volume qui a pour titre : *Quel est le*

fou ? Ce titre est tiré d'une chanson dont le refrain est : *Quel est le fou, le monde ou moi ?*

Ce qui fait dire à M. Nadaud en commençant la préface : « L'auteur de cette chanson et de ce volume veut faire croire que c'est le monde; le monde affirmera sans nul doute que c'est l'auteur. Le véritable fou en cette affaire pourrait bien être celui qui... »

Ceci prouve assez que M. Nadaud n'est pas socialiste; malgré cela, sachons lui bien gré de ce qu'il a fait pour un confrère... Nous connaissons beaucoup de réactionnaires qui n'auraient pas eu tant de générosité dans le cœur. M. Nadaud, à ce point de vue, doit en être doublement remercié; car il a fait là une bonne action avec un désintéressement complet.

La publication des chansons de Pottier par M. Nadaud fit supposer qu'il en avait d'autres plus accentuées, plus naturalistes, plus communardes. En effet, en 1887, paraissait un second volume intitulé : *Chants révolutionnaires*, avec une préface de Henri Rochefort. En regard du titre, il y a cette note : *Ces poésies, du citoyen Pottier, ont été publiées sous la direction de ses anciens collègues de la Commune de Paris.*

Voici quelques lignes de la préface d'Henri Rochefort.

« Le poète, disons-le, le grand poète dont vous allez lire les chansons, n'a pas eu à se défendre, n'ayant jamais été attaqué. Comme le public, moi aussi, dont c'est la profession de suivre le mouvement politique et littéraire de mon époque, j'ignorais Eugène Pottier, il y a quinze jours seulement.

Des amis, ses anciens compagnons d'exil, me répétaient que c'était un admirable chansonnier, d'une grandeur et d'une pureté de style qu'on essayerait en vain d'extraire des flacons d'orgeat que Béranger a servis pendant vingt-cinq ans à ses contemporains; je refusais de me rendre et même de m'éclairer. Je disais : « S'il est si fort que cela, comment diable n'en ai-je jamais entendu parler ? » On m'a presque mis le volume sur la gorge. Je connais Pottier maintenant, et je suis obligé de faire amende honorable, et devant lui et devant le public, à qui c'est notre devoir de dire, en voyant passer un écrivain de race : « *Ecce homo !* »

Voici les strophes des *Buveurs de sang* :

Au citoyen Planteau, député du groupe ouvrier.

Buveurs de sang ! c'est le nom qu'on nous donne
Quand nous montrons pour but l'égalité.
Buveurs de sang, ceux-là qu'on emprisonne,
Ceux qu'on fusille ! Est-ce un nom mérité ?
Riche aveuglé, vois, pour emplir ton verre,
Sous le pressoir un peuple agonisant.
L'or que tu bois, c'est le sang de ton frère :
Les buveurs d'or sont les buveurs de sang.

« Chacun pour soi ! » Le ciel est sans étoiles,
Le riche oisif, le marchand, l'escompteur,
L'usure enfin, hideuse tend ses toiles
Dans tous les coins où passe un producteur.
Fatalement prise par l'araignée,
Aux fils de glu qu'on nomme « tant pour cent ».
La mouche meurt d'une lente saignée...
Les buveurs d'or sont les buveurs de sang.

L'homme d'Etat sans sa cravate blanche,
Croit l'Océan remué sans sujet.

Sa soif de l'or, à pleine outre il l'étanche ;
Dans son fauteuil il cuve le budget ;
Ses traitements nourriraient un village,
Et quand la faim s'attroupe en maudissant,
Ah ! le *pauvre homme !* il a peur du pillage...
Les buveurs d'or sont les buveurs de sang.

L'esprit du temps nous fait des bras de fonte
Pour centupler les travaux créateurs,
Production, vainement ton flot monte,
Ceux qui n'ont rien sont-ils consommateurs ?
Le capital exploite la machine,
L'ouvrier tombe à la lutte, impuissant,
Les bras coupés par cette guillotine...
Les buveurs d'or sont les buveurs de sang.

Sondez l'enfer ; descendez dans la mine,
Les assassins du bagne ont l'air du ciel ;
Mais le mineur, pour un prix de famine,
Trouve en son puits un air pestilentiel.
Contre un tarif, pour peu qu'il se défende,
La troupe donne et la grève cessant,
Sur le massacre, on touche un dividende.
Les buveurs d'or sont les buveurs de sang.

Paris, juin 1848.

Jules Vallès a contribué un peu aussi à faire connaître Pottier, en lui publiant quelques chansons dans son journal, le *Cri du Peuple*. Voici ce qu'il écrivait sur notre chansonnier, le 29 novembre 1883.

« Celui-ci est un vieux camarade, un camarade des grands jours. Il était du temps de la Commune, il a été exilé comme le fut Hugo. Comme Hugo, il est poète aussi, mais poète inconnu, perdu dans l'ombre.

« Ses vers ne frappent point sur le bouclier d'Austerlitz ou le poitrail des cuirassiers de Waterloo ; ils ne s'envolent pas d'un coup d'aile sur la montagne où Olympia rêve et gémit. Ils ne se perchent ni sur la crinière des casques, ni sur la crête des nuées : ils restent dans la rue, la rue pauvre.

. . . .

« Celui dont je parle a travaillé et a souffert ; c'est pourquoi il a su peindre, avec une déchirante simplicité, la vie de peine et de labeur.

« Pottier, mon vieil ami, reste le poète de ce monde qui ne fait pas de tirades et se drape dans des guenilles pour tout de bon, et tu auras ouvert à la misère murée un horizon, et à la poésie populaire un champ nouveau. »

Maintenant que l'on connaît le poète, parlons de Pottier, dans sa vie prosaïque de meurt-de-faim. Elle ressemble à celle de la plupart des prolétaires des faubourgs, qui vivent d'un état manuel.

Eugène Pottier naquit à Paris. Son père était emballeur. Il exerça ce métier pendant ses années de jeunesse. Ses goûts artistiques le dégoûtèrent de ce travail. Il apprit à dessiner, se fit dessinateur sur étoffe et devint bientôt un des ouvriers les plus habiles en ce genre. Des idées de liberté et de socialisme germèrent alors dans sa tête. Il s'adonna à la poésie pour mieux les émettre ; et, leur donnant la forme voulue de la chanson, il les jetait dans le public ; puis, pour joindre la pratique à la théorie, il devint un des principaux fondateurs de la chambre syndicale des dessinateurs sur étoffe et en même temps il s'affiliait à l'Internationale.

A la Révolution de Février, il fit le coup de feu aux barricades. Dès lors, l'homme politique s'affirma en lui ; et quand le prince Louis-Napoléon étrangla la République, dont la bêtise humaine l'avait nommé le président, il resta avec les vaincus. Le crime de Décembre, au lieu de l'abattre, l'exalta, et, ne pouvant plus protester par le fusil, il le remplaça par la plume. Le chansonnier prenait son essor. Il fut constamment militant ; son opposition au gouvernement autoritaire de Napoléon III dura autant que l'empire.

Le 20 juillet 1870, il est un des signataires du manifeste adressé aux socialistes allemands, afin de s'opposer à la guerre que la réaction impériale avait résolue pour rétablir son prestige envolé. On ne supposait pas la défaite, puisque l'Impératrice avait dit elle-même, à Saint-Cloud : « C'est ma guerre ! » On croyait donc être victorieux !

Après Sedan, Eugène Pottier, resté dans Paris, déploya une ardeur fiévreuse pour la défense de la capitale. Il fut élu adjudant au 181e bataillon de la garde nationale. Il assista à la bataille de Champigny et fut désigné comme délégué au comité central, dont il devint bientôt un des membres les plus influents. Il profitait des événements pour faire marcher de pair avec eux ses idées favorites de socialisme.

Le 26 mars, il signa l'affiche de la chambre fédérale des associations ouvrières, pour la nomination de la Commune. Il n'en devint membre qu'aux élections complémentaires d'avril. Il se présentait dans le deuxième arrondissement ; il obtint 3,352 voix sur 3,600 votants. Il fut élu.

Pendant toute la période communaliste, il n'eut qu'une préoccupation constante : l'amour du pauvre et l'émanciption du travailleur. Ses votes en sont la preuve. Il adhéra aux décrets sur la conscription, sur les loyers, le Mont-de-Piété et la formation d'un comité du Salut public. Pendant toute la lutte, il s'employa au triomphe de ses idées, aussi bien comme homme d'étude que comme soldat de la rue.

Lorsque les troupes de Versailles envahirent Paris, Eugène Pottier se mit derrière les barricades et se battit en désespéré jusqu'au dénouement fatal. Il eut la chance de ne pas perdre la vie dans le massacre général que M. Thiers fit des défenseurs de la capitale. Il parvint à s'échapper et se réfugia en Amérique, où il resta jusqu'à la proclamation de l'amnistie.

En rentrant à Paris, il était tout aussi socialiste qu'à son départ, puisque sa vie entière était consacrée à la cause sociale. Auguste Blanqui était son chef de file.

Il faut lire le sonnet qu'il écrivit sur la mort de l'illustre socialiste :

La chambre mortuaire était au quatrième ;
Et la foule, à pas lents, gravissait l'escalier :
Le Paris du travail, en blouse d'atelier,
Des femmes, des enfants ; plus d'un visage blême.

Ce grand deuil prévalait sur le soin journalier
Du pain de la famille ; il eut, trois jours, la même
Affluence d'amis pour cet adieu suprême.
— Moi, j'attendais mon tour, rêvant sur le palier.

> Ce cœur qui ne bat plus, battait pour une idée :
> L'égalité !... Gens sourds ! Terre, esclave ridée
> Qui tournes dans ta cage ainsi que l'écureuil,
>
> A présent qu'il est mort, tu l'entendras... peut-être !
> Ce combattant, passant de la geôle au cercueil,
> Du fond de son silence, il dit : « Ni Dieu, ni maître ! »
>
> 4 janvier 1881.

Eugène Pottier est mort dans son humble logement, 2, rue de Chartres, au coin du boulevard de la Chapelle, le 7 novembre 1887. Tous ses anciens collègues de la Commune étaient à ses obsèques, accompagnés de quinze cents révolutionnaires. MM. Vaillant, Viard, Chabert, Ernest Roche et Fournière prononcèrent des discours sur la tombe de ce grand poète des déshérités.

Des manifestations socialistes ont eu lieu en 1888 sur sa tombe, au Père-Lachaise, à la date anniversaire de sa mort. Cette manifestation touchante s'est accomplie dans l'ordre le plus parfait, avec le calme et la dignité qui convenaient au caractère de l'homme auquel on était venu rendre hommage.

ÉDOUARD HACHIN

Georges-Édouard Hachin est président d'honneur de la *Lice Chansonnière*.

Il est né à Arras le 20 mai 1808. Son père était un très honnête homme, qui enseignait le grec et le latin aux jeunes gens qui lui étaient confiés, mais qui négligea l'instruction de ses propres enfants. Édouard Hachin, jeune, actif, intelligent, suppléa à cette lacune pédagogique par un travail personnel et la méditation. En sentant qu'il ne savait rien, il voulut savoir et il apprit. Doué des plus précieuses qualités, il les développa par son assiduité à s'instruire, et c'est ainsi qu'il arriva au bien-être de la vie et à l'honneur de figurer parmi la pléïade si restreinte de nos remarquables chansonniers.

« Il vint à Paris en 1822, là — comme nous le dit un de ses biographes — M. Lecomte, il apprit le métier de fabricant d'instruments de mathématiques, qu'il abandonna pour l'ornement militaire ; finalement il devint spécialiste dans la fabrication des porte-mousquetons. Pendant de longues années, Édouard Hachin dirigea, rue de Braque, un modeste établissement, cherchant le progrès, améliorant les instruments de son travail. Il se signala principalement par l'invention d'un tour à percer, à conscience mobile, dont l'industrie tira grand parti. »

En dehors de son travail manuel quotidien, Édouard Hachin cultiva son esprit. Il employait à des lectures sérieuses une partie de ses nuits. Ayant un caractère gai, ouvert, il aimait à rire et à chanter. L'amour des chansons lui venant, il étudia la prosodie française et se mit à rimer. A cette époque, avant 1830, il était à bonne école : Béranger, Debraux et Désaugiers brillaient dans toute leur gloire.

Après la révolution de Juillet, Émile Debraux

et Charles Lepage eurent l'idée de fonder une nouvelle société chantante; mais Debraux mourut, et Charles Lepage en réalisa l'idée, en lui donnant le nom de *Lice Chansonnière*.

Les membres de cette société populaire se réunissaient une fois par semaine et recevaient des visiteurs. Chacun avait le droit de fumer, boire et chanter. Ce triple plaisir amena chaque jeudi une nombreuse réunion dans la salle consacrée aux séances. — C'était un salon convenablement décoré, à ce que nous dit la préface du premier volume des chansons de la *Lice*, où l'on remarquait des étendards nationaux, symbole du patriotisme qui animait les habitués. Un buste du roi Louis-Philippe Ier leur rappelait le respect qu'ils devaient au chef de l'État. Un bureau était occupé par les dignitaires de la société, au milieu desquels on dtstinguait le président, chargé spécialement du maintien de l'ordre; aussi le silence régnait-il en despote pendant toute la durée des chants. Le maillet du président ou un sévère rappel à l'ordre, obligeait l'interrupteur à se souvenir qu'il n'était venu que pour écouter et être écouté : tel était l'aspect toujours riant, des soirées primitives de la *Lice Chansonnière*.

Édouard Hachin, qui alors était dans sa vingt-troisième année, avait déjà à son actif de joyeuses chansons égrillardes, qui rappelaient la manière de Piron, parmi lesquelles nous citerons : *Mon Rêve, Javotte, Gertrude, Mon Taudis*. Cette dernière chanson lui valut un premier prix dans un concours de la *Lice*.

Notre chansonnier devint donc membre de cette

société, et il eut pour collègues : Blondel, Cabassol Chanu, Alexis Dalès, Festeau, Germain, Jest, Charles Lepage, Louvet, Morisset, Armand Vigier et quelques autres dont les noms nous échappent. Il était donc en bonne compagnie, car tous ceux que nous venons de nommer ont fait honneur à la chanson.

Voici comment Édouard Hachin nous indique dans sa spirituelle chanson, intitulée : les *Voyages de la Lice*, faite en 1881, l'endroit où fut fondée la *Lice Chansonnière* en 1831.

Air : *Su'l'port avec Manon z'un jour* (Blaise).

  Un jour, à la halle au poisson,
  Lepage dit à la chanson :
  « Entre chez Louche et sois la *Lice*. »
  Comme Louche était un traiteur,
  Elle entra, de très belle humeur,
    Chanta, fit du bruit,
    Tellement, que l'on dit
  Que ça déplaisait à la police.

Et elle fut obligée de déguerpir, menacée par l'autorité, et se réfugia, en 1832, rue Royale-Saint-Martin, aujourd'hui rue Réaumur, où elle resta jusqu'en 1835.

  Elle flânait fort volontiers :
  Lorsque, près des Arts-et-Métiers,
  Elle vit un local propice :
  Chez le marchand de vins Macré,
  Le liquide étant à son gré,
    Elle eut tant d'entrain,
    Qu'on lui dit que ce train
  Déplaisait encore à la police.

Et en 1835, elle fut encore expulsée de ce nouveau cénacle ; ses idées libérales ou plutôt républicaines attiraient de plus en plus sur elle l'œil de M. le préfet de police. Enfin, comme Hachin nous le dit dans sa chanson, elle fit, de 1831 à 1881, neuf ou dix déménagements.

De 1835 à 1836.

Dans la ruelle Frépillon,
La Pipe (1) avait un grand salon
Qu'on mit alors à son service ;
Quand je ne sais plus qui, ma foi ! (2)
Un beau jour tira sur le roi ;
    Et ce coup de feu
    La fit pleurer si peu,
Qu'on s'en indignait à la police.

De 1836 à 1837.

Sous ce règne peu restaurant,
La Lice, comme un chien errant,
Manquait de gîte et de saucisse.
Le plus imprudent pourvoyeur
Ne lui disait qu'avec frayeur :
    « Bois, mange et, surtout
    « Ne chante pas beaucoup ;
« Ça réveillerait la police ! »

De 1837 à 1841.

Pourtant un jour au Capucin (3)
Par un jour calme, notre essaim
Promet d'être sage et se glisse ;

(1) *La Pipe*, société chantante, rue Frépillon, maintenant rue Volta (démolie).
(2) Alibaud.
(3) Le café du *Capucin*, boulevard du Temple, 26.

Mais l'un de nous, affreux vaurien (1)
Plaisante le roi-citoyen
  Et notre préfet,
  Apprenant ce forfait,
Nous fait balayer par la police !

De 1841 à 1846.

Nous fuyons faubourg Saint-Denis (2)
Chez un chanteur de nos amis,
Auquel vint un joyeux caprice ;
Il mit sous son autorité
Un quart de la société
  Et puis, sans remords,
  Tout le reste dehors,
C'était plus raide que la police.

De 1846 à 1852.

La Lice au faubourg Saint-Martin (3)
Entre et prédit le tour coquin
De Badingue et de son complice :
Lors, deux agents au père Hachin
Disent d'un ton fort peu badin :
  « Suspends tes flons-flons,
  » Sans ça nous t'emballons
» Pour la Préfecture de police. »

De 1852 à 1856.

Nous allons, près de Ramponneau (4)
Chez un traiteur de qui le veau
N'allait pas longtemps en nourrice !
Là, le vin, reconnu très pur,

---

(1) L'auteur.
(2) Au café du *Jardinet*.
(3) Au café de Charleville.
(4) Restaurant de *l'Amitié*, rue des Accacias, 11, maintenant rue d'Orsel.

Sur nous faisant un effet sûr,
De chez ce marchand,
Nous sortions en cherchant
Un coin loin des yeux de la police.

De 1856 à 1881.

Enfin, chers amis, nous voici
Depuis un quart de siècle ici (1).
Quoiqu'il advienne, vieille Lice !
Distille pour l'humanité
Le philtre sain de la gaieté
Et sème en chemin
L'esprit républicain !
Enfin, cela plaît à la police !

Aujourd'hui, en l'an de grâce 1889, après avoir été chez Richard, elle a élu domicile dans les salons du restaurateur Philippe, galerie de Valois, au Palais-Royal. Ses banquets ont lieu le premier mercredi de chaque mois à sept heures du soir.

Le *Caveau* et la société des *Dîners du Vaudeville*, n'ont jamais eu à subir, comme la *Lice Chansonnière* les tracasseries de la police ; leurs convives étaient royalistes. C'est ce qui explique la disparition du *deuxième Caveau* à l'avènement de la Révolution de 1789.

Les *Dîners du Vaudeville* remplacèrent alors, en 1796, le *Caveau* disparu. Bonaparte — dit Ourry — trouva parmi ses membres des Tyrtées pour célébrer ses premières victoires.

Le *Caveau* ressuscita en 1806 (c'est le TROISIÈME *Caveau*, notons-le). — Le *Caveau*, disons-le en pas-

(1) *Aux Vendanges de Bourgogne*, rue de Jessaint, 14.

sant, est comme le couteau de Jeannot, qui a changé trois fois de lame et deux fois de manche, mais c'est toujours le même couteau.

A la première rentrée des Bourbons, M. Rougemont, membre du *Caveau*, fit une chanson intitulée : *Vive Bourbon!* — M. Ourry célébra les *Lys*. — M. Gentil jura *amour au trône légitime;* sa chanson a pour titre : *A mes camarades de la garde nationale*, et elle est signée : Gentil, *officier des chasseurs de la dixième légion*. — M. Antignac appelle Louis XVIII *le vrai roi de France*. — M. Capelle dit :

> Que jamais empire en guerre
> Ne valut royaume en paix!

Ces vers se trouvent dans sa chanson intitulée : *A propos sur le rétablissement du trône des Bourbons en France*.

Eh! ma foi! ce bon libraire-chansonnier avait bien raison de dire cela, car en 1815 le peuple français, c'est-à-dire tout le monde, commençait à en avoir assez de la gloire du *grrrand Napoléon*.

Nous nous sommes permis cette digression à l'étude que nous faisons sur Edouard Hachin, parce que pour nous il représente mieux que tout autre la *Lice Chansonnière* qu'il a vue au berceau, et c'est pour bien faire comprendre que le *Caveau* avait pu toujours vivre dans une complète quiétude, n'étant pas une société de libre pensée, de libéralisme ou d'opposition. Quoique fondée pour la dernière fois en 1837, elle date de 1835, car cette société chantante s'appelait avant les *Enfants du Caveau*, et c'est par une décision du comité, en date du 28 décembre 1837, qu'elle ne s'appelle plus que le *Caveau*. La *Lice Chansonnière* est donc son aînée de six ans (1831).

Ce qui différencie la *Lice* du *Caveau*, c'est qu'elle a combattu la royauté de Juillet aussi bien que le second empire ; elle a toujours été une société lyrique de combat et de progrès. Elle s'est efforcée d'être utile en amusant. Elle n'a jamais limité ses accents à la *chanson-goguette*. Elle donne à ses chants l'envergure des chansons de Béranger. Elle en prend autant qu'elle peut le fond et la forme.

A preuve de ce que nous venons de dire, c'est que la première chanson d'Edouard Hachin à la *Lice*, en 1831, intitulée *Mon Rêve*, touche à la politique.

Air *Du roi d'Yvetot*.

Ayant sablé certaine nuit,
    Maints flacons de piquette,
Je m'endormis dans mon réduit
    En travers la couchette.
Le vin qui troublait mon cerveau,
Me fit voir un règne nouveau,
    Très beau.
Ho, ho, ho, ho, ha, ha, ha, ha,
Que diable allais-je rêver là ?
    La, la.

Les hommes, sous la royauté,
    Vivaient exempts de peines,
Et, plus joyeux qu'en liberté,
    Traînaient gaiement leurs chaînes ;
J'en vis pourtant qui, presque fous,
Voulaient dégager des licous
    Leurs cous.
Ho, ho, ho, etc.

Quoique vengeant ses droits blessés,
　　Le pouvoir sous les armes
Ne châtiait les insensés
　　Qu'en répandant des larmes ;
Et pour mieux appuyer ses droits,
Il invoquait toujours les lois
　　　　Trois fois.

Ho, ho, ho, etc.

Debout sur les sanglants débris
　　De la guerre civile,
Aucun ne réclamait le prix
　　D'un dévouement servile ;
Sur les morts d'attristés vainqueurs
Jetaient, en les mouillant de pleurs,
　　　　Des fleurs.

Ho, ho, ho, etc.

On n'arrachait pas des maisons
　　Les prisonniers par bandes,
On démolissait des prisons :
　　Toutes étaient trop grandes...
Des grâciés allaient gaiement
Baiser les mains d'un roi vraiment
　　　　Clément.

Ho, ho, ho, etc.

Pour comble de félicité,
　　Dans cet aimable songe,
Je n'ai pas vu la vérité
　　Faire place au mensonge,
Car pour trouver des malfaiteurs,
On n'avait point de délateurs
　　　　Menteurs.

Ho, ho, ho, etc.

Edouard Hachin fait aussi à ravir ce que nous

appellerons la gauloiserie fine et spirituelle. Dans cette catégorie nous placerons *Javotte*, *Gertrude* et *Ma Lison*, qui commencèrent sa réputation de chansonnier.

Voici la chanson de *Javotte*, que bien des gens fredonnent encore :

Air : *C'est la comète*.

Je commence à bien pénétrer
Tous les secrets de ma voisine.
Quand chez elle je vois entrer
Certains fripons à la sourdine,
    Je dis d'un ton grivois

    Allons, Javotte,
    Frippe ta cotte;
  Je dis d'un ton grivois :
Frippe ta cotte encore une fois.

Epions encore avec soin
Les mystères de sa chambrette.
Bon ! j'y vois l'épicier du coin;
Il chiffonne sa collerette,
    Il en paiera l'empois.

    Allons, Javotte, etc.

Il sort. Un autre ! c'est trop fort,
C'est le vieux cordonnier Grégoire.
Ils vont tous deux tomber d'accord
Pour l'acquit d'un certain mémoire
    Quoiqu'il sente la poix.

    Allons, Javotte, etc.

Ce vieux bijoutier colporteur,
Digne sectateur de Moïse,
A ses yeux pour charmer son cœur,

Vient étaler sa marchandise.
Il offre tout au choix.

    Allons, Javotte, etc.

Comme il a bien choisi son jour,
Ce petit clerc de la basoche!
Avant de peindre son amour,
Il frappe gaiement sur sa poche :
    C'est le premier du mois.

    Allons Javotte, etc.

Ce monsieur souvent rebuté
Enfin pénètre dans sa chambre,
Toujours éconduit en été,
On ne l'y reçoit qu'en décembre :
    C'est un marchand de bois.

    Allons, Javotte, etc.

Un quidam qu'elle sut gruger
Donne l'éveil au commissaire ;
Ce magistrat vient pour juger
S'il doit donner suite à l'affaire.
    Pour adoucir les lois,

    Allons Javotte,
      Frippe ta cotte ;
    Pour adoucir les lois,
Frippe ta cotte encore une fois.

Edouard Hachin ne fait pas que des chansons légères et égrillardes. Le *Jeune malade* est une tendre élégie, et les vers sur la mort du brave et vertueux Lafayette, un chant patriotique. Il a à sa lyre toutes les cordes de la chanson et avec cela, c'est un franc républicain et un anti-clérical inébranlable. L'Église s'est si bien conduite avec lui dans son enfance, qu'aujourd'hui octogénaire il ne lui a pas pardonné ; et quand la conversation tombe sur ce sujet, il vous dit très tranquillement et d'une voix assurée et ferme : « Oh! l'Église est une abominable chose! » Mais revenons à ses chansons qui portent crânement la gaieté et la fierté de sa belle et bonne nature. Edouard Hachin est quelqu'un, et il n'a besoin de personne pour bien tenir sa place parmi les hommes d'esprit et de raison.

Parmi ses nombreuses chansons, nous citerons : les *Cousins d'cheux nous*, le *Retour du sergent*, *Un homme d'esprit*, le *Joueur de flageolet*, *Ma Toilette en 1830*, la *Tribu des chansonniers*, le *Vin à bon marché*, le *Drapeau de la chanson*, les *Voyages de la Lice*, *Un dernier Gâteau des rois*, les *Vieux*, la *Chanson à Gugusse*, la *Poste au Carrousel*, le *Mari à Titine*, l'*Apprenti rentier*, le *Pierrot*, le *Revenant*, la *Limaille*, la *Tour Saint-Jacques*, etc.

Nous citerons, pour terminer, deux couplets de la *Tour Saint-Jacques*, dont la musique est de Darcier :

> De quelques exploits amoureux
>   Notre esprit se rappelle,
> Mais c'est toujours au moins heureux
>   Que le cœur est fidèle!
> A celle qu'on ne peut avoir
>   On garde une tendresse,
> Comme je fais depuis un soir
>   De ma pauvre jeunesse.
> Ce soir-là j'avais pour l'amour
>   Mis mes habits de Pâques,
> Car une fille faite au tour,

Devait aller m'attendre autour,
  Tout au tour, de la tour
    Saint-Jacques.

« Vous avez sans doute un métier ?
  Dit ma jeune conquête.
— Oui, dis-je, je suis ouvrier,
  Ma famille est honnête !
« Je vous prenais pour un commis,
  Me dit alors ma belle ;
Pourquoi n'êtes-vous pas mieux mis ?
  Adieu, monsieur, dit-elle... »
Soyez donc fier de votre amour,
  De vos habits de Pâques,
Pour que la fin d'un si beau jour
Vous trouve là pleurant autour
  Tout autour, de la tour
    Saint-Jacques.

Edouard Hachin, malgré ses quatre-vingts ans, chante encore une chanson nouvelle à chaque banquet de la *Lice*. Il est resté vif, alerte et spirituel. Il ne s'est jamais senti vieillir, l'heureux homme !

C'est vous dire qu'il rit, chante et boit comme un véritable chansonnier de la vieille école... qui est la bonne !

ALEXANDRE FLAN

Alexandre Flan est Parisien. Il était né rue Saint-Honoré en 1824. Ses parents étaient dans le commerce, ils tenaient un grand magasin de cristaux et de porcelaine. Dès l'âge de onze ans, Alexandre Flan fut mis au collège où il fit d'excellentes études. Il était studieux et travaillait avec la plus grande facilité. Il était de ces élèves qui accaparent tous les premiers prix de leur classe à la fin de l'année.

Son père, comme la plupart des pères, avait, dans son esprit, disposé de l'avenir de son fils : il s'était dit : Alexandre sera avocat, et la vocation fit de l'enfant un vaudevilliste amusant et un spirituel chansonnier.

Il fit ses débuts dans l'art dramatique, aux petits théâtres du boulevard du Temple, ayant pour amis et collaborateurs : Guénée, Paul Avenel, Ernest Blum et Amédée de Jallais.

Sa grande facilité de travail le porta à faire des œuvres de circonstance, légères et fugitives. Son œuvre se compose principalement de revues de fin d'année, montées avec un luxe de décors et une escouade de jeunes et jolies femmes. Il tournait à merveille les couplets et les rondeaux, qui foisonnent dans ce genre de pièces et en font tout le succès. Parmi son bagage théâtral, nous citerons en première ligne, ses revues ayant pour titre: *Lâchez tout! Zut au berger*, et *Bu qui s'avance*, qui eurent chacune plus de cent représentations. Nous ne parlerons pas des cinquante vaudevilles qu'il fit avec divers collaborateurs; nous ne devons ici, que nous occuper seulement du chansonnier et non de l'auteur dramatique.

Alexandre Flan était apte à tous les genres de pièces, comme il était apte à tous les genres de chansons; son esprit obéissait facilement à sa volonté et sans fatigue se pliait à tout. Il entra au Caveau en 1864 comme membre titulaire et en fut nommé le président en 1867. On ne pouvait faire un meilleur choix; il était bon, indulgent, et sans être un ardent républicain, il admettait la République plutôt que l'empire, et le royalisme du Caveau ne l'offusquait pas. Ce qui ne l'empêcha pas de fonder, avec F. Polo, le journal l'*Eclipse*. Ses articles, dans cette feuille, étaient généralement signés de pseudonymes : *Adrien Leullier* et *Justin Langlois*.

En 1868, il devint le rédacteur en chef de la *Chanson illustrée* dont le gérant était F. Polo. Cette publication eut un grand succès. Nous y retrouvons encore des articles avec ses pseudonymes; il tenait l'emploi de l'homme-orchestre dans la rédaction; à lui seul, il jouait de tous les instruments. Ainsi, *Veuillot chansonnier*, le *Franc-Boisy prussien* sont sous la signature de Justin Langlois; l'*Avenir du piano* sous le nom d'Adrien Leullier, et *Horrible histoire!!! Le Cigare d'un sou* sont signés Alexandre Flan.

Ce que nous en disons n'est pas pour le critiquer, c'est seulement pour montrer la diversité et la flexibilité de son esprit.

Alexandre Flan était d'un commerce agréable, bon et très obligeant. L'envie n'était jamais entrée dans son âme, ni la jalousie dans son cœur. Il voyait le succès d'un camarade sans en dire du mal, ce qui est rare dans ce qu'on est convenu d'appeler la grande famille dramatique.

Nous citerons, parmi ses œuvres, la chanson

intitulée : *Le Cure-dent du colonel ;* il l'avait composée quelques semaines seulement avant sa mort tragique.

LE CURE-DENT DU COLONEL

Air : *Allez-vous-en gens de la noce.*

Un zouzou m'a conté naguère
Qu'en Algérie il avait eu
Un colonel né pour la guerre,
Qui s'était toujours bien battu ;
Un matin, qu'en pleine équipée
Ses soldats partaient pour le Tell,
Pour le désert sempiternel,
Ils baptisèrent son épée :
Le cure-dent du colonel.

Cette expression pittoresque
Etait juste ; car, en avant,
Contre la plèbe arbi-mauresque,
Pour entraîner son régiment,
Il lançait son coursier farouche,
L'épée aux dents, les yeux au ciel ;
Et dans cet instant solennel,
On voyait briller à sa bouche
Le cure-dent du colonel.

Electrisé par tant d'audace,
Le zouave emboîtait au galop
Ce guerrier de vaillante race
Dont la victoire était le lot ;
Pour déterrer de ses cachettes
L'Arbi, son ennemi mortel,
Le zouzou, blagueur éternel,
Disait : « Marions-nos fourchettes
Au cure-dent du colonel. »

Mais l'âge vint... plus de conquêtes :
Adieu, rêves d'ambition !
On vous le mit à la retraite :
Bien mince était sa pension...
Il sentit son grand cœur se fendre,
Son visage resta tel quel ;
Mais, pour payer son pauvre hôtel,
Chez l'armurier il fallut vendre
Le cure-dent du colonel.

On écrirait tout un poème,
Tout un long drame rien qu'avec
Ses privations à l'extrême,
Ses tristes repas de pain sec ;
Disons sans en faire un volume :
« Pour qu'on crût au dîner réel,
« Suivi d'un verre de Lunel,
« Il mâchonnait un bout de plume...
« Le cure-dent du colonel.

Ce cure-dent entre ses lèvres,
Disait : « Ouf ! que j'ai bien dîné ! »
Et le vieux brave avait les fièvres,
A force, hélas ! d'avoir jeûné.
Bref, un beau matin, sur la pierre
De la Morgue — c'est textuel —
On le coucha, vers la Noël...
— Qui sut qu'on pouvait sur ta bière
Mettre une épée, ô colonel ?

Enfin, nous arrivons à cette lugubre époque, où l'empereur Napoléon III, faisait crier sur les boulevards : *A Berlin, à Berlin !* Le plébiscite avait eu lieu et donnait soi-disant la volonté de la France. Les troupes, accompagnées de leurs mitrailleuses redoutables, traversèrent Paris. Ces engins de guerre étaient enveloppés d'un étui en cuir qui ne permettait pas au public d'en voir la construction. Ils devaient faire *mordre la poussière* à toute l'armée allemande. C'est avec de pareilles plaisanteries qu'on abusait de la crédulité des masses.

Alexandre Flan assistait au défilé des troupes, et il les considérait avec assez d'indifférence, mais cependant il souhaitait de les voir revenir chargées *de lauriers*. Il ne se doutait pas, le malheureux, que dès ce moment ses heures de vie étaient comptées. Il ne se doutait pas qu'il allait devenir la victime de cette guerre insensée que le dernier des Napoléon venait d'entreprendre.

Alexandre Flan possédait, à Neuilly, une petite maison qu'il avait achetée avec ses économies et même qu'il n'avait pas encore fini de payer; il n'avait plus qu'une échéance à acquitter pour être tout à fait propriétaire de l'immeuble. Il était si content de se voir chez lui, de pouvoir recevoir ses amis chez lui !... il avait tant travaillé pour arriver à ce résultat et il en était si heureux !

Dans cette maison modeste, il avait rassemblé tout ce qui lui était cher, tout ce qu'il aimait, enfin tout ce que son cœur d'artiste rêvait. Ah ! c'est que ses livres, ses bibelots, ses tableaux, ses meubles étaient pour lui des amis intimes qui faisaient partie intégrante de son existence. Il ne demandait à Dieu que la tranquillité et la santé pour augmenter avec le temps ses joies d'homme laborieux.

Un jour, vers la fin de la semaine qui suivit la catastrophe irréparable du 4 Septembre, un chef du génie de l'armée de Paris vint lui dire que sa maison se trouvant dans la zone militaire devait disparaître. Elle nuisait à la défense de la capitale. Cela frappa Alexandre Flan comme un coup de foudre... il fut atterré... Déménager... fuir... abandonner ce charmant réduit qu'il aimait tant?... Il ne dormit pas de la nuit... ne croyant pas cependant que ce qu'on lui avait dit fût possible !...

Le lendemain, dans l'après-midi, le chef du génie revint, avec ses hommes, et dit à Alexandre Flan : « Monsieur, je vous avais prié de déménager : vous n'en avez rien fait, tant pis pour vous. Je vais raser votre maison. »

Alors le pauvre garçon fit à la hâte des paquets de ses habits, de son linge, et enveloppa divers objets dans ses draps de lit fit porter le tout sur le bord de la route en attendant qu'il eût une voiture pour le transport à Paris.

Aussitôt les hommes du génie militaire se mirent à l'œuvre. La maison fut minée et avec quelques kilos de poudre on la fit sauter.

A ce spectacle, le malheureux Flan porta la main à sa poitrine, comme s'il eût reçu le coup de la mort; il était pâle, la figure contractée et il pleurait.

Il rentra à Paris vers la fin du jour et alla s'installer dans une chambre d'hôtel garni, rue de Hanovre.

Quand il fut seul, on peut se faire une idée du profond désespoir qui l'assaillit. Le malheur qui lui arrivait lui parut irréparable.

Il ne se coucha pas.

Le lendemain matin, le maître d'hôtel ne le

voyant pas paraître, monta chez lui. Il le trouva mort, étendu sur la descente du lit.

Il s'était percé le cœur d'un coup de poignard.
— C'était le 15 septembre 1870.

MARC-CONSTANTIN

Le chansonnier Marc-Constantin est né à Bordeaux, le 12 décembre 1810. Il cultiva principalement le genre sentimental de la romance. Il eut une grande vogue dans les salons bourgeois du règne de Louis-Philippe, y ayant droit de cité avec la collaboration des compositeurs de musique : F. Masini, Abadie, Nargeot, Clapisson, Laurent de Rillé, Marquerie, Parizot, Félicien David et Olivier Métra. Il fit aussi la musique d'un grand nombre de ses chansons, car il était excellent musicien.

C'était un homme de belle stature, affable et bon. Il tenait haut le corps et la tête droite avec le flegme d'un Anglais distingué. Sous cette allure britannique se cachaient toutes les plaisanteries d'un esprit fin et caustique. Sa figure, belle et régulière, était ornée de longs favoris blonds, ce qui le rapprochait encore plus des habitants des bords de la Tamise. Avec un pareil physique, on ne sera pas étonné de m'entendre dire que ce grand et aimable Marc-Constantin était un blagueur à froid : et il lui arrivait quelquefois de jouer le rôle de mystificateur. Il aimait assez embarrasser les gens par des anecdotes ou des questions que lui apportait son esprit original, et que dissimulait parfaitement l'impassibilité de son visage. Pour bien l'apprécier, il fallait le bien connaître.

Marc-Constantin s'était fait lui-même ce qu'il était, car il n'avait pas reçu une grande instruction dans la cité bordelaise. A l'âge de seize ans, il s'était embarqué, séduit sans doute par la poésie houleuse de la mer, et emporté par les jeunes rêves de son imagination. Mais la vie maritime ne tarda pas à lui déplaire, il fit quelques voyages au long cours et revint dans sa ville natale. Il dit adieu alors pour toujours à la mer avec ses beautés grandioses, ses bourrasques et ses naufrages. Le plancher des vaches lui allait mieux que le pont du navire à voiles sur lequel il avait expérimenté les plaisirs et les dangers de la mer.

Voulant marcher vers l'avenir par un nouveau sentier, il entra comme employé dans une maison de commerce, mais il y resta peu de temps. Son imagination rêveuse et artistique, trouva monotone la vie de l'employé. Il fallait à ses idées un milieu plus vaste et des relations plus conformes à sa nature poétique.

Il pensa à Paris. Il réunit les chansons et autres œuvres littéraires qu'il avait déjà faites vers sa vingtième année, et, l'âme pleine d'illusions et de courage, il débarqua un jour dans la capitale.

La bienveillance avec laquelle il fut accueilli par quelques-uns de ses compatriotes devenus parisiens et la fréquentation d'artistes de talent le déterminèrent à consacrer sa vie à la carrière littéraire. Il eut des succès qui lui donnèrent plus de renommée que de bien être, mais il ne se plaignit pas, il vécut pauvrement pendant des années, acceptant avec philosophie la petite place que lui donnait son talent. La chanson n'a jamais nourri le chansonnier à moins qu'on ne soit un Béranger et que des événements propices secondent le travail et l'inspiration. Il fit un certain nombre de pièces de théâtre dont l'une, en vers, eut l'honneur d'être représentée sur la scène du second Théâtre-Français, autrement dit l'Odéon.

Enfin, un bon ange, sous les traits de M. Millaud, banquier, auteur dramatique et journaliste, lui tendit la main en sa qualité de Bordelais. Il le prit comme rédacteur au *Petit Journal*, dont il était le fondateur. A partir de ce jour, notre poète eut l'avenir assuré, et il y resta, estimé et aimé de tous, jusqu'à sa mort.

Il fit près de quinze cents chansons qui ne furent jamais réunies en volume. Parmi ses grands succès, nous citerons : *Jeanne, Jeannette et Jeanneton*, dont le refrain fut si populaire. Les amis de la chanson s'en souviennent toujours :

> Et j'aurai de cette façon :
> Jeanne, Jeannette et Jeanneton.

Il fit aussi les paroles de la *Valse des roses*, d'Olivier Métra.

Il ne se contenta pas d'écrire des romances langoureuses, il fit aussi des couplets dramatiques. Qui ne se souvient de celui-ci :

> Sois écossais, comme ton père !
> Ne reviens pas ou sois vainqueur.

Comme il était compositeur de musique lui-même, il fit beaucoup des airs de ses nombreuses élucubrations poétiques :

Voici les titres de quelques-unes de ses chansons : *Sous les regards de Dieu*, le *Petit mousse d'or*, *Dans mes forêts sauvages*, le *Verbe aimer!* *Une Gaillarde*, *A bord!* *Aimé pour moi-même*, *Attisez le feu*, l'*Auvergnat au Harem*, *C'est toi que j'ai choisie*, le *Charbonnier* (musique de Nargeot), les *Deux Corsaires* (Clapisson), les *Deux vieux Faublas* (L. de Rillé), le *Dompteur d'animaux* (Marquerie), les *Fées du jardin Mabille* (Victor Parizot), la *Foi, l'Espérance et l'Amour!* la *Javanaise*, *J'en suis toqué!* les *Jolis glous glous*, *Latulipe et Falempin*, le *Lion de Blidah*, *Madelon Friquet*, *Mahomet ne le saura pas*, *Mon Aimée* (Félicien David), *Maître Marcel le philosophe*, le *Pasteur Béarnais*, l'*Océan* (F. David), *Suzanne au Bain*, le *Vieux Silène*, *Volez petits oiseaux*, *Voyage autour du Monde du matelot Fil-en-quatre*, le *Yolof*, le *Marchand arabe*, la *Petite Vivandière*, les *Plaisirs du veuvage*, les *Regrets du veuvage*, la *Saison des beaux jours*, etc., etc.

On peut juger, par l'énumération de ses productions, de la diversité et de la souplesse de son talent, sans compter l'esprit dont il émaillait certains couplets.

Voici les *Roses*, valse, musique d'Olivier Métra (1) :

> Viens avec moi pour fêter le printemps,
> Nous cueillerons des lilas et des roses.
> Ne vois-tu pas que ces fleurs demi-closes
> Veulent briller sur ton front de vingt ans.

(1) Mort le 21 octobre 1889.

Ecoute, ô ma belle,
C'est l'oiseau fidèle
Qui chante toujours
Le retour des beaux jours :
Il dit que pour plaire,
On a sur la terre
Les fleurs pour charmer
Et le cœur pour aimer.

Viens avec moi, etc.

Aspirons leurs senteurs enivrantes,
On croirait que ces fleurs
Sont les roses, tes sœurs.
Entends-tu dans le bocage,
La fauvette au doux ramage,
Qui célèbre, en son langage,
Ta beauté qui m'a charmé?
Ah! ah! ah! ah! ah! ah! ah! ah! ah!
Entends-tu dans le bocage,
La fauvette au doux ramage,
Qui célèbre, en son langage,
Ta beauté qui m'a charmé?

Mon cœur bat d'ivresse,
Viens, ô viens, enchanteresse,
Car je t'aime, bien suprême!
Et veux vivre sous ta loi.
Vois mon cœur, il palpite d'ivresse.
Viens, ô viens, enchanteresse
Car je t'aime, bien suprême!
Et je meurs, je meurs sans toi.
Je meurs sans toi, mon bien suprême,
Je meurs sans toi!
Ah! ah! ah! ah!

Viens avec moi pour fêter le printemps,
Nous cueillerons des lilas et des roses,
Ne vois-tu pas que ces fleurs demi-closes

> Veulent briller sur ton front de vingt ans.
> Viens, je t'attends, viens, je t'attends!
> Ah! ah! ah! ah! ah! ah!
> Viens je t'attends, ah! viens,
> Ah! viens c'est le printemps,
> Je t'aime et je t'attends!

La charmante musique de cette délicieuse romance se trouve chez MM. Gérard et Cie, éditeurs.

Jusqu'à la dernière heure de ses soixante-dix-sept ans, Marc-Constantin conserva son activité, sa gaieté et l'originalité de son *humour*. C'était alors un beau et vigoureux vieillard qui portait à ravir ses cheveux et ses favoris blancs, il avait ainsi tout à fait l'air d'un élégant et correct *sportsman*.

Quand il habitait le n° 2 de la rue Fléchier, près de l'église de Notre-Dame de Lorette, il avait une cinquantaine de petits cadres, peu ou point dorés, qui tapissaient le papier à fleurs de son unique chambre. C'était son *musée*; c'est ainsi qu'il appelait cette collection artistique. Les sujets de ses tableaux, gravure ou peinture, étaient plus ou moins banals et sans grande valeur réelle, mais quand il donnait une soirée de garçon (il ne pensait pas à se marier alors), c'était d'un coup d'œil bien autrement ravissant : pour obtenir cette métamorphose, il se contentait de retourner ses cadres, qui, comme Janus, avaient deux faces; et alors on se trouvait dans un boudoir de Cythère. La plupart de ces dessins plus ou moins décolletés étaient des originaux dus au crayon de nos meilleurs dessinateurs, ses amis. C'était fort curieux à voir; aussi lui amenait-on quelquefois des visiteurs qui comme lui aimaient le culte de Vénus.

Marc-Constantin a été emporté très rapidement, à la suite d'une attaque d'apoplexie, le 27 janvier 1888. Il demeurait alors, rue Manuel, n° 2, à Paris.

CLAIRVILLE

Louis-François Nicolaïe naquit à Lyon le 28 janvier 1811.

Son père était entrepreneur de spectacle ambulant, et, pour courir la province à la tête de sa troupe, il avait pris le nom de *Clairville* pour ne pas être désagréable à sa famille. L'enfant hérita du pseudonyme du père et c'est sous le nom de Clairville qu'il accomplit sa carrière littéraire. Son œuvre dramatique est bien plus importante que son œuvre chansonnière, mais comme il a été, nombre de fois, président du Caveau, il peut figurer avec honneur parmi les chansonniers.

Clairville était un homme bien doué et, s'il avait reçu une instruction solide, il eût pu devenir un homme remarquable. Mais, hélas! il ne savait rien! A dix ans il montait sur les planches du théâtre du Luxembourg, c'est-à-dire qu'à partir de cet âge, l'école eut tort et le théâtre eut raison. Le développement de son intelligence eut pour envergure la largeur des coulisses. Il joua la comédie jusqu'à dix-neuf ans et, ayant conscience de son peu de talent comme acteur, il résolut de faire des pièces de théâtre.

Il avait tout ce qu'il faut pour ce genre de travail

en ce qui regarde les théâtres secondaires, bien entendu, car sa muse dramatique a toujours été de Bobino au Gymnase. Les pièces de genre, les vaudevilles d'à-propos, les revues de fin d'année composent son bagage dramatique.

Pendant toute sa vie, il eut un collaborateur inconnu, qui travaillait à ses pièces, mais qui ne les signait pas. Ce personnage muet était M. Miot — un employé d'un de nos grands ministères. Il était instruit, et servait de complément littéraire à son ami Clairville; il lui corrigeait ses fautes de français et d'orthographe. Quand une pièce avait été revue par lui, elle était nettoyée des solécismes, des barbarismes et des pataquès.

Miot touchait ses droits d'auteur; du reste, pour ceux qui ont fait du théâtre, en ce temps-là, l'existence de ce correcteur était connue. Clairville n'en faisait pas un mystère, car il avouait lui-même qu'il péchait par la base, l'instruction. C'est pour cela qu'il a écrit :

« J'ai lu mes grecs et mes latins
Chez les frères ignorantins. »

Il avait beaucoup d'imagination, beaucoup d'esprit de circonstance, il torturait les vers d'une façon habile pour faire ses couplets qui, sous sa plume, devenaient clairs, lucides et drôles. Voilà pourquoi ses revues avaient tant de succès.

Clairville ne fut pas toujours le réactionnaire de sa vieillesse. A vingt-quatre ans — c'est-à-dire en 1834 — il rimait les *Chants du peuple*.

Air des *Chevilles de Maître-Adam.*

On me disait : « Quel est votre délire !
Quoi ! des chansons ! encore des chansons !
Pauvre rêveur, d'une nouvelle lyre
Espérez-vous tirer de nouveaux sons ?
Ceux qui du siècle ont vu naître l'aurore
En prose, en vers, ont chanté ses exploits ! »
J'ai répondu : « Je puis chanter encore :
Les chants du peuple ont des airs pour ma voix. »

« Ah ! me disait un parti royaliste,
Voici le temps des efforts généreux ;
La tâche est noble : écris, brave, résiste ;
Chante un enfant proscrit et malheureux. »
J'ai répondu : « Partout quand il implore,
A mon respect le malheur a des droits ;
Mais seuls, ici, quand je fredonne encore,
Les chants du peuple ont des airs pour ma voix. »

Quand le travail du peuple use la sève,
C'est un couplet qui lui rend sa fierté.
Son cœur palpite et son front se relève
En écoutant un chant de liberté !
Répétons-les, ces refrains qu'il adore,
Le peuple y tient comme il tient à ses droits.
Chantés cent fois, on les réclame encore :
Les chants du peuple ont des airs pour ma voix.

On me disait : « Encor la politique.
Encor les rois, le trône et l'étranger !
Des chants d'amour, une muse bachique,
Après Collé, Piron et Béranger ! »
J'ai répondu : « Si pour leur voix sonore,
Des plus beaux vers ils ont fait l'heureux choix,
Un doux refrain peut égayer encore :
Les chants du peuple ont des airs pour ma voix. »

> A l'abandon sa pauvreté l'expose,
> On ne tient pas à qui ne tient à rien.
> Ah ! que ma voix du moins plaide sa cause
> Dieu, qui l'aimez, vous m'inspirerez bien !
> La vérité que le pouvoir ignore,
> N'arrive plus à l'oreille des rois ;
> Mais dans la rue on peut l'entendre encore :
> Les chants du peuple ont des airs pour ma voix.

En 1849, il ajoutait à cette chanson un *sixième* couplet qu'il faut connaître :

> Ainsi, jadis, jeune et rêvant la gloire,
> De liberté j'ai parlé sans effroi ;
> Mais en un jour d'émeute et de victoire,
> Pour son malheur, le peuple fut fait roi.
> Les doux refrains dont ma lyre s'honore
> Sont devenus tristes et maladroits ;
> Le peuple est roi ! Flatteurs, chantez encore :
> Ses nouveaux chants n'ont plus d'airs pour ma voix.

Etant devenu riche, il avait peur du peuple. Il redoutait le pillage de sa maison. Cette crainte l'a poursuivi jusqu'à sa mort.

Clairville écrit dans la préface de son volume de chansons : « J'aurais pu demander le succès de ce volume à l'esprit de parti, à la passion politique. *Le couplet frondeur est toujours bien venu chez nous.* Le moment était favorable ; la licence exclue de la presse eut sans doute été tolérée dans la chanson. Et, d'ailleurs, ceux qui se souviennent que j'ai fait représenter *la Propriété c'est le vol*, aux plus mauvais jours de notre dernière République, m'accorderont que le courage ne m'eût pas fait défaut. Mais j'ai dû m'abstenir *par devoir de conscience.* »

Notre chansonnier dit : « Le couplet frondeur est toujours bien venu chez nous. » Il est le bienvenu s'il fronde pour une bonne cause ; mais quand il s'attaque au savoir, à la science, ou au progrès, il est malvenu. Et la preuve, c'est la bordée de sifflets qui accueillit *la Propriété c'est le vol*, sur la scène du Vaudeville, alors place de la Bourse.

Les spectateurs aux idées libérales en voyant Proudhon reproduit sur la scène, furent écœurés de l'audace de l'auteur. M. Clairville ne savait sans doute pas que son ancêtre Aristophane avait été une des causes de la condamnation de Socrate, en venant le dénoncer et le vilipender sur le théâtre dans sa comédie des *Nuées*.

Socrate, le philosophe stoïque, était au-dessus de son ennemi.

Proudhon était plus près de Socrate que Clairville d'Aristophane, mais le danger de sa mauvaise action était le même.

On est sorti de cette représentation en disant : c'est une infamie, une ordure !

Et le lendemain, M. Charles Hiltbrunner, rédacteur d'un journal de théâtre, faisait cette épigramme :

> L'autre soir, à certains couplets,
> Qu'il avait fait chanter contre la République,
> Clairville reçut pour réplique
> De nombreux et bruyants sifflets ;
> Un bravo pourtant, chose étrange !
> De cet échec le consola ;
> Et celui qui point ne siffla
> Est un ouvrier de Domange,
> Qui *travaillait* aussi par là.

Plus haut nous rapportons que Clairville n'osa pas livrer sa muse à des chansons réactionnaires par devoir de conscience. Pourquoi n'a-t-il pas suivi la même ligne à propos du théâtre?

Parbleu! à cause de l'argent.

Comme l'appétit vient en mangeant, il était devenu thésauriseur!

Nous avons dit que Miot était le correcteur de Clairville; — ceci nous rappelle qu'un vaudevilliste, nommé Gabriel, avait aussi un collaborateur caché, et qui était connu parmi les auteurs dramatiques sous le nom du *forçat de Gabriel*.

Gabriel Cravatte, qui ne signait que de son prénom, avait recueilli chez lui un galérien, un ancien notaire ami de sa famille qui, dans l'exercice de ses fonctions, avait fait une banqueroute frauduleuse. En sortant du bagne, ce malheureux ne sachant à quel saint se vouer, avait accepté l'hospitalité du vaudevilliste. Il était instruit, et son travail consistait à ébaucher les pièces que Gabriel mettait sur le chantier. Il était — paraît-il — laborieux et spirituel. Il habitait la maison de son protecteur, dans une mansarde.

Gabriel était un beau garçon; grand, soigné, affable et très actif, il portait son chapeau sur l'oreille, ce qui ne nuisait pas à son allure pseudo-militaire. Quand l'idée d'une pièce hantait son cerveau, il avait une certaine habileté pour la placer. Il possédait l'art d'être toujours bien avec messieurs les directeurs.

Une fois le scénario fait avec le collaborateur, il en causait avec son forçat, qui en quelques jours mettait l'ouvrage « sur ses pattes », puis Gabriel le reprenait et le recopiait de sa belle main et l'apportait « avec des ratures » à son collaborateur effectif.

A vrai dire, Clairville n'était pas un homme politique, il n'en avait pas le tempérament.

Il nous dit, dans son volume, qu'à vingt ans on est républicain, mais qu'à soixante, il ne faut plus l'être. Nous n'aurions rien à dire à ce singulier système, si Clairville n'avait pas daubé continuellement sur la République.

En 1862, Clairville — disions-nous tout à l'heure — fut le président du « Caveau » et nous pouvons assurer qu'il y a chanté des chansons fort spirituelles.

Il aimait à rire, mais n'était pas buveur, il se grisait avec ses couplets.

C'était un grand travailleur qui, de rien était devenu quelque chose, mais il ne sentait pas assez d'étoffe en lui pour être un homme d'avant-garde.

Il avait peur de l'avenir.

Il est mort des suites d'une fluxion de poitrine, le 10 février 1879.

EUGÈNE DE LONLAY

Le marquis Eugène de Lonlay était né en 1814; ce marquis, malgré ces titres de noblesse, est un de nos plus aimables et de nos plus gracieux chansonniers.

Il était né pour la guitare et, s'il avait été espagnol, il eût fait florès sur les bords du Manzanarès; mais il était né à Argentan et il s'est contenté d'apporter sa fine et vaporeuse poésie aux guitaristes et pianistes du règne de S. M. Louis-Philippe Ier.

En ce temps-là, il n'y avait pas de cafés-concerts, il n'y avait que des salons, où l'aristocratie du noble faubourg Saint-Germain et les gros bonnets de la bourgeoisie faisaient, en fait d'art lyrique, la pluie et le beau temps. Ces salons ont rendu célèbres Ponchard, Levassor, Jules Lefort, Loïsa Puget (1) et madame Sabatier, comme chanteurs.

Les chansons, ou plutôt les romances d'alors, ne se faisaient entendre qu'avec une musique inédite. De là, ces compositeurs aimés dont les noms sont restés dans notre mémoire : MM. Etienne Arnaud, Ernest Lépine, Charles Plantade, le comte d'Adhémar, Charles Delioux, Masini, Albert Grisar, Vogel, J. de Vimeux, Victor Massé, F. de Flotow, L. Clapisson, Eugène Déjazet, Paul Henrion, Louis Abadie, Adrien Boïeldieu, Alfred Quidant, Max d'Apreval, Gustave Héquet, Marmontel, Frédéric Barbier, Henri Litolff, Anatole Cressent, Ernest Boulanger, Bazzoni, Roger, Marie de Vouvray, Ch. Haas, Aug. de Croisilles et Auguste Morel.

Voilà les principaux musiciens qui ont mis en musique les villanelles, les idylles, les élégies, les ballades, les romances et paysanneries de ce charmant poète Eugène de Lonlay. Ceci nous reporte tout de suite dans une autre génération, et comme tous ces noms nous donnent bien la physionomie de la société monarchique de 1830 à 1848 !

---

(1) Morte le 21 octobre 1889.

Eugène de Loulay était un homme bien élevé; il savait son monde. Bon, bienveillant, de la plus exquise politesse et de la plus grande affabilité. On sentait que le château où il était né n'avait rien de commun avec l'usine ou le carrefour. Ses manières et sa conversation étaient trop étudiées pour ne pas accuser une gentilhommerie de bon aloi; aussi tenait-il sa place avec une distinction véritable, dans les salons où on était heureux de le recevoir.

Il eut de très grands succès avec ses romances. Elles étaient écrites avec soin et toujours exprimant les sentiments les plus honnêtes. Il y en a pourtant qui, malgré leur simplicité, eurent la vogue de la rue. Nous allons donner quelques-uns de ses couplets pour mieux faire apprécier la valeur de son talent.

Ma Brunette, musique d'Etienne Arnaud, fut applaudie par toute la France musicale et pianiste.

> Le doux chant de ma brunette,
> Toute mignonnette,
> Toute joliette,
> Le doux chant de ma brunette
> Me fait nuit et jour
> Rêver d'amour.

> Parmi les fleurs de sa fenêtre
> Aux douces lueurs du matin,
> Il faut la voir soudain paraître,
> Montrer son visage lutin.
> Jamais l'oiseau que l'aube éveille
> Ne trouve même au fond des bois
> Un chant fait pour charmer l'oreille,
> Comme celui que dit sa voix.

Il faut la voir, alerte et folle,
Oublieuse de son chemin,
Bondir après l'oiseau qui vole
Et le poursuivre de la main ;
Sur le cristal de la fontaine,
Elle se penche pour se voir :
Brunette aux longs cheveux d'ébène
N'a jamais eu d'autre miroir.

Il faut la voir chaque dimanche
Avec son joli corset noir,
Son pied mignon, sa robe blanche,
Dans la chapelle du manoir.
Qu'elle est belle, ô vierge Marie !
Avec son air chaste et pieux.
Il faut la voir quand elle prie
Lever ses yeux noirs vers les cieux.

   Les yeux noirs de ma brunette,
      Toute mignonnette,
       Toute joliette,
   Les yeux noirs de ma brunette
     Me font nuit et jour
      Rêver d'amour.

Aujourd'hui que les cafés-concerts ont empoisonné l'art chansonnier de leurs élucubrations malsaines, ces vers simples et naïfs sont bien démodés et cependant ils ont eu les suffrages de bien des gens sensés. A présent on aime mieux mademoiselle Thérésa avec : *C'est dans le nez que ça me chatouille*, et M. Paulus avec : *En r'venant d'la revue*. Autre temps, autre mœurs !

Le marquis Eugène de Lonlay a fait encore des barcarolles, des chants de mer et, comme Frédéric Bérat, il a aussi chanté sa Normandie.

Voici la première strophe de son chant intitulé :
le *Cœur normand*, musique de L. Clapisson :

> Le sol de Normandie à chaque pas recèle
> Un écho qui redit nos glorieux exploits...
> Quel pays fut jamais plus constant, plus fidèle
> A son Dieu, son honneur, à sa gloire, à ses rois?
>   Qu'un autre cœur mendie
>   Un pays plus charmant,
>   J'aime la Normandie,
>   Moi, j'ai le cœur normand.

Comme on le voit, notre chansonnier était royaliste, et son grand mérite à nos yeux, c'est de n'avoir pas dénigré la République et de ne pas avoir insulté le peuple ou les amis du peuple.

Le marquis Eugène de Lonlay avait quitté Paris à la chute de la monarchie de Juillet. Il s'était retiré à Argentan, son pays bien-aimé. Il y est mort le 15 mai 1886.

ERNEST BOURGET

Bourget (Alexandre-Joseph, dit Ernest), naquit à Paris, le 10 mars 1814. Il fit ses études au collège de Juilly. Après avoir cherché son chemin vers l'avenir dans diverses occupations qui ne convenaient point à ses goûts, il s'adonna entièrement aux lettres et devint auteur dramatique et chansonnier.

Parmi ses succès dramatiques nous citerons

trois grands drames en cinq actes, joués au théâtre de la Porte-Saint-Martin : les *Nuits de la Seine*, en collaboration avec Charles Dupeuty ; la *Dame de la Halle* et les *Chevaliers du Brouillard*, avec Adolphe d'Ennery, et *Tromb-Alcazar*, pièce-bouffe avec Dupeuty et Offenbach.

En dehors de ces *grandes machines dramatiques*, comme il les appelait lui-même, Bourget se fit une réputation toute particulière, comme chansonnier, dans les dernières années du règne de Louis-Philippe. Ses chansons étaient des tableaux de mœurs, de véritables scènes comiques prises sur le fait, voilà pourquoi il avait besoin d'artistes dramatiques comme Levassor, Achard, Leménil ou Berthelier pour leur interprétation. Ses collaborateurs ordinaires pour la composition de la musique étaient : J.-B. Josse, A. Marquerie, Victor Parisot et Paul Henrion.

Les chansons d'Ernest Bourget étaient non seulement chantées sur les théâtres du Palais-Royal et des Variétés, mais encore dans les salons, par les artistes que nous venons de nommer.

Le café-concert n'en était encore qu'à sa création et l'on était loin de penser qu'il aurait le développement qu'il a aujourd'hui.

En ce temps-là, c'étaient les éditeurs de musique qui exploitaient les romances et les chansons. Ils fournissaient répertoire et chanteurs aux soirées aristocratiques ou bourgeoises de Paris. La musique pour piano était fort en honneur, et il n'était pas de salon musical qui ne possédât les albums de Paul Henrion ou de Masini. Les romances et les chansons qui les composaient partageaient la vogue prodigieuse des scènes comiques d'Ernest Bourget.

Le nombre de ses chansons est considérable. Nous ne citerons que les plus populaires : *Jean-Bonhomme, Prodige de la Chimie,* le *Père Coupe-toujours,* marchand de galettes, *Trente francs de récompense, Chien perdu,* exécutées par Achard, du théâtre du Palais-Royal; l'*Écrivain public, Appartements à louer,* par Levassor, aussi du théâtre du Palais-Royal, ensuite des Variétés; la *Mouche du Tambour-Major,* interprétée par Leménil, du Palais-Royal; l'*Embarras du choix,* par mademoiselle Léontine, du théâtre de la Gaîté; l'*Humour britannique,* par Berthelier. Et encore : l'*Infusion des omnibus,* le *Braconnier,* les *Canotiers,* les *Débardeurs,* les *Enfants terribles,* l'*Étudiant,* le *Phrénologiste,* le *Puits de Grenelle,* le *Roi des Dentistes,* le *Diner de ma Tante, Voyage de madame Giboulard,* etc., etc., et nous en oublions beaucoup et des meilleures.

Presque toutes ces scènes sont avec *parlé,* et souvent ce *parlé* est plus important que la partie versifiée. L'artiste joue autant qu'il chante. Nous allons donner, comme spécimen de la manière de faire de notre chansonnier : *Speech,* chansonnette anglaise, qui fut chantée fort longtemps avec un énorme succès par Berthelier. La musique est de G. Baneux.

SPEECH

Le peuple anglais, de l'Angleterre,
Il était le premier de tous;
En vain le France aura beau faire,
Il restera bien loin de nous.

Nous sommes graves constamment,
Chez les Français, c'est différent...

(*Parlé*) : Oh! les Français, ils ne connaissaient bien qu'une chaose :

C'était le polka, (*bis*)
Tojor le polka,
En Frince,
C'était par trop de dinse!...
Tojor le polka,
Ou le mazourka
Vo ne les sortirez jémais de là.

(*Parlé*) : No!...

Loin de traiter à la légère,
L'amour, cet sentiment sérieux,
Nous en fesons un grave affaire
Un et un, por no, c'était deux :
Vo, Français, lorsque plein d'ardeur,
Vo faisez votre joli cœur...

(*Parlé*) : Qu'est-ce que vo faisez alors?... Oh! c'était pas difficile... tenez...

(*Il prend une pose de danseur*)
Tojor le polka (*bis*)
En Frince,
C'était par trop de dinse.
Tojor le polka,
Ou le mazourka,
Vo ne les sortirez jémais de là.

(*Parlé*) : No!...

Quand il volait faire le guerre,
Plus calme et froid que vo, Français,
Le piple anglais de l'Angleterre
Ne pressait lui, jémais, jémais :

Vo, vo tombez comme un éclat
D'obus... et pendant le combat...

(*Il prend la position d'un troupier qui croise la baïonnette*).

Tojor le polka (*bis*)
En Frince,
C'était par trop de dinse.
Tojor le polka,
Ou le mazourka,
Vo ne les sortirez jémais de là.

(*Parlé*) : No!...

J'ai commencé pour l'Angleterre,
Mon petit speech sur les Français,
Mais je savais plus comment faire,
Pour en sortir avec succès,
Comme vo, moi, je n'avais pas,
Pour me tirer d'embarras.

(*Parlé*) : Vo comprenez, je n'avais pas...

(*Il prend une pose*)

Tojor le polka (*bis*)
En Frince,
C'était par trop de dinse.
Tojor le polka,
Ou le mazourka,
Vous ne les sortirez jémais de là.

(*Parlé*) : No!...

On comprendra par la citation que nous venons de faire que pour l'interprétation des chansons de Bourget, il fallait des artistes exceptionnels et de talent.

Ces petits ouvrages lyriques n'étaient pas alors

soumis aux droits d'auteurs, c'est-à-dire qu'il n'y avait pas de perception organisée pour les œuvres des chansonniers.

Uu verre d'eau sucrée fut la cause de la fondation de la *Société des auteurs, compositeurs et éditeurs de musique*, qui aujourdhui perçoit dans les théâtres, dans les cafés-concerts et autres établissements où l'on chante et où l'on fait de la musique, des droits d'auteurs pour les chansonniers, les musiciens et les éditeurs de musique.

Voici comment : un soir, en 1850, qu'Ernest Bourget se promenait aux Champs-Élysées, il entendit un de ses refrains exécuté par l'orchestre du café des Ambassadeurs. La curiosité le prenant, il s'approcha de l'établissement et prêta l'oreille. — « Circulez, lui dit une voix. La musique ici n'est faite que pour les consommateurs. » — La personne qui parlait ainsi était le sieur Morel, directeur du café chantant.

Bourget, d'un regard, toisa son interlocuteur et, sans exprimer l'idée qui venait de lui germer en tête, il entra dans le périmètre du café, où il y avait un grand nombre de personnes assises sur des chaises, devant des petites tables, fumant et buvant, en écoutant les artistes placés sur une espèce de scène dramatique, mais sans rideau et sans décors.

Bourget alla se placer à une table non loin de l'orchestre et demanda un verre d'eau sucrée. Il prit un carnet dans sa poche et nota toutes les chansons qui furent chantées dans la soirée.

La représentation tirant à sa fin, il appela le garçon qui l'avait servi. Le garçon vint.

— Combien ce verre d'eau sucrée? demanda notre chansonnier?

— Cinquante centimes, monsieur.

— Vous avez donc augmenté le prix de vos consommations?

— Je ne peux pas vous dire.

— Faites venir votre patron, je vous prie.

Le garçon alla sans doute dire à M. Morel qu'un consommateur refusait de payer, car celui-ci arriva aussitôt.

— Monsieur, lui dit Bourget, veuillez me dire pourquoi vous vendez cinquante centimes un verre d'eau sucrée au lieu de quarante centimes, comme cela a lieu partout.

— Il faut bien que je paie mes artistes, répondit M. Morel.

— Et les auteurs, les payez-vous?

— Les auteurs! ça ne me regarde pas. Et je voudrais bien savoir quelles prétentions ils peuvent avoir sur des chansonnettes qui appartiennent à tout le monde, une fois publiées.

— Chaque auteur est propriétaire de ses œuvres cependant.

— Elles sont jolies les œuvres!

— Alors, pourquoi les prenez-vous?

— Parce que j'amuse mon public avec.

— C'est tout ce que je voulais savoir, monsieur.

Bourget paya cinquante centimes son verre d'eau sucrée au garçon et s'en alla.

Le lendemain, il envoyait un acte d'interdiction de chanter ses chansons, à M. Morel.

Le sieur Morel passa outre; il y eut un nouveau procès que Bourget gagna.

Notre chansonnier prévint alors les douze ou quinze auteurs qui avaient été sur le programme de Morel, parmi lesquels étaient : Plantade, Parizot, Tourte, de Courcy, Paul Henrion, Colombier, etc., et on décida de former immédiatement une société pour la perception des droits d'auteur.

En effet, le 28 février 1851, fut formée une société civile sous le nom de : *Société des Auteurs, Compositeurs et Éditeurs de musique*. L'acte fut passé, à Paris, devant M⁰ Halphen, notaire, et son collègue.

L'objet de cette société est :

1º La défense mutuelle des Auteurs et Compositeurs de musique, soit concurremment avec leurs Éditeurs, soit sans le concours de ces derniers, vis-à-vis des entrepreneurs d'établissements publics qui exécutent les œuvres littéraires ou musicales, avec ou sans les paroles originales, tels que : théâtres, concerts, cafés-chantants et tous autres établissements exploitant les productions littéraires et musicales autres que les pièces de théâtre ;

2º La perception des droits des auteurs et des compositeurs, vis-à-vis des susdits établissements, à Paris, dans les départements et à l'étranger, et la mise en commun d'une partie seulement de ces droits.

Dans les premières années, cette société eut son siège social rue Sainte-Anne, 63. Elle entama un grand nombre de procès ; mais elle les gagna tous, s'appuyant sur la loi de 1791 et sur l'article 428 du Code pénal.

La première année, elle perçut 4,000 francs de

droits d'auteurs, et en 1888, ses recettes montèrent à plus d'*un million*.

Elle a plus de 1,200 membres : son siège est Faubourg-Montmartre, 17. Elle est régie par un syndicat qui a sous ses ordres un agent général.

Avec la *Société des auteurs dramatiques*, *des gens de lettres*, la *Société des auteurs, compositeurs et éditeurs de musique* est une des trois grandes sociétés civiles qui perçoivent pour les auteurs.

Ernest Bourget est mort à Champagne (Seine-et-Marne), le 3 octobre 1864.

MAHIET DE LA CHESNERAYE

Mahiet de la Chesneraye est un gentilhomme chansonnier, comme Roger de Beauvoir était un gentilhomme de lettres. Tous deux beaux, grands, élégants, fortunés et instruits, ils faisaient honneur à leur noble nom patronymique d'une façon toute personnelle; c'est-à-dire qu'au lieu d'avoir conservé les idées féodales de leurs aïeux, ils avaient adopté les idées de l'homme laborieux qui met toute sa joie dans ses travaux artistiques ou littéraires.

Le premier a fait des chansons, et le second, à titre d'ami, en a fait la préface. Préface claire, limpide, chatoyante, où la pensée est toujours vraie et juste.

Nous en extraierons les lignes suivantes, qui disent ce que nous pensons sur Mahiet de la Chesneraye, mieux que nous ne saurions le faire :

« La chanson doit résumer, avant tout, l'universalité des sentiments et faire vibrer toutes les cordes du cœur humain. C'est ce qui établit si bien son analogie avec la peinture ; y a-t-il si loin, en effet, d'un *lieder* de Weber à une toile de Greuze ou de Watteau ?

» C'est donc à cette fusion intime de deux arts si fraternels que la poésie a le droit de demander aujourd'hui son éclat et sa sève ; la gamme des sons est égale à celle de la couleur.

» C'est sous ce double aspect que j'annonce d'abord à vous, ami lecteur, ce volume de *Chansons*, où les tons les plus diaprés de la palette se mêlent aux cantilènes les plus suaves.

» L'auteur, en cela, est aussi peintre que poète, et, tout en disposant sa toile avec adresse, il sait y jeter les nuances et les reflets. »

Maintenant, toujours à propos de la chanson, prenons quelques lignes dans le journal le *Temps* (5 mai 1888). Elles traitent de l'analogie qui existe entre la chanson et la caricature ; elles ont une parenté marquée avec ce qu'on vient de lire.

« La chanson et la caricature présentent une égale diversité d'aspect et de portée : l'une et l'autre sont accessibles à toutes les frivolités, à toutes les vulgarités même, et se prêtent à des transfigurations captivantes ou formidables. Quand elles interviennent dans les agitations de la vie publique, elles y exercent une action en quelque sorte parallèle. Enfin, il n'est pas jusqu'aux discussions sur la hiérarchie des genres qui ne prennent un tour à peu près identique à propos de l'une et de l'autre. La chanson, est-ce de la poésie? demande-t-on; et avec les mêmes intonations : La caricature, est-ce de l'art? La dispute suit une filière toute pareille à travers les confusions, les distinctions, les exemples qu'on s'oppose, les personnalités qu'on cite, pour rabaisser ou exalter en bloc un ensemble de productions qui n'ont de commun qu'un nom générique. »

Nous avions depuis longtemps ces idées sur la chanson et la peinture; mais nous aimons mieux les présenter à nos lecteurs, exprimées par des plumes plus autorisées que la nôtre. Ils y trouveront peut-être plus de valeur et plus de réalité.

Je suis heureux d'ajouter que la dernière citation que je viens de faire est tirée d'un article très remarquable de M. Gustave Isambert, un érudit et un délicat parmi les publicistes distingués.

Revenons à notre chansonnier.

Ses chansons se ressentent de son long séjour à la campagne, au château de Beauchêne, sur les bords de la Loire.

Il a fait la musique de beaucoup de ses productions. Nous citerons entre autres : le *Verre de mon grand-père*, le *Chanvre*, le *Vieux Fusil*, le *Peuplier*, la *Saisie*, le *Champ paternel*, le *Pressoir*, etc.

Pour donner un échantillon de notre poète, citons sa chanson le *Vieux Fusil* ;

> Quand des frimas la grand'plaine est poudrée,
> Et qu'au foyer flambe un feu de genêts,

Triste et rêveur, je passe la soirée,
Les pieds frileux posés sur les chenets :
Puis je te vois barrant la cheminée,
Mon vieux fusil, tu sembles, plein d'émoi,
Rire à travers tes toiles d'araignée,
Et t'animer pour causer avec moi.

 Vieux compagnon de mes veillées,
 O mon fidèle serviteur !
 Combien de choses oubliées
 Tu viens rappeler à mon cœur !

J'allais, conscrit, combattre à la frontière,
Quand à mon bras jadis tu fus remis ;
Tu vis couler les larmes de ma mère,
Et puis après le sang des ennemis.
Oh ! comme alors je faisais ta toilette !
Propre, astiqué, lançant tes mille feux !
Plus d'une fille, ainsi qu'une alouette,
Dans ton canon vint mirer ses beaux yeux !

 Vieux compagnon, etc.

Quand la paix vint nous rendre à la chaumière,
J'avais alors bon jarret et bon œil ;
Bien épaulé, la nuit, dans la bruyère,
Tu touchais juste et lapin et chevreuil.
Alors, par toi, de joyeux camarades
Venaient souper, boire à satiété
Ce petit bleu qui, dans chaque rasade,
Dit la chanson de l'hospitalité.

 Vieux compagnon, etc.

Te souvient-il des aigles étouffées,
Puis des soldats assassins et voleurs,
Osant souiller de leur lèvres suiffées,
Ici, chez nous, nos femmes et nos sœurs ?

Oh ! que d'affûts pour frapper ta victime !
Que de duels ignorés, glorieux !...
Mais vivre libre étant alors un crime,
Dans les buissons nous nous cachions tous deux.

    Vieux compagnon, etc.

Tous deux parés de rubans, de feuillages,
A chaque fête on nous voyait toujours ;
Car tous les gars savaient, dans les villages,
Que nous étions complices des amours.
Tu détonais ! chaque fille épeurée
De son amant se rapprochait soudain,
Et les clameurs de la foule effarée
Couvraient le bruit d'un baiser clandestin.

    Vieux compagnon, etc.

Moi, le travail a fait mon corps débile ;
Toi, le repos a rouillé tes ressorts :
Comme autrefois, suivant ton chef de file,
Ma fin venue, on trouvera deux morts.
Tant mieux ! j'ai vu, vu dans la main d'un traître,
De tes pareils, tuer la liberté !...
Ou bien encor, c'est plus triste peut-être,
Tuer au nom de la fraternité !

    Vieux compagnon de mes veillées,
    O mon fidèle serviteur !
    Combien de choses oubliées
    Tu viens rappeler à mon cœur !

Mahiet de la Chesneraye était un véritable homme du monde, et avec cela bon, bienveillant et sympathique. Malgré ses titres de noblesse, il ne posait pas pour un être de la race privilégiée. Il était familier et sans fierté. Pour lui, tous les hommes étaient égaux devant la chanson. Les membres du Caveau savaient l'apprécier et l'aimaient.

N'oublions pas de dire, en terminant, que Mahiet de la Chesneraye était chevalier de la Légion d'honneur, officier de l'Instruction publique, officier de l'ordre des saints Maurice-et-Lazare (Légion d'honneur d'Italie) et chevalier de l'ordre de Vénézuela; mais son plus beau titre, à nos yeux, c'est qu'il fut un des présidents du *Caveau*.

Il est mort en son château de Beauchêne, le 22 octobre 1870.

EUGÈNE GRANGÉ

Eugène Grangé était autant réactionnaire qu'Eugène Pottier était progressiste. Ils avaient tous les deux beaucoup de talent, mais ils ne voyaient pas de la même façon les faits et gestes de notre pauvre humanité. L'un a écrit les *Chants révolutionnaires*, en apôtre dévoué et désintéressé du peuple; l'autre, les *Versaillaises*, chansons haineuses et impitoyables qui frappent sur des vaincus.

Le Grangé de 1871 ne ressemble en rien au Grangé du boulevard du Temple, de 1833-1845. Le premier était un mauvais plaisant, un faiseur de fumisteries, dont ses camarades n'ont pas perdu le souvenir. Le second était un bourgeois rangé, rageur et vindicatif, avec un esprit vif, ardent, incisif et intolérant. Mais commençons d'abord par esquisser la physionomie de ce spirituel chansonnier.

Pierre-Eugène Basté, dit Grangé, naquit à Paris, rue Beautreillis, le 13 décembre 1809. Il fit ses études au collège Charlemagne. A seize ans, ses parents, le trouvant assez instruit, le placèrent chez un banquier pour travailler cinq ou six heures par jour au copie de lettres, où il étalait, comme il le disait, les élégances de sa calligraphie. En effet, Grangé avait une fort belle écriture.

Mais la bureaucratie ne lui seyant pas, il se tourna vers la littérature dramatique. Vers sa dix-huitième année, il fit jouer des vaudevilles sur les petits théâtres, et les signait modestement : Eugène.

Ses succès engagèrent madame Saqui à le faire spécialement travailler pour son théâtre, moyennant une somme de douze cents francs par an, plus soixante francs comme droits d'auteur, par pièce. Il eut bientôt une certaine réputation parmi les auteurs; il était né avec l'instinct de la scène.

Bientôt il arriva aux Folies-Dramatiques, et de là aux Variétés. Sur ces entrefaites, la conscription le prit, et il fut soldat jusque vers 1837; enfin, il quitta son régiment, en garnison à Arras, et revint à Paris.

Alors, la véritable vie de l'auteur dramatique commença pour lui. Il fit successivement des œuvres très remarquables, parmi lesquelles nous citerons : les *Bohémiens de Paris*, les *Paysans*, la *Voleuse d'Enfants*, *Fualdès*, les *Crochets du père Martin* (avec Cormon; cette pièce eut un prix d'Académie). Puis encore : la *Mariée du Mardi-*

Gras, les *Diables roses, Mimi-Bamboche,* la *Consigne est de ronfler, Coco,* le *Punch-Grassot,* et cinquante autres ouvrages dont nous n'avons pas à nous occuper ici.

Nous avons dit que, dans sa jeunesse, Grangé était un mystificateur ; il aimait à faire des farces, même des mauvaises. Nous allons en rapporter deux.

Du temps qu'il signait ses vaudevilles du nom d'Eugène, il n'était pas riche, et, par économie, il allait souvent dîner à la barrière, avec ses amis Guénée, Roche et Marc-Leprévost. Ils avaient inventé une scie qui consistait à dire en abordant quelqu'un : « As-tu vu Foliguet ? » Cette scie se renouvela plus tard sous le nom de Lambert. On se souvient, avant 1870, de ce cri : « As-tu vu Lambert ? »

Grangé, en passant devant l'étal d'un boucher de la rue Ménilmontant, jetait toujours ces mots aux garçons bouchers, mais sans arrêter sa marche. Ceux-ci levaient la tête et ne voyaient personne, mais cela les agaçait. Grangé fit cela vingt fois.

Un soir qu'il revenait de dîner *extra-muros* avec Guénée, il dit à celui-ci, très sérieusement :

— Parions que tu ne demanderas pas au premier marchand boucher dont nous allons rencontrer la boutique, s'il a vu Foliguet.

— Pourquoi pas ? répondit Guénée.

— Je parie un cigare.

— Soit ! je tiens le pari.

Il faut dire qu'Adolphe Guénée, auteur dramatique et fils de Guénée, chef d'orchestre du Palais-Royal, était un grand gaillard, chauve, mince, efflanqué, à l'air naïf, quoiqu'il eût beaucoup d'esprit, au long nez et au regard glauque et indécis. Son physique, enfin, ne plaidait pas en sa faveur, quoiqu'il eût cependant une valeur réelle comme dramaturge.

Arrivé en face de la boucherie, Adolphe Guénée entra, et mettant le chapeau à la main, dit au boucher :

— Monsieur, avez-vous vu Foliguet ?

— Foliguet ? répéta le marchand. Ah ! c'est donc toi... qui depuis si longtemps nous embêtes... Je vais te montrer Foliguet !

Et il alla décrocher un nerf de bœuf pendu à la muraille.

Guénée, en voyant ce mouvement, gagna précipitamment la rue. Il était temps, car le boucher se mit à sa poursuite en brandissant son nerf de bœuf.

— Le voilà, Foliguet ! criait l'homme en courant.

Mais Guénée avait de grandes jambes, et le boucher le ventre un peu gros, si bien que le premier disparut peu à peu au loin et que l'autre s'arrêta essoufflé.

Pendant cette course fantastique, Grangé resté sur le trottoir en face, se tenait les côtes de rire. Quand il rejoignit Guénée, sur le boulevard il riait encore. Et il lui raconta que, depuis longtemps, il *bassinait* le boucher du : As-tu vu Foliguet ? — « Eh bien, je la trouve mauvaise, ta farce, répondit Guénée en riant jaune. Il pensait au nerf de bœuf. Et Grangé s'abandonna de nouveau à une éclatante hilarité. Il était heureux !

Une nuit, Grangé, Guénée, Marc Leprévost et

Potier, — auteur dramatique et fils du fameux Potier, artiste dramatique, — revenaient boulevard du Temple, à une heure du matin. En traversant l'entrée de la rue Saint-Martin, Grangé se détacha d'eux en se disant : « Oh ! la bonne farce ! » Ses amis s'arrêtèrent, ne se doutant pas de ce qu'il allait faire.

Grangé se dirigea vers une maison où il y avait une enseigne de sage-femme. Il tira un bouton, au-dessus duquel était écrit : « Sonnette de nuit ». Une fenêtre s'ouvrit ; une tête de femme parut au premier étage.

— Ma femme est en mal d'enfant, cria Grangé, en faisant un porte-voix de ses mains.

— Un instant, s'il vous plaît, monsieur, et je suis à vous.

La fenêtre se referma. Cinq minutes après, la sage-femme était en bas. C'était une femme de trente-cinq ans environ et assez bien de figure.

— Où faut-il aller, monsieur ? demanda-t-elle.

— Suivez-moi, madame.

Et Grangé remonta le boulevard dans la direction de la rue du Temple.

Ses trois amis, restés dans l'ombre, emboîtèrent le pas, en suivant à une certaine distance, ne se doutant pas de ce qui allait arriver.

Grangé fit cent-cinquante pas environ, suivi de la sage-femme, qui avait peine à le suivre, car il marchait vite, affectant d'être pressé. En face de l'Ambigu, il s'arrêta, et se retournant tout à coup vers la femme, il lui dit d'un ton dur :

— Est-ce que tu vas me suivre comme cela longtemps !

La sage-femme resta interdite.

— A cette heure on ne doit plus être sur le trottoir... rentre chez toi... ou sans ça... je te...

Et notre mystificateur termina sa phrase par des mots orduriers.

La malheureuse ne répondit pas et se sauva en fondant en larmes. Et Grangé riait comme un fou de ce qu'il appelait... une bonne farce.

Revenons à Grangé, chansonnier, et voyons par quel hasard il est devenu membre du Caveau. Voici ce que nous dit, à ce sujet, M. Henry Lecomte, son biographe :

« La direction nouvelle du Palais-Royal, qui venait d'obtenir son premier succès d'argent avec le *Punch Grassot*, de Grangé, Delacour et Lambert Thiboust, fonda chez Brébant un dîner mensuel appelé : *le Dîner des Gnouf-Gnouf*. On y chantait naturellement au dessert. Un soir, que Grangé venait de faire entendre une chanson, Clairville, qu'on avait invité, lui dit :

« — Comment ne fais-tu pas partie du Caveau ?

» — Le Caveau ! riposta Grangé surpris, est-ce qu'il existe encore ?

» — Mais certainement. Les banquets ont lieu le premier vendredi de chaque mois, chez Douix, au Palais-Royal. Si tu veux, je t'y présenterai.

» — Volontiers.

» Le mois suivant (mai 1865), Grangé, sous le patronage de son ami et collaborateur Clairville, assistait au dîner du Caveau, où il faisait entendre une chanson de circonstance, la *Clé du Caveau*, dont nous détachons ce couplet :

> Clé du Caveau, joyeux rosaire,
> Livre charmant, livre complet !
> Du luth gaulois, c'est le glossaire
> Et les archives du couplet.
> Jours de gaîté, jours de souffrance,
> Y dévident leur écheveau...
> On refait l'histoire de France
> Rien qu'avec la clé du Caveau.

» Aux applaudissements de l'assemblée, Louis Protat, qui présidait, se leva aussitôt et offrit au visiteur de devenir membre titulaire du Caveau.

» — Avec grand plaisir, répondit Grangé. »

Eugène Grangé fut sans contredit un des plus brillants membres du Caveau. Il n'a pas été remplacé. Nous ne parlerons pas cependant de ses chansons, qu'il chanta dans cette société : elles sont charmantes, et il y en a plus de cent dans le recueil annuel du Caveau. On peut s'y reporter.

Grangé avait environ cinquante-cinq ans quand il devint le président du Caveau. C'était un homme d'une taille au-dessus de la moyenne, les épaules un peu arrondies, à la démarche lente et maladive. Ses amis disaient en riant depuis longtemps : « C'est l'homme qui doit mourir *demain!* » Mais sa santé n'en était pas plus mauvaise qu'une autre pour cela. Il avait la figure terreuse, triste, maigre et ridée, le nez proéminent, une grande bouche au rictus dédaigneux et de longues dents qu'il nettoyait constamment avec un cure-dent. Son regard était vif et sa parole douce, excepté pourtant quand on n'était pas de son avis. Il avait un *sosie* à Paris : c'était Bernard-Latte, le fameux éditeur des chefs-d'œuvre du Grand-Opéra. Sa ressemblance frappante avec cet ami de Rossini, fut cause de plusieurs *quiproquo* comiques, dont nous ne parlerons pas.

Un soir que Grangé présidait le *Caveau*, il mit ces deux vers dans son toast :

> La chanson est surtout de l'opposition,
> Fronder, fronder sans cesse est sa vocation.

Ce distique semble lui avoir servi de point de départ pour écrire les *Versaillaises*.

Ce recueil se compose des chansons suivantes : Les *Prussiens de Paris*, les *Gardes à trente sous*, *M. Bonvalet*, *Profession de foi*, les *Décrets de l'Hôtel-de-Ville*, *Monarchie et République*, les *Moutons*, les *Réactionnaires*, les *Outranciers*, *Réponse aux Insurgés*, l'*Internationale*, *Une Séance de la Commune*, *Le De Profundis de la Commune*, etc., etc.

Grangé ne voyait dans les soldats de la Commune que des pillards, des voleurs et des assassins ; il ne voulait sans doute pas voir autre chose. Du reste, il était monarchiste-philippiste.

Citons de ses *Versaillaises* :

LES GARDES A TRENTE SOUS

Air de La Parisienne.

> Quels sont, en blouse bleue ou brune,
> Ces héros presque toujours souls ?
> C'est la garde de la Commune,
> Les fédérés à trente sous.
> Sans peur et sans lésinerie,
> Ils veulent sauver la patrie.
>   Cependant, veillons !
>   Et sous des haillons,

En voyant passer ces braves bataillons,
  Serrons l'argenterie.

A leurs mines patibulaires,
Que surmonte un affreux képi,
On pourrait croire qu'aux galères
Pendant vingt ans ils ont croupi ;
Mais non ! ces truands qu'on décrie,
Sont les soutiens de la patrie.
  Cependant, veillons,
   Et, sous des haillons,
En voyant passer ces nobles bataillons,
  Serrons l'argenterie.

Si parfois dans quelque boutique,
Ils font des perquisitions,
Si même leur troupe y pratique
De légères soustractions,
Amis, c'est par idolâtrie
Pour le salut de la patrie !
  Cependant veillons,
   Et sous leurs haillons,
En voyant passer ces nobles bataillons,
  Serrons l'argenterie.

Honneur aux citoyens stoïques
Qui défendent la liberté !
Aux remparts ils sont héroïques...
A ce que dit le Comité,
Sans crainte et sans forfanterie,
Ils combattent pour la patrie.
  Cependant, veillons,
   Et sous des haillons,
En voyant passer ces nobles bataillons,
  Serrons l'argenterie.

Du bataillon de la Moselle
Ils se disent les successeurs,

Et c'est pour un excès de zèle
Qu'i¹s détroussent les bonnes sœurs.
S'ils pillent chaque confrérie,
C'est pour le bien de la patrie,
  Quant à nous, veillons,
  Et, sous leurs haillons,
En voyant venir ces nobles bataillons,
  Serrons l'argenterie.

Voyez ! à peine ils se soutiennent !...
On ne sait s'ils sont accablés
Par les canons qu'ils entretiennent,
Ou par ceux qu'ils ont avalés.
Qu'importe ! et dans l'artillerie
C'est toujours servir la patrie !
  Pourtant, jusqu'au bout,
  Tous restons debout !
Oui, serrons nos rangs, amis, mais avant tout
  Serrons l'argenterie !

Citons encore deux couplets de la chanson intitulée : *Monarchie et République.*

. . . .

En proclamant l'égalité,
La plèbe sur nos biens se rue ;
Au nom de la fraternité,
On nous égorge dans la rue.
L'avènement du peuple roi
De la misère est la réplique...
J'aime à manger ; voilà pourquoi
Je n'aime pas la République.

Concluons : Si la royauté
D'un seul homme est l'absolutisme,
La populaire autorité,
Est un ignoble despotisme.

La République, selon moi,
D'un roi, c'est la botte avachie
Par la canaille ; et c'est pourquoi
Je préfère la monarchie.

Cette chanson a six couplets, ce sont les deux derniers.

Donnons aussi quelques couplets du *De profundis de la Commune*, et l'on sera édifié sur les idées politiques de notre chansonnier.

Air de Saltarello.

C'en est donc fait des jours moroses !
Enfin, la Commune a vécu,
Vécu ce que vivent les roses,
Et ce n'est plus qu'un gratte-cu !

Le ciel brille, et l'horrible goule,
Qui de Paris suça le sang ;
Ivre-morte, à l'abîme roule
Et disparait en rugissant.

Des Ternes au faubourg Antoine,
Il n'est plus un seul galapiat ;
Plus d'Avrial, d'Assi, d'Avoine,
De Grousset, ni de Félix Pyat !

Finis, les vieux de la Montagne,
Les Delescluze, les Blanqui ;
Finis, les chefs venus du bagne,
Les Cluseret, les Dombrowski !

De cette bande trop célèbre
Par le sang qu'elle a fait verser,
Entre nous, l'oraison funèbre
Serait trop raide à prononcer.

> Comme c'est un réquisitoire
> Que l'on doit à tout malfaiteur,
> De ces brigands devant l'histoire,
> Moi, je me porte accusateur.
>
> Etc., etc.

Et il y a encore onze couplets.

Pour bien prouver l'esprit réactionnaire de cet ex-président du Caveau, citons, pour terminer, les deux derniers couplets de sa chanson : *Arrêtons les frais !*

Air : *J'ai vu la Meunière.*

> A bas tous les réformateurs,
>   Tous ces journalistes
> Ergoteurs, menteurs, détracteurs,
>   Et socialistes !
> Dégommons surtout les préfets,
> Dont Bordeaux sacra les méfaits ;
>   Plus de gambettistes !
>   Arrêtons les frais !
>
> Enfin, plus de *démocs* urbains,
>   Détestable clique.
> Cette graine de Jacobins
>   Donne la colique.
> De républicains plus jamais !
> Même, au besoin, j'ajouterais :
>   Plus de République !
>   Arrêtons les frais !

Eugène Grangé reçut, quelques années avant sa mort, les palmes académiques, mais il n'eut jamais la décoration de la Légion d'honneur, qui fut octroyée à tous ses collaborateurs. Il mourut le 1er mars 1887.

PIERRE DUPONT

Pierre Dupont n'est pas un chansonnier proprement dit, c'est un faiseur d'idylles, c'est une façon de Virgile égaré parmi les *poetæ minores* qui s'occupent de la chanson.

La révolution de 1848 l'a, un instant, détourné de sa voie, mais après les événements il y est vite revenu. Les grands bois, la verdure, le murmure du ruisseau, le chant de l'oiseau, les grands bœufs, les paysans, les rossignols et les roses, lui ont fait vite oublier les pavés des barricades, les maigres menus des banquets démocratiques, les bruits politiques de la rue et les conciliabules de l'estaminet. Il avait un génie rustique qui s'accordait mal avec la vie bruyante des villes.

Pierre Dupont naquit à Lyon le 25 avril 1821, sur le quai du Rhône. Son père était forgeron et natif de Provins, berceau d'un poète justement estimé et qui a nom Hégésippe Moreau. Pierre Dupont fut d'abord élevé et instruit par un vieux prêtre, parent de son père, qui habitait le village de La Rochetaillée, situé à deux lieues de Lyon ; puis il entra au petit séminaire de Largentière, d'où il s'enfuit pour venir à Lyon où il fut successivement canut, petit clerc de notaire et employé dans une maison de banque; Mais bientôt, il ne lui suffisait pas d'habiter la seconde ville de France, la capitale l'attirait, et à force d'y penser, il finit par en prendre le chemin. Il réunit à grand'peine quelques centaines de francs et partit pour

Paris. Il y avait quelques connaissances, il y eut bientôt des amis qui s'occupèrent de lui rendre la vie possible.

Au concours de 1842, l'Académie lui décerna un prix et lui donna une place d'aide au dictionnaire.

En 1846, il commença à se rendre populaire en publiant et en chantant lui-même : les *Bœufs*, les *Paysans*, le *Braconnier* et les *Louis d'or;* croyant alors pouvoir voler de ses propres ailes, il quitta son emploi à l'Académie ; on était alors en 1847, à la veille de la Révolution.

C'est ici que se place une touchante anecdote que nous devons rapporter. Pierre Dupont cherchait des appuis dans la littérature avant que le renom ne lui fût venu. Il cherchait à faire sortir son humble personnalité de l'inconnu, en se créant des relations par les hommes célèbres du jour.

Il se rendit chez Victor Hugo dont l'affabilité était grande, et dont la maison n'est jamais restée fermée pour personne. Pierre Dupont n'eut pas de chance pour sa première visite, l'illustre poète était absent. Alors, il lui laissa ces vers pour l'avertir de la démarche qu'il avait tentée auprès de lui. Ils sont jolis et nous sommes heureux de pouvoir les citer :

> Si tu voyais une anémone,
> Languissante et près de mourir,
> Te demander, comme une aumône,
> Une goutte d'eau pour fleurir ;
>
> Si tu voyais une hirondelle,
> Un soir d'hiver, te supplier.

> A la vitre battre de l'aile,
> Demander place à ton foyer.
>
> L'hirondelle aurait sa retraite,
> L'anémone sa goutte d'eau...
> Pour moi que ne suis-je, ô poète,
> Ou l'humble fleur ou l'humble oiseau?

Le grand poète n'hésita pas, il accueillit le jeune lyonnais à son foyer, et fut pris, pour lui, d'une vive et tendre sympathie. Dès ce moment, le maître l'aida de tout son pouvoir à se faire un nom. Et quand ses succès le rendirent populaire, Pierre Dupont paya sa dette de reconnaissance à son illustre ami par ces vers :

> Sous ton regard, douce rosée,
> Depuis, l'anémone a fleuri ;
> L'hirondelle a vu ta croisée
> Ouvrir à son aile un abri.
>
> Ton foyer est plein d'étincelles,
> Ta vitre pleine de lueurs ;
> L'hirondelle a chauffé ses ailes,
> L'anémone y dore ses fleurs.
>
> En échange de ton aumône,
> Reçois à chaque renouveau,
> Toutes les fleurs de l'anémone,
> Toutes les chansons de l'oiseau.

La renommée de l'auteur des *Bœufs* et de la *Vigne* alla *crescendo* jusques au coup d'Etat.

Pierre Dupont était aimé, adulé, fêté par les étudiants de 1848. Chaque fois qu'il paraissait dans un banquet démocratique, il montait à la tribune et au lieu d'un discours il récitait le *Chant des*

Ouvriers ou le *Chant des soldats* et la salle frémissait sous des applaudissements frénétiques. Mais il n'y a pas de roses sans épines, quand vint le coup d'Etat qui devait étrangler la République, il paya cher sa popularité, le pauvre poète !

Compromis ainsi que son ami, le fabuliste et chansonnier Lachambeaudie, ils furent arrêtés et condamnés à sept ans de Lambessa.

Lachambeaudie montra une fermeté de spartiate, mais hélas, le bucolique Dupont implora sa grâce. De hautes influences la lui firent obtenir, tandis que son compagnon de poésie était bel et bien embarqué sur le navire le *Canada* en partance pour l'exil.

Maintenant, nous laisserons la parole à M. Germain Casse, ancien député de Paris. Son jugement aura quelque importance auprès de nos lecteurs.

Voici ce que M. Germain Casse écrivait dans son journal, en 1870, le lendemain de la mort du chansonnier :

« Pierre Dupont est mort à Lyon dans l'isolement, la pauvreté, je dirais presque l'oubli.

» Et cependant, la renommée le prit tout jeune et l'accompagna longtemps. Aujourd'hui, ses refrains sont dans toutes les bouches, soit qu'il rappelle les beautés de la nature, soit qu'il raconte les douleurs et les dangers de chaque métier, il trouve des accents vrais, rudes ou attendris, mélancoliques ou joyeux, humains, tous pleins d'espérance.

» A l'atelier comme aux champs, ses strophes éclatent avec force, avec douceur, avec enthousiasme, avec amour.

» C'est Dupont qui, le premier, força la poésie à chanter les colères, les déchirements, les âpres voluptés des déshérités. Et si l'on veut oublier les sentiments mystiques qui l'égaraient quelquefois, il restera une voie ouverte et largement tracée par lui aux chansonniers de l'avenir.

» Sa jeunesse, sa beauté, ses grands yeux bleus, recouverts d'épais sourcils, prévenaient en sa faveur. Une femme le rencontra, fut frappée de son intelligence, l'aima, l'accueillit. Dupont lui remettait ses poésies, cette femme les lui renvoyait annotées. Et le poète se laissait aller toujours aux inspirations de cette muse vivante et passionnée.

» Un mystère planait sur ces relations. Dupont ne connaissait pas le nom véritable de cette femme qui lui fit goûter l'amour vrai, l'amour qui rend bon et honnête.

» Le poète respecta ce caprice de femme, et, pendant trois ans, il se laissa guider et inspirer par elle.

» Dupont avait besoin d'un guide. Lui, qui avait laissé des chants qui nous font palpiter et tressaillir, il ne savait pas se conduire. La morale et le respect que l'on se doit lui étaient choses étrangères.

» Ce n'était qu'un instrument qui vibrait. Il rendait ce qu'il recevait.

» Il chantait et il oubliait.

» Il était, au fond, de cette école qui croit que le poète, l'artiste, l'homme dit de génie, sont d'une race à part, et qui trouvent de faciles complaisants pour excuser leurs écarts.

» Nous n'admettons pas cette théorie.

» Il est temps que la responsabilité la plus forte incombe aux plus intelligents. Il faut que le poëte et l'artiste soient moraux ou qu'ils prennent, avec des fleurs sur la tête, le chemin que Platon leur indique

» Quelque douloureux que cela soit à constater, nous devons dire que Pierre Dupont a tristement fini sa carrière. De là vient l'isolement dans lequel il est mort, ses amis n'osaient plus le défendre.

» On a le droit d'être exigeant pour l'homme qui a débuté dans la vie par le *Chant des Ouvriers* et le *Chant du Pain*.

» Au moment de son arrestation par les argousins du coup d'Etat, Pierre Dupont avait la plupart de ses amis dans la jeunesse républicaine. Cette jeunesse fut écœurée en voyant un homme si aimé se mettre à plat ventre devant l'escamoteur de nos libertés. Lachambeaudie et cent autres ne demandèrent pas grâce, et le front haut, la conscience tranquille, partirent pour l'exil. »

Pierre Dupont privé de son *Egérie* et de l'appui de ses amis, sembla pris d'une espèce d'affolement dans son abandon. La barque qui le portait était sans direction. Il avait perdu le Nord.

Puis il commit un acte insensé qui acheva de détacher de lui les quelques vieux camarades qui voulaient bien encore lui pardonner ses inconséquences et ses faiblesses.

Dans son article, M. Germain Casse fait allusion à l'incident malheureux que nous allons raconter et que notre pauvre poëte provoqua en plein empire et en plein air sur le boulevard Montmartre.

Un jour d'été, Pierre Dupont était assis devant le café de Madrid, en face le théâtre des Variétés, et, entouré de ses derniers amis, il se livrait à ses libations favorites. Tout à coup une voix dit : L'Empereur! Pierre Dupont leva la tête et aperçut Napoléon III, qui arrivait par le boulevard Bonne-Nouvelle, conduisant lui-même sa voiture, un petit tilbury. Il revenait de Vincennes. Arrivé en face du passage des Panoramas, le véhicule s'arrêta, un embarras de voitures au coin de la rue Vivienne l'empêchait d'aller plus loin.

Tout à coup, comme pris de vertige, Pierre Dupont se leva et s'élança vers le tilbury impérial. Il étendit ses deux bras vers l'empereur et s'écria : Sire, vous êtes le plus grand des citoyens de France !

Louis Napoléon se tourna de son côté et lui dit : Qui êtes-vous, monsieur?

— Je suis, répondit-il, Pierre Dupont, le poète populaire.

— Ah ! fit l'empereur.

Et il lui tendit la main que Dupont serra avec effusion.

Cette scène avait duré deux minutes.

Aussitôt notre poète fut entouré par des agents en bourgeois qui le repoussèrent brutalement jusque sur le trottoir, ne se pardonnant sans doute pas d'avoir laissé arriver un intrus jusqu'à portée de la main de Sa Majesté.

Et tout ému, tout penaud, Pierre Dupont regardait s'éloigner le tilbury que conduisait celui qui l'avait grâcié et qui maintenant peut-être le considérait comme un ami. Il venait de comprendre la faute nouvelle qu'il venait de commettre. Il revint s'asseoir devant le café de Madrid. Ses amis se levèrent de leurs places et lui tournèrent le dos en manifestant leur mépris par quelques paroles fort dures et peu parlementaires.

A compter de ce jour, Pierre Dupont n'eut pour ainsi dire plus d'amis ; il avait écœuré de nouveau, par sa conduite incompréhensible, les derniers qui lui restaient fidèles. On ne baise pas, que diable ! le talon qui vous écrase ou la main qui vous prend à la gorge.

La seule excuse qu'on peut trouver à cet acte courtisanesque de la part d'un ancien républicain, c'est que le malheureux était à moitié ivre ; car, à cette époque, il oubliait trop souvent les inspirations de sa muse populaire pour s'adonner à la muse verte, l'absinthe.

Il vécut encore quelques années isolé, retiré dans les environs de Suresnes, ce poète charmant et aimé de la génération de 1848 ; puis, enfin vers 1869, malade, serré par la misère, désillusionné de ses rêves les plus brillants et les plus chers, dégoûté par les déboires dont l'abreuvait la capitale qui, jadis, l'avait si bien acclamé, il songea à réintégrer sa ville natale.

Avant son départ, Paul Avenel le rencontra et lui parla du temps passé ; mais celui-ci, qui avait connu intimement Dupont au quartier Latin, ne revoyait plus en lui qu'un être à plaindre, qui avait eu un grand tort, c'était d'avoir trop survécu à sa belle et sympathique réputation.

Ah ! ce n'était plus cet admirable chanteur républicain qui chantait si bien au banquet du boulevard Montparnasse ces vers de paix et de bonheur pour tous :

> O guerre ! c'est ton dernier jour !
> Le glaive brisera le glaive,
> Et du combat naîtra l'amour.

Pierre Dupont, la figure avinée, les paupières tombantes, la langue lourde et embarrassée, n'était plus qu'un souvenir, mais un triste souvenir.

Un jour, que quelqu'un demandait à Gustave Mathieu un renseignement sur Pierre Dupont, celui-ci répondit avec sa franche brusquerie : « Ne me demandez rien sur ce vieux camarade, il est mort pour moi, et je ne parle jamais des morts. »

Nous croyons inutile de reproduire quelques couplets de ce poète qui chanta aussi bien le réveil du peuple avec son cœur de vingt ans que la nature avec son génie idyllique. Ses œuvres ne sont-elles pas aujourd'hui dans toutes les bibliothèques ? Pierre Dupont mourut à Lyon, le 25 juillet 1870.

ANTOINE CLESSE

Antoine Clesse est le fils de Jean-François Clesse, ancien maître armurier au 65ᵉ de ligne, sous l'Empire. — Il est né le 30 mai 1816, d'une mère Belge et d'un père Français. Six mois après sa naissance, ils vinrent habiter la ville de Mons, chef-lieu du Hainaut. Cela s'explique et paraît tout naturel : Mons étant une ville forte et ayant par conséquent un arsenal, c'était un séjour tout indiqué pour un armurier.

En 1857, un journal plus maître-chanteur que satyrique, le *Sancho*, niait la nationalité belge à notre chansonnier; il lui répondit avec sa conscience d'honnête homme : « Oui, j'ai le cœur belge : je l'ai prouvé par mes chansons patriotiques; et je suis fier de dire que, seul en Belgique, jusqu'à ce jour, M. Victor Joly (le rédacteur du journal, sans doute) a songé à faire de moi un étranger dans le pays que je regarde comme ma patrie. — Oui, je me suis fait une position par mon travail. »

Et il ajoute : « *Sancho* me reproche tout cela comme un crime. Pourquoi? » — Et, sans hésiter et sans plus tarder, sur l'air de : *Faut d' la vertu, pas trop n'en faut,* il lui jette ces spirituels couplets à la face :

> Sancho, cesse de t'irriter :
> Tu ne me feras pas chanter.

> Sancho, dans des lignes fleuries,
> Démasquant mes vastes projets,
> Dit que j'ai choisi trois patries
> Afin de mordre à trois budgets.

> Sancho, cesse de t'irriter :
> Tu ne me feras pas chanter.

> Du Hollandais j'ai l'avarice,
> Et, pour te rendre ton encens,
> Du Français je tiens la malice,
> Du Belge je tiens le bon sens.

Sancho, cesse de t'irriter :
Tu ne me feras pas chanter

Etc., etc.

Et, dans une note ajoutée au bas de la chanson, il dit : « *Chanter*, donner de l'argent à un pamphlétaire de bas étage pour acheter son silence. » Et entre parenthèses : « Dictionnaire de poche à l'usage de M. Victor Joly. »

J'espère que voilà une réplique qui en vaut bien une autre; et pour la faire, M. Antoine Clesse, quoique armurier, n'a pris pour arme que la Chanson. Dans une arme de précision, c'est une balle de plomb qui frappe au but; dans la chanson, c'est l'esprit. La blessure qu'elle fait n'en est pas moins profonde.

Antoine Clesse est donc le fils de ses œuvres. Il s'est instruit, comme un professeur instruirait un enfant. Il a le tempérament d'un travailleur. Toutes ses chansons sont écrites avec le même soin, dans un français digne d'éloges. Il les a pensées, rêvées, polies avec la conscience et l'ardeur qu'il met à forger, limer, fourbir une pièce d'armurerie. Il a mis en elles tout son talent, tout son amour... sans descendre jusqu'à la grivoiserie, pourtant. Si bien qu'on y trouve le même charme à les lire qu'à les chanter. Et quand on en a achevé la lecture, on se trouve tout à l'aise de répondre au vœu qu'il exprime dans une de ses préfaces, en disant que son œuvre est l'œuvre d'un homme sérieux et honnête.

Nous ferons cependant une petite critique : ses couplets, en général, manquent peut-être d'un peu de légèreté et de fantaisie. Ils ont un peu la lourdeur et la précision de l'homme du Nord; le rire n'y éclate pas, mais le sourire y est toujours. C'est une espèce de contrefaçon belge de l'esprit parisien, mais cela n'empêche pas qu'on y trouve de fort belles choses. Ce qui fait la réputation du poète montois, c'est que ses pensées suivent une bonne ligne franche et honnête qui conduit au dévouement et au devoir. Du reste, ses contemporains ont su l'apprécier, puisqu'ils l'ont mis au nombre des hommes remarquables de leur pays. Et, ma foi! c'est de toute justice.

Si le chansonnier Antoine Clesse n'est pas un poète bachique et volage à la façon de M. Laujon ou du chevalier de Piis, il a des qualités humanitaires et patriotiques qui en font un grand citoyen, quoique imbu des idées royalistes. Il faut lui savoir gré, tout en chantant son roi bien-aimé avec la foi d'un sujet dévoué, de ne pas oublier de célébrer l'amour de la patrie avec l'ardeur d'un cœur qui contient les vertus républicaines. Il chante la concorde et la fraternité avec le bons sens d'un paisible et honnête socialiste. Il aime Mons comme un Parisien aime Paris.

La croix qui brille sur sa poitrine, les banquets que les Montois ont donnés en son honneur, sont la juste récompense de ses travaux littéraires et de son amour civique; car il ne craint pas de chanter la liberté, tout en criant : Vive le roi!

Il nous suffira, pour donner une idée de son talent, de citer une de ses paysanneries :

PAYSAN ET PAYSANNE

Vêtus d'une étoffe grossière,
En sabots, la main dans la main,
Deux amoureux, de leur chaumière,
Vers le soir prenaient le chemin.
Du rossignol, dans la charmille,
Ils n'écoutaient pas la chanson.
Mais c'était une belle fille,
Et c'était un joli garçon.

Ils suivaient les bords de la Haine,
Dans les grands prés, vers les grands bois,
Jetant aux échos de la plaine
Leur gros rire, leurs mots patois.
Ils n'ont pas eu dans leur famille
Chaque jour la bonne leçon ;
Mais c'était une belle fille,
Et c'était un joli garçon.

Au coude que fait la rivière,
Spectacle vraiment sans pareil,
Je les vois en pleine lumière :
Quel artiste que le soleil !
De pourpre et d'or il les habille :
Dieu souriait à l'horizon !
Et j'admirais la belle fille,
Et j'admirais le beau garçon.

Un gamin jouant sur la rive,
Tombe et jette un cri déchirant.
La fille est plus morte que vive,
L'homme plonge et sauve l'enfant !
Dans nos yeux une larme brille,
Nos cœurs battent à l'unisson...
Je serrai la main de la fille,
Je serrai la main du garçon.

Antoine Clesse a publié ses chansons en deux magnifiques volumes, et, depuis 1874, il était membre de la « Lice chansonnière » de Paris. Il y venait rarement : il aimait tant Mons! Ne dit-il pas :

VIVE MONS !

Air : Soldat français.

Mons fièrement montre à nos chers Wallons,
A nos pays charbonniers, agricoles,
Son faîte immense et ses riches vallons,
Ses boulevards, ses temples, ses écoles ;
Sur les clochers domine son beffroi
Que de si loin on peut voir à la ronde.
Semant dans l'air l'épouvante et l'effroi,
L'aigle égaré se pose comme un roi
    Sur le plus beau beffroi du monde !

Mons fit sortir de ses flancs généreux
Squares, musée et bronzes magnifiques ;
Bibliothèque, aux trésors si nombreux ;
Hôtel de Ville aux nervures gothiques ;
Et la grand'place où les concerts d'été
Font accourir et la brune et la blonde :
Elles ont tout, courage, esprit, bonté !
Nous sommes fiers d'avoir dans la cité
    Les plus belles filles du monde !

. . . .
. . . .
Des voyageurs les plus audacieux
J'ai dévoré les livres dans mes veilles ;
J'ai vu souvent, et de mes propres yeux,
J'ai vu Paris, la Reine des Merveilles...
De nos hivers l'oiseau fuit la rigueur ;
Mais, sous des cieux que la lumière inonde,

> Le nid d'amour pour lui reste vainqueur.
> Mons est toujours, pour mon âme et mon cœur,
> La plus belle ville du monde !

Le premier volume de ses œuvres a pour titre : *Chansons*, tout simplement, et porte la date de 1866. — Le second, intitulé : *Nouvelles Chansons et Poésies*, a paru en 1888.

En 1848, Béranger écrivait à Antoine Clesse : « Vous voilà, selon moi, au premier rang des chansonniers de notre époque. » (Voir la correspondance publiée par l'éditeur Perrotin.)

En 1866, Victor Hugo lui offrit son portrait avec cette dédicace : « Au poète national et populaire de la Belgique, à Antoine Clesse. Bruxelles, 1866. — Victor Hugo. »

Il a en effet obtenu de grands succès populaires : en 1852, il fit — paroles et musique — la *Bière*, qui est devenue, en Belgique, un chant national. Elle a été traduite en flamand, en hollandais, en allemand et en anglais.

Nous citerons encore, parmi ses bravos de la rue : *Mon Étau*, la *Fourmilière*, *Ce que veut l'ouvrier*, *Une Immortelle*, les *Petits Airs et les petites Chansons*, *Que je suis fier d'être fils d'ouvrier*, le *Roi des métaux*, le *Pauvre Artiste,* etc. Tout Mons fredonne ces couplets.

Nous avons dit plus haut qu'il avait été décoré. En juin 1854, le roi Léopold Ier le créa chevalier de son ordre, et, par un arrêté du 11 juin 1888, le roi Léopold II l'a promu au grade d'officier de l'ordre de Léopold.

M. Lockroy, ministre français de l'instruction

publique et des beaux-arts, a nommé Antoine Clesse *officier de l'Instruction publique*, pour ses œuvres poétiques, c'est-à-dire comme le plus grand chansonnier de la Belgique.

La chanson est donc honorée quelquefois comme elle le mérite!

Antoine Clesse est mort le 9 mars 1889, dans sa soixante-treizième année, à Mons (Belgique).

DESROUSSEAUX

Desrousseaux (Alexandre) est né à Lille, à Saint-Sauveur, en 1820. Ce n'est pas seulement le poète lillois le plus connu et le plus personnel, c'est une célébrité locale, une physionomie populaire, liée à l'histoire de la ville de Lille presque au même titre que le barbier Masse, le commandant Ovigneur (celui de 1792), le maire André, — ou la rue Esquermoise.

Alexandre Desrousseaux fit ses premières chansons vers sa dix-huitième année. Reproduisons quelques lignes de M. Lecomte, un de ses biographes, qui nous explique comment le jeune poète jeta pour la première fois son nom à la foule :

« Desrousseaux mit en chansons trois types populaires : le *Marchand de pommes de terre*, la *Faiseuse de café* et le *Marchand de chansons*. — Le jour du Mardi-Gras, l'auteur, costumé en marchand de chansons, et deux de ses amis transformés, l'un en marchand de pommes de terre, l'autre en diseuse de bonne aventure, montèrent dans une voiture découverte, sur le devant de laquelle se trouvait un tambour, et derrière, quelques musiciens, et parcoururent la ville en chantant, ou, pour mieux dire, en jouant chacun son personnage. Faisons remarquer en passant que M. A. Desrousseaux est doué d'une agréable voix de ténor. Les chansons de notre poète, quoique encore bien incorrectes, étaient cependant meilleures que la plupart de celles qui se débitaient pendant le Carnaval. Elles furent enlevées en quelques heures et devinrent promptement populaires. »

Ce début promettait ; mais l'heure de la conscription sonna, et notre jeune rimeur prit sa feuille de route pour le 46e de ligne, où il resta sept années.

Quoique au régiment, il n'en continua pas moins de cultiver la poésie et la musique.

Il revint dans son pays natal dans le courant de l'année 1847. Il entra dans une administration, car il fallait vivre ; et, un beau jour, le hasard, sous la forme d'un de ses amis, le conduisit au Cercle lyrique. Il y chanta le *Petit Quinquin*, on l'applaudit, et dès cet instant bien heureux, on peut dire que la réputation énorme dont il jouit aujourd'hui, commença. Voici le premier couplet de cette fameuse « canchon dormoire », berceuse populaire lilloise, paroles et musique de Desrousseaux :

> Dors, min p'tit quinquin,
> Min p'tit pouchin,
> Min gros rojin ;
> Te m' f'ras du chagrin,
> Si te n' dors point qu'à demain.

> Ainsi, l'aut'e jour, eun' pauv' dintelière,
> In amiclotant sin petit garchon,

Qui d'puis tro's quarts d'heure n' faijot qu' braire,
Tâchot d' l'indormir par un' canchon.
  Ell' li dijot : Min Narcisse,
  D'main, t'aras du pain n'épice,
    Du chuc à gogo,
  Si t'es sage et qu' te fais dodo...

Dors, etc., etc.

Ce langage demande quelques explications : *Quinquin*, diminutif de *Kind*, mot flamand signifiant : enfant; par conséquent : enfantelet, fanfan. En général, pour les mères qui l'emploient, *quinquin* est, ainsi que *pouchin* (poussin) et *rojin* (raisin), un mot d'amitié sans signification précise.

Amicloter, dodeliner, câliner.

Cette chanson a six couplets.

En 1851, il publia un volume de *Chansons* et de *Pasquilles lilloises*, précédées de son portrait et d'une notice sur l'orthographe du patois de Lille. Il fit une espèce de grammaire en guise de préface, pour que les lecteurs qui n'étaient pas familiarisés avec le patois pussent le comprendre. Nous citerons, parmi les quarante ou cinquante chansons qu'il contient : le *Spectacle gratis*, encore un de ses grands succès ; les *Amours de Jeannette et de Girotte*, l'*Ivrogne et sa femme*, le *Crieur de la ville*, le *Retour de Nicaise*, le *Bistocache de Sainte-Catherine*, *Casse-Bras*, la *Noce de César*, les *Lingots d'or*, etc. Aujourd'hui, Alexandre Desrousseaux a un volumineux bagage de chansons.

En 1879, il fut reçu membre honoraire de la Lice chansonnière. Il y vient rarement; mais, chaque fois qu'il y vient, il chante une ou plusieurs de ses chansons nouvelles, avec cet esprit et cet entrain qui ont beaucoup contribué à sa grande réputation.

Le recueil de la Lice contient de ce chansonnier les chansons suivantes : *Mimi l'Amour*, les *Deux Grands-Pères*, *Aie, iae, iaé*, le *Rêve de François*, le *Petit Parrain*, l'*Habit de mon grand-père*, *Liquette* ou les *Conseils à une jeune fille*, la *Planète*, *Mimi e au musée de Lille*, *Mimi l'garchonnière*, *Georgette*, *Bon voyage*, etc., etc.

La première chanson qu'il chanta au banquet de la *Lice* fut l'*Habit de mon grand-père*, et, pour faire accepter son patois lillois à ses auditeurs, il la fit précéder de ce couplet explicatif :

>   Amis, mes chansons et Pasquilles,
>   Écrites en bon vieux patois,
>   Ne plaisent, hélas! pauvres filles,
>   Qu'aux oreilles des gais lillois.
>   Aussi leur père
>   Se désespère
> Quand loin du Nord, de ces joyeux bébés
>   On veut entendre
>   La voix peu tendre...
> Il craint pour eux brocards et quolibets.
>   Mais quand la *Lice chansonnière*,
>   Bienveillante, veut m'écouter,
>   Quoique en tremblant, je vais chanter :
>   L'HABIT D'MIN VIEUX GRAND-PÈRE.

L'indulgence que réclamait le poète du Nord était bien inutile; car il chanta merveilleusement son œuvre, avec une voix bien timbrée, fine, souple et bien obéissante à sa pensée. Il souleva les bravos unanimes des chansonniers parisiens.

L'Habit de mon grand-père est une chanson fort originale ; elle a beaucoup de couplets, et, pour bien l'apprécier, il faut la citer entière.

Air : *Suzon sortait de son village.* (Dalayrac.)

Il a, ch' l'habit d'eun' si biell' coupe,
Coûté gros, car nul drap, dins l' temps,
N'étot fait d' coton et d'étoupe,
Mais, du moins, cha durot longtemps.
    Un habit d'homme
    Ch'étot tout comme
Un vieux portrait qui passe d' main in main,
    Et qui rappelle
    Tout du modèle :
Les qualités, les défauts et l' destin.
    Aussi, l'homm' qui l'avot fait faire
    Mettot ses soins à l' conserver,
    Et t'nez, chin qui va vous l' prouver,
    Ch'est l'habit d' min grand-père. (*bis*)

Il l'a fait fair' pour sin mariache,
In l'an mil sièpt chint quarant'-tros,
Par un tailleur du voisinache
Qui n' n'a rêvé pindant tros mos ;
    Car, dins s' boutique,
    Jamais pratique
A ch' point, n'avot qu'mandé rien d'élégant ;
    Mais, faut tout dire,
    L' mieux comme l' pire,
Il a su l' faire aller tout comme un gant.
    On dit que d' joie i' n'a fait qu' braire,
    Quand il l'a vu si bien porté,
    Et qu'à l' noc', tout l' monde a vanté
    L'habit d' min vieux grand-père. (*bis*)

Il a mis dix fos cheull' biell' pièche,
Pendant l'espace d' vingt-chinq ans.

Ch'est à les noc's d'eun' sœur, d'eun' nièche,
Au baptèm' de ses huit infants.
    Mais, les dimanches,
    Tout d'puis les manches
Jusqu'au collet, avec soin, i l'brouchot,
    Et ch' l'offair' faite,
    Allot l'le r' mette
Dins sin vieux coff'... Là, huit jour, i restot.
Hélas! un jour, a v'nu l'misère,
Et m' gra' mèr', d'un air attristé,
A dù porter au mont-d'-piété
L'habit d'min vieux grand-père. (*bis*)

Min grand-pèr' meurt, mais s'n habit reste
A min pèr, qui l'porte quinze ans;
Alors, il in fait faire eun' veste,
In li racourchichant les pans.
    Mais, quelle histoire!
    In r'venant d'boire,
En fos, min père à m'mèr, cach' des raisons;
    V'la qu'on s'dispute,
    V'la qu'on s'culbute,
Vla qu'on s'arrach' les ch'veux, les cotillons...
Infin, la paix finit pa' s' faire,
Mais l' lind'main, à pein' découché,
Min pèr' brait d'vir tout arraché
L'habit d'min vieux grand-père. (*bis*)

I n'y avot pus moyen de l' mette
Sans l' rap'ticher d'tous les côtés.
Alors eune idé' pass' dins l'tiète
De m' mèr' qui dit : « Père, acoutez :
    No garchon Jacques,
    Autour des Pâques,
S'il est savant, f'ra s' premièr' communion.
    V'là tout' l'affaire
    Ch'est de l' fair' faire,

Juste à sin point, par un tailleur in r'nom. »
   Min père a compris qu'i d'vot s' taire,
   In intendant cheull' bonn' raison,
J'ai donc mis, l' jour de m' communion,
   L'habit d' min vieux grand-père. (*bis*)

   Quoiq' solide, il a fini d' rire
   Ch' l'habit si rar', si bon, si biau
   Malheureus'mint, j' peux bien vous l' dire,
   On n'in trouv' pas même un morciau.
        Avec eun manche,
        M' femme, un dimanche
A rapièch'té min patalon collant ;
        Et t'nez, m' casquette
        A été faite
Dins l'un des pans et dins l' mitan du d'vant,
   Infin, quand m' femme a dev'nu mère,
   N'ayant point d'pichoux pou' s'n infant,
   Elle a dû s' servir du restant
   D' l'habit d'min vieux grand-père. (*bis*)

M. Desrousseaux vient de publier un ouvrage intitulé : *Mœurs populaires de la Flandre française*, qui est destiné à obtenir un beau succès auprès des Lillois, car il traite des fêtes, des amusements, des jeux de l'enfance et de la jeunesse, des *rondes* et des *vieilles chansons, berceuses et récits*. Ces deux volumes sont un supplément plein de savoir et d'érudition à l'œuvre complète de notre joyeux rimeur Lillois.

Quoique concernant principalement le territoire compris entre la Lys et la Scarpe, formant aujourd'hui les arrondissements de Lille et de Douai, et qu'on appelait autrefois la Flandre française ou Wallonne, ce recueil intéresse également les autres pays de France par le fond instructif, attrayant et amusant qu'il contient.

Alexandre Desrousseaux a sa place marquée dans l'histoire de la chanson, et c'est une des meilleures. En dehors de ses travaux littéraires, il a dirigé pendant nombre d'années l'important service de l'octroi de Lille ; il a été nommé chevalier de la Légion d'honneur lors de sa mise à la retraite. On a récompensé ainsi tout à la fois l'habile administrateur et le spirituel chansonnier.

DESFORGES DE VASSENS

Desforges de Vassens (Adolphe-Eugène-Charles), était né en 1821.

Ce chansonnier jouissait d'une grande considération auprès de ses confrères et il la méritait. Ce n'était pas un de ces coupletiers qui n'ont que des lieux communs et peu vocables à leur disposition ; en cela, il était un véritable poète, il rendait sa pensée avec des expressions justes et souvent élégantes. Sa chanson ne sentait pas la goguette, elle ne se parait pas toujours des mêmes rimes ni des mêmes refrains. Elle était correcte, soignée et parfois originale.

Desforges de Vassens a eu l'honneur de présider la *Lice chansonnière*. Il a rempli ce poste avec toute la douceur et toute la bonté qu'il apportait dans les rapports familiers avec ses amis. Il ne faut pas croire pour cela que notre chansonnier fut sans énergie ; au contraire, Desforges de Vassens, quand les circonstances en valaient la peine, était un homme de courage et de devoir. Ainsi, pendant le siège de Paris, en 1870, ses amis s'étaient souvenus qu'il avait été officier d'état-major, et l'avaient fait nommer colonel au 51e régiment de la garde nationale de Paris.

Malgré une maladie sourde qui le minait intérieurement, il accepta cette haute position, parce qu'il s'agissait de défendre la patrie. Mais bientôt les fatigues quotidiennes, les privations forcées et le mécontentement d'avoir pour gouverneur de Paris un homme aussi inepte, aussi incapable que le général Trochu, troublèrent sa quiétude et détruisirent son espoir.

En novembre 1870, alors qu'on espérait encore, il avait fait des strophes guerrières dans lesquelles il avait mis tout ce qu'il avait au cœur de patriotisme.

Nous allons donner cet hymne vraiment français et qui a pour titre : *Aux armes ! France !*

> Sous le canon le sol tressaille,
> Hors du fourreau frémit l'acier,
> L'air sent la poudre... et la bataille
> Galope sur son noir coursier ;
> De sa voix de bronze elle crie :
> Debout pour chasser l'étranger
> Du sol sacré de la patrie !
> Debout !... la Patrie en danger !
>
> Aux armes pour la délivrance !
> Aux armes pour la liberté !
> Le bourg, le hameau, la cité,
> Que tout se lève et tout s'élance :
>   Aux armes ! France !

Sangle ton flanc, boucle ta guêtre,
Volontaire, et prends ton mousquet;
Sache être libre ou ne pas être,
Et fais ton trou comme un boulet.
Fauche l'ennemi comme un seigle.
Que ton fer ne rentre au fourreau
Qu'après avoir vu fuir son aigle
Devant toi comme un passereau.

 Aux armes! etc.

Dans le vent de la *Marseillaise*,
Volez, ô drapeaux triomphants!
Les géants de quatre-vingt-treize
Revivent dans leurs fiers enfants.
Héros de Valmy, de Jemmapes,
Ils nous ont tracé le chemin
Dont les glorieuses étapes
Par Iéna vont à Berlin.

 Aux armes! etc.

Debout pour la grande hécatombe,
O bataillons improvisés!
Il faut passer comme la trombe,
Sur nos ennemis écrasés.
Il faut que la France outragée
Buvant leur sang, gardant leurs corps,
Dise au monde : Je suis vengée :
Tous les envahisseurs sont morts!

Aux armes pour la délivrance!
Aux armes pour la liberté!
Le bourg, le hameau, la cité,
Que tout se lève et tout s'élance :
 Aux armes! France!
Paris, novembre 1870.

Ces vers sont le reflet de la pensée de Paris. Voilà ce que la grande ville pensait encore en novembre 1870. Elle avait 400,000 hommes armés et prêts à mourir pour elle. La bataille de Buzenval l'a bien prouvé. Eh bien, deux mois plus tard, M. Trochu trompait le courage des Parisiens par cette affiche officielle : *le Gouverneur de Paris ne capitulera pas ;* et quelques jours plus tard, il remettait ses pouvoirs au général Vinoy, qui capitulait. Ce qui fit dire de Trochu : « Si le jésuitisme n'avait pas existé, il l'aurait inventé. »

La reddition de Paris à l'armée allemande porta le dernier coup au brave Desforges de Vassens. Il s'alita et mourut le 13 février 1871, en criant encore, dans son délire : *Aux armes! France!*

Les obsèques de Desforges de Vassens furent celles d'un humble citoyen. Son corbillard, d'après sa formelle volonté, fut le corbillard des pauvres, et de la rue des Nonnains-d'Hyères où il avait rendu le dernier soupir, il fut conduit, accompagné de deux mille personnes, au cimetière de l'Est.

Ce dernier hommage au cadavre du chansonnier-colonel, prouve assez quel homme c'était durant sa vie. Un mot de plus est inutile pour faire son éloge. Rappelons seulement que les honneurs militaires dus à son grade lui furent rendus; les roulements sourds des tambours alternaient avec les marches funèbres. Les curieux encombraient les trottoirs et les fenêtres des maisons sur le parcours du cortège qui accompagnait, avec tant de pompe, le modeste corbillard qui emportait un grand citoyen.

Parmi les chansons de cet ancien président de la *Lice chansonnière*, nous citerons : la *Fille à Jérôme*, le *Périgourdin*, *Dom Gobelet* et *Jeanne-la-Rose*. Il fit aussi des poésies remarquables : la *Hache, Mar-*

guerite, Par dessus la haie, les *Pommiers,* l'*Ane,* la *Floraison,* etc., etc... Homme de cœur et de talent!

GUSTAVE NADAUD

Gustave Nadaud est un enfant de Roubaix, une des principales villes manufacturières de France. Ses parents étaient commerçants, et il est né le 20 février 1820.

Il passa quelques années au collège Rollin, à Paris; puis, sa famille le rappela pour l'initier aux secrets de la carrière commerciale; mais le jeune Gustave, alors âgé de dix-huit ans, avait d'autres idées en tête.

Deux ans plus tard, il revint à Paris. Sa famille quittait Roubaix pour la capitale où elle venait fonder un comptoir de vente pour les tissus.

Nadaud avait vingt ans. A cet âge, la jeunesse et la poésie ont grand empire sur l'imagination, et le milieu des affaires était un singulier Parnasse pour notre futur chansonnier. Il était jeune, il alla droit à la jeunesse, c'est-à-dire au quartier latin. Il s'y fit de nombreux amis, et toutes les heures dont il pouvait disposer se passaient selon ses goûts, sur ce *mons ambitionis* — comme on disait jadis — et où s'esbattent les escholiers depuis le douzième siècle. Il était là, au milieu d'une population active, intelligente, savante, amie des arts et des sciences, qui pouvait l'aimer, l'encourager et le comprendre. Dans la vente des tissus, il ne trouvait pas d'échos aux battements poétiques de son cœur; aussi il se jugea bientôt incapable d'y consacrer sa vie.

Gustave Nadaud s'accommodait bien des mœurs légères des étudiants, il y trouvait des horizons nouveaux, des idées de liberté, mais là s'arrêtait l'étendue de sa sphère morale. Bourgeois il était né, bourgeois il est resté, n'ayant pas le tempérament d'un politique républicain. Le lait qu'il avait tété sous le règne de Louis XVIII, était un lait monarchique qui en avait fait un serviteur du trône. Du reste, il fait bon marché de ses idées politiques, il est chansonnier avant tout. Les salons du second Empire ont fait sa réputation, parce qu'il sait, même en chansons, se plier au goût de tout le monde, c'est-à-dire plaire à chacun.

Gustave Nadaud chante et écrit, sans esprit de parti, pour l'amour de l'art. Au demeurant le meilleur fils du monde, car tous ses amis savent qu'il est bon, dévoué, serviable et très tolérant pour ceux qui professent des idées plus ou moins avancées, et autres que les siennes. Et s'il alla chanter chez la princesse Mathilde, c'était par amour de l'art et non pas parce qu'elle était la cousine d'Auguste. Le second empire en faisant la réputation du célèbre chansonnier a coupé les ailes à sa muse; par respect pour ses auditeurs il a mis un frein à ses pensées et au développement de ses couplets. L'atmosphère des salons bonapartistes lui imposait une certaine retenue, un certain *décorum*. Et cependant en homme d'esprit, il savait se rendre intéressant; à lui seul il composait une trinité : poète, chanteur et musicien. Voyez du reste, ce que le comte de Viel Castel dit de notre chansonnier dans ses mémoires ; il l'a applaudi lui-même chez la princesse Mathilde dont il était un des courtisans les plus assidus.

M. Nadaud, indépendamment de son culte pour la chanson est encore, quand les circonstances l'exigent : sœur de charité et caissier ou plutôt créateur de la petite caisse des chansonniers.

Dans une réunion tenue en mai 1886 au Cirque d'hiver, la Société d'encouragement au bien a décerné une médaille d'or à Gustave Nadaud. C'est pour savoir comment ce poète exerce la charité qu'un de nos confrères, M. Paul Fresnay, a été l'interviewer à Passy.

Notre cher chansonnier se prêta volontiers à ses questions et voici ce qu'il lui dit :

« Vous venez me demander pourquoi j'ai cette médaille ? Quoi qu'il soit toujours ennuyeux de parler de soi, je ne me refuse pas à votre désir, puisque c'est maintenant un fait public et connu de tous.

» Eh bien ! en 1870, javais la cinquantaine sonnée. Un peu tard, n'est-ce pas, pour porter un fusil ? Puisque je ne pouvais pas aller sur les champs de bataille, j'ai demandé au moins à ce qu'on m'employât d'une autre façon... J'étais à Lyon. Chaque jour arrivaient des blessés, les ambulances regorgeaient de malades. Mon Dieu ! il n'y avait pas à hésiter, ce me semble, je me suis fait infirmier. Je me suis engagé dans la première ambulance lyonnaise pour suivre les armées, et j'ai suivi en effet d'abord l'armée des Vosges, puis celle de la Loire, jusqu'à la fin... On fait comme on peut sa sœur de charité.

» A ce devoir patriotique, ajoutez-en un autre, tout artistique, qui m'a valu aussi les remerciements de la Société d'encouragement au bien. J'ai fondé la Petite Caisse des chansonniers, destinée à secourir les auteurs pauvres. L'histoire de la fondation de cette caisse est assez curieuse. J'avais économisé un petit pécule, une poire pour la soif ! Un jour l'idée me vint de faire éditer luxueusement mes œuvres et de les vendre à un prix assez élevé à des amateurs. Je consacrai à cette édition tout ce que je possédais. Ce fut un coup de fortune. J'avais, paraît-il, — c'est ce que m'a affirmé depuis Alphonse Lemerre, fait imprimer pour une somme minime des chefs-d'œuvre typographiques. La vente de ces livres me rapporta au moins six fois ce que l'impression m'avait coûté. C'est alors qu'ayant devant moi des fonds suffisants pour réaliser ce qui avait été le rêve de toute ma vie, je songeai à les utiliser en créant la Petite Caisse du chansonnier.

» Il y a à Paris et en province une foule de jeunes gens de talent qui ne peuvent se produire faute de moyens suffisants. C'est à cela que j'ai voulu remédier. Poètes et chansonniers, je tiens à les aider dans la mesure de mes forces. Je ne me contente pas de l'appui moral, je les aide du « *nerf de la guerre* », comme je disais étant infirmier, je fais imprimer leurs œuvres.

» — Parmi ces poètes et chansonniers, en est-il quelques-uns que je puisse citer, demanda alors M. Paul Fresnay ?

» M. Merlin, de Saint-Étienne, qui vient de lancer douze sonnets remarquables de forme et d'idées, est un de nos chansonniers qui ira loin, M. Chebroux, dont le volume, *Chansons et Sonnets*, a déjà un certain succès. »

Nous ajouterons — ce que nous avons déjà dit au courant de cette étude — que Nadaud est également l'éditeur du premier volume de Eugène Pottier, le chansonnier socialiste. Ce volume, qui a pour titre *Quel est le fou ?* a une préface du bienfaiteur des chansonniers pauvres.

En 1889, grâce aux subsides de la *Petite Caisse des chansonniers*, parut chez Labbé, éditeur, les chansons populaires de Jules Jeannin, membre de la *Lice*.

Gustave Nadaud, dans sa modestie, peut dire comme le philosophe de Ferney !

J'ai fait un peu de bien, c'est mon meilleur ouvrage.

Il serait à souhaiter que dans l'intérêt de l'art à tous les degrés, M. Nadaud eût beaucoup d'imitateurs.

On peut féliciter ce chansonnier d'avoir modernisé la chanson, il en a regaillardi la vieille forme en sortant des sentiers battus. Il en a modifié le vieux moule en le rendant plus vrai et plus gracieux. Ses couplets sont souvent vifs, alertes et spirituels ; mais il a parfois mis dedans plus de poésie que ce genre d'écrire ne comporte. Ainsi, ses strophes, qui ont pour titre : *Volupté*, sont une charmante poésie, et les *Reines de Mabille* une leste et frissonnante chanson.

Citons à l'appui quelques vers de *Volupté* :

Plaisir suprême, adorable magie,
Prêtez un charme à mes tendres accents;
Venez, venez, près de mon Emilie,
Remplir mon cœur et réveiller mes sens.

Loin les soucis!... arrière la contrainte !
Epanchez-vous, torrents de voluptés;
Et sur nos cœurs, unis dans cette étreinte,
Versez, versez vos trésors enchantés.

Vins généreux, enivrante ambroisie,
Sous vos rubis que naissent les plaisirs !
Et de la coupe où ma raison s'oublie,
Faites couler le trouble et les désirs.

   Etc., etc.

Il y a encore six strophes de cette chaude et amoureuse allure.

Et les *Reines de Mabille* :

   Pommaré, Maria,
   Mogador et Clara,
   A mes yeux enchantés
Apparaissez, chastes divinités,
C'est samedi; dans le jardin Mabille,
Vous vous livrez à vos joyeux ébats;
C'est là qu'on trouve une gaîté tranquille
Et des vertus qui ne se donnent pas.

   O grande Pomaré,
   A ton nom révéré,
   Ton peuple transporté
S'est incliné devant ta majesté.
Ah! cambre-toi, ma superbe sultane,
Et sous les plis, que tu sais ramener,
Fais ressortir ce vigoureux organe
Que la pudeur me défend de nommer.

   Etc., etc.

Inutile de faire une plus longue citation, nos lecteurs de la génération de 1848 connaissent cette joyeuse chanson populaire, qui fit si longtemps les délices du quartier latin.

Parmi les bonnes chansons de Nadaud, nous citerons encore : les *Deux gendarmes*, *Carcassonne*, les *Deux notaires*, le *Voyage aérien*, *M. Bourgeois*, *Bonhomme*, le *Nid abandonné*, la *Chevrette*, *Lettre d'un étudiant à une étudiante*, l'*Aimable voleur* et la *Vigne vendangée*. Ceux qui ont chanté les chansons ci-dessus, doivent comprendre pourquoi est si bien salué chansonnier le bon et joyeux Nadaud.

Mais dans ses chansons politiques on ne retrouve pas les qualités ordinaires qui lui sont propres. Il n'aime pas la politique ou plutôt il n'aime que sa politique; celle des idées nouvelles, du socialisme, par exemple, il n'en veut pas. En 1848, à propos de la gaieté française, il nous dit :

> Qu'en ont-ils fait, de l'esprit de nos pères,
> Ces jeunes gens austères,
> Ces vieillards de vingt ans !
> . . . .
>
> Quoi ! n'avoir plus de fougue sympathique
> Que pour la politique
> Et son hideux Pathos ;
> Pour aboyer devant la foule accrue,
> Comme on voit, dans la rue,
> Des chiens devant un os.
>
> Attendez donc que votre corps se penche,
> Et qu'une barbe blanche
> Vous ait fait écouter ;
> Et vous aurez alors cet avantage

D'avoir acquis par l'âge
Le droit de radoter.

M. Nadaud a tort de blaguer les vieillards de vingt ans qui composent la jeunesse studieuse de notre siècle. Sans travail on n'arrive à rien et l'on n'est bon qu'à obéir aux absurdités du passé. L'esprit humain ne peut s'étendre, grandir et prospérer que par un sûr travail incessant et de toute la vie.

Quand M. Nadaud s'en prend aux députés, sa nature bourgeoise se bat les flancs pour être drôle et caustique. Lisez : le *Carnaval de l'Assemblée nationale*, *Un Banquet*, *Je m'embête !* la *Solution* et les *Adieux de M. Paul Bert*, et vous verrez que notre chansonnier a moins de sympathie pour MM. Spuller, Clémenceau et Paul Bert que pour le duc d'Aumale ou l'empereur du Brésil.

Au mois de février 1888, à Nice, M. Nadaud eut la bonne fortune de rencontrer l'empereur du Brésil, Dom Pedro II. On sait que ce souverain américain aime beaucoup les Français et surtout les artistes. Gustave Nadaud a été fort bien reçu par lui et lui a chanté quelques-unes de ses chansons. Sa Majesté lui a promis de les traduire lui-même en portugais. — Pour remercier Dom Pédro, notre poète lui a adressé les vers suivants :

Il existait jadis, en quel temps ? je l'ignore,
Ou plutôt je le sais, mais sans le dire encore,
Un prince qui prenait, pour tâche et pour devoir,
D'apprendre et retenir, de voir et de savoir.
Il voulait tout connaître, ou noter ou traduire.
Rien ne fut étranger à ce vaste cerveau,
Épris du goût antique et de l'esprit nouveau.

Il suivait les progrès des nations, des sciences,
Les expositions et les expériences ;
Il visitait à pied, comme un simple amateur,
La loge, ou l'atelier du peintre ou du sculpteur,
Puis il étudiait les mœurs, les caractères.
Des deux pôles du globe et des deux hémisphères ;
Des esprits et des cœurs il fut le conquérant,
Et, quand il disparut, on l'appela « le Grand ».
— Mais non ! non ! vous savez qu'il existe ! Il existe.
Cet empereur humain, ce philosophe artiste,
Ce lettré, ce savant, ce héros simple et doux,
Qui sait nous honorer en venant parmi nous.

Nombre de gens préféreront à cette épître la chanson des *Deux Gendarmes*, car on peut dire du père de l'immortel *Pandore*, sans craindre la moindre contradiction, qu'il a un grand talent personnel, à lui propre, pour la chanson, et qu'il a la meilleure des vertus, celle d'ouvrir sa bourse, autant qu'il le peut, à des confrères malheureux.

M. Gustave Nadaud a été nommé chevalier de la Légion d'honneur en 1861.

EUGÈNE IMBERT

Eugène-Alphonse Monet de Maubois, dit Imbert (du nom des parents qui l'ont élevé, sa tante paternelle et le mari de celle-ci), qui a été élu président de la *Lice chansonnière* pour l'année 1889, est né à Paris le 14 mars 1821, et non en 1820, comme le dit Staaff dans son grand ouvrage : *Cours de littérature française*.

En sortant du collège Charlemagne, où il fit d'excellentes études, il prit sa première inscription à la Faculté de droit ; mais au bout d'une année de la vie d'étudiant, il sentit son peu d'inclination pour les « Institutes de Justinien » (*Justiniani Institutiones*), le *Digeste* et le *Code civil français ;* il tourna alors ses vues vers l'administration, où il entra en 1843. Du jurisconsulte changé en bureaucrate sortit bientôt le chansonnier. C'est sous cette dernière forme que nous allons apprécier le talent et les nombreux succès lyriques d'Eugène Imbert.

Il tient une des premières places parmi les chansonniers contemporains. Ses chansons sont le reflet de sa personne. Il est grand, de belle prestance ; son regard est vif et son sourire expressif ; avec cela bon, affable, franc, spirituel et caustique par moments. Nul mieux que lui ne dit la vérité en riant. C'est un excellent président de banquet, surtout à la « Lice chansonnière » ; il mange, rit et boit sans perdre une bouchée de son assiette, ni un mot de la conversation. Il a réponse à tout, et ses réparties sont toujours vives, incisives et marquées au coin de l'esprit. Au demeurant, le meilleur ami du monde, faisant aussi bien honneur au collège Charlemagne par son savoir qu'à la « Lice chansonnière » par ses chansons.

Eugène Imbert, malgré ses soixante-huit ans, se porte comme un charme. L'âge n'a pas de prise sur lui. Ses joyeux couplets s'en ressentent et il donne raison au dicton : La santé engendre la gaieté. Il est de toutes les sociétés chantantes. Il a fait entendre ses couplets aussi bien à la *Goguette de Lepilleur*, derrière le théâtre de Belleville, qu'au « Caveau » du café Corraza et qu'à la « Lice chansonnière ». Il est propre à tout, tous les genres de chansons lui sont familiers : la romance, la chanson grivoise, la chanson politique ou philosophique, satirique ou bachique, sort avec la même facilité de son cerveau et toujours avec une valeur littéraire ou spirituelle. Qui n'a pas fredonné : *les Bottes à Bastien*, sous l'empire ? Eh bien, cet éclat de rire est d'Eugène Imbert :

> Bastien est un grand personnage
> Au ventre rond, aux cheveux gras.
> On lui donne dans le village
> Du *monsieur* gros comme le bras.
> Pieds nus, et vivant de carottes,
> Hier c'était un franc vaurien :
>   Mais il a des bottes,
>   Il a des bottes,
>   Bastien ;
> Il a des bottes, bottes, bottes,
>   Il a des bottes,
>   Bastien.

Dans un autre ordre d'idées, nous citerons cette chanson humanitaire, qui eut un énorme succès, nous voulons parler de la *Saint Propriétaire*, qui fit les délices des goguettes et de la rue, parce que le sujet qu'elle traite est trop bien connu de tout le monde. Le grand comme le petit, le riche comme le pauvre, ne peut s'empêcher de fêter la « Saint Propriétaire » au moins quatre fois l'an, et cela paraît toujours beaucoup pour ce singulier saint.

Voici deux couplets de cette admirable chanson :

Amis, c'est aujourd'hui la saint Propriétaire.
L'heure vient de sonner ; déjà, le code en main,
Le maître a commandé : l'esclave doit se taire.
Payons, payons d'abord, nous mangerons demain.

> Comme il est fier, ce noir fantôme,
> Sur son autel jadis tremblant,
> A Paris, sa fête se chôme
> A tout le moins quatre fois l'an.
> Dans son temple, à l'or qu'on lui porte,
> Le saint reconnaît ses amis.
> Nul ne peut rester à la porte,
> Mais à tous, le jeûne est permis.

Amis, c'est aujourd'hui la saint Propriétaire, etc.

. . . .

> Ferons-nous, modernes ilotes,
> De par la loi du talion,
> Rendre gorge à tous ces despotes ?
> L'agneau parfois devient lion...
> Hélas ! nous n'avons que nos larmes ;
> Nous implorons la pitié ; mais
> On a vu pleurer des gendarmes :
> Un propriétaire, jamais.

Amis, c'est aujourd'hui la saint Propriétaire, etc.

Eugène Imbert manie avec habileté l'ironie, car il est enclin à la raillerie, mais de son côté la supportant bien. « Il a toujours été paresseux pour se produire — comme il le dit lui-même quelque part, — mais il a tant travaillé à paraître modeste, qu'il croit l'être devenu. » Tous ses amis ont su l'apprécier et l'estiment ouvertement ce qu'il vaut.

Nous citerons encore une de ses dernières productions : *Mon Voisin*, que vingt sociétés chantantes ont entendu et applaudi :

> Vous le savez probablement :
> Depuis tantôt dix ans j'habite
> Le vingtième arrondissement.
> On n'y vit pas en cénobite ;
> On voisine et de temps en temps
> Je vais flâner avec délice
> Et passer quelques doux instants
> Chez un vieil ami sans malice.
> Il me parle des jours passés,
> C'est le seul sujet qui lui plaise.
> Eh ! parbleu, vous le connaissez
> Mon voisin : le père Lachaise.
>
> Vous fait-il peur ? Sachez-le donc,
> Ce n'est pas un vieillard morose.
> Dans son jardin, près du chardon,
> En juin fleurit aussi la rose.
> Puis, le pinson, le rossignol,
> En dépit des murs et des grilles,
> Lancent, sans dièze ni bémol,
> Leurs feux d'artifice de trilles,
> Sentez-vous l'espoir chanceler
> Dès que sur vous le malheur pèse ?
> Il est prêt à vous consoler,
> Mon voisin le père Lachaise.
>
> Incapable d'une noirceur,
> Et muet, malgré son mérite,
> Il ne fut jamais confesseur
> D'un roi ni d'une favorite.
> De reproches et de sermons
> Il n'a pas la tête remplie ;
> Des vains hochets que nous aimons
> Il nous pardonne la folie.

Il laisse notre jeune ardeur
Plonger dans l'humaine fournaise ;
Il sait où conduit la grandeur,
Mon voisin le père Lachaise.

Beaucoup de doute, un peu de foi,
Voilà pour sa bibliothèque.
La Fontaine, Raspail et Foy
Valent bien Moïse et Sénèque.
En fin matois qui s'y connaît,
Cachant ses leçons sous le lierre,
Il rit des dieux avec Volney,
Il rit des sots avec Molière ;
Il expose à ses visiteurs
Toute la pléiade française :
Il aime trop les bons auteurs,
Mon voisin le père Lachaise.

Gens de travail, gens de loisir,
Que la terre soit blanche ou verte,
Il vous accueille avec plaisir,
Et, pour vous, sa porte est ouverte.
Il abrite, sous ses tilleuls,
L'enfance aux bonheurs éphémères,
Et les soupirs des grands aïeuls
Répondent aux soupirs des mères.
Mais, sitôt qu'un clair soleil luit,
Comme il berce, comme il apaise
Ceux qui viennent dormir chez lui,
Mon voisin le père Lachaise.

Il est bien seul, durant l'hiver,
Et semble gémir sous les branches ;
Mais, dès qu'Avril pousse un brin vert,
Que de visites, les dimanches !
En face, on voit des cabarets
Où de bons amis, en famille,

28.

> Tâchent de noyer leurs regrets
> En buvant frais sous la charmille.
> Pendant qu'à leurs joyeux repas
> Ils s'arrosent de Beaune à seize,
> Allez voir — mais n'y restez pas —
> Mon voisin le père Lachaise.

Beaucoup de compositeurs de musique ont mis des airs sur les paroles d'Eugène Imbert; nous citerons parmi eux : Faure, de l'Opéra; Henri Streich, Collignon, Marquerie, Vaudry, etc.

Depuis une dizaine d'années, Imbert travaille à mettre en ordre ses notes et ses appréciations sur les poètes, compositeurs, littérateurs, journalistes, artistes, etc., avec lesquels il s'est trouvé en relations. Nous ne doutons pas que ces sortes de mémoires ne soient aussi curieux qu'instructifs, car leur auteur a toutes les qualités morales pour les rendre très intéressants.

Eugène Imbert a déjà été président de la Lice chansonnière en 1885, et avec cela, il fréquente le Caveau, dont il est assurément un des membres les plus remarquables. C'est un chansonnier qui fait honneur à la chanson.

Parmi ses publications nous citerons : *Ballades et chansons*, un vol. in-12, les *Hannetons*, chansons anciennes et nouvelles, la *Goguette et les Goguettiers*, etc., etc.

Ses chansons les plus populaires sont: *Il a neigé ce matin*, *Brises d'Avril*, la *Chanson du bouleau*, la *Bastille*, le *Café des incurables*, le *Pavillon du vieux lapin*, le *Rat du 7e léger* et vingt autres dont les titres sont dans toutes les mémoires.

Ce qui guide Eugène Imbert dans toutes ses

intéressantes productions, c'est l'esprit voltairien, et nous l'en félicitons.

PAUL AVENEL

Paul Avenel est né le 9 octobre 1823, à Chaumont-en-Vexin, département de l'Oise. Son grand-père était un riche fermier de la commune d'Anglesqueville, dans le pays de Caux, en Normandie; son père était notaire. Homme très considéré et très remarqué dans sa carrière notariale, il était un des fondateurs du *Journal du Notariat*, dont les bureaux étaient rue d'Argenteuil, à Paris.

Il avait été décidé en famille que Paul Avenel serait commerçant, banquier ou notaire. Après quelques mois perdus dans ces diverses professions, il décida, lui, ayant son diplôme de bachelier en poche, d'être médecin. Il voyait dans cet état une indépendance que ne procurent que le travail et la science; mais survint 1848, et les coups de fusil et les chants patriotiques vinrent tout à coup changer son avenir.

Etant républicain par tempérament et par conviction, il se jeta dans le flot des idées nouvelles. Hippocrate fut délaissé pour Anacréon, et notre étudiant en médecine devint, suivant les circonstances, vaudevilliste, romancier, journaliste et chansonnier.

Sa première chanson patriotique sortit des pavés de la révolution de Février.

Paul Avenel est l'auteur d'œuvres sérieuses et littéraires qui mériteraient notre attention; mais ici nous ne voulons nous occuper que d'une partie de son bagage intellectuel : ses chansons.

Voltaire a dit de la chanson : « Pour bien réussir à ces petits ouvrages, il faut dans l'esprit, de la finesse et du sentiment, avoir de l'harmonie dans la tête, ne point trop s'élever, ne point trop s'abaisser, et savoir n'être pas trop long. »

Nestor Roqueplan, de spirituelle mémoire, disait : « On naît rôtisseur; eh bien, nous, nous disons : on naît chansonnier. »

Tout le monde n'est pas apte à bien facturer un couplet en suivant les préceptes et les conditions indiquées par le spirituel auteur de *Candide*, mais nous croyons que Paul Avenel possède les qualités voulues pour entrer sans protection dans l'Académie minuscule de la chanson française. Il y tient, du reste, une place honorable qui depuis longtemps a rendu son nom populaire.

Il a une prédilection particulière pour la chanson politique, parce que, dit-il, la pensée sous cette forme acquiert une certaine force et que parfois une chiquenaude donnée par elle touche ou blesse suffisamment celui qui la reçoit. Sa Lisette à lui, c'est la Liberté. Et, étant républicain et n'ayant jamais ambitionné autre chose, il l'a constamment aimée, prônée et défendue envers et contre tous.

Béranger dit, dans ses *Mémoires* : « J'ai eu tort de dire : *mes chansons, c'est moi;* ce n'est pas exact, car je suis un homme d'opinion et non pas de parti. »

Béranger avait été, depuis son enfance, nourri

par des idées républicaines; mais patriote avant tout, il transigeait volontiers avec les circonstances impérieuses du salut public. Il était donc bien, comme il le dit lui-même, homme d'opinion mais non de parti. Il avait un petit républicanisme à lui, dont il faisait parade entre amis, mais qu'il mettait dans sa poche quand il le gênait dans le monde ; c'est ce qu'il fit en 1830. — Pour garder ce qu'il appelait *son indépendance*, il ne se gênait en rien. Aussi, malgré ses idées républicaines, il avait consenti à faire un roi constitutionnel, en collaboration avec MM. Thiers et Laffitte. Il voulait donc un roi tout en se défiant de la royauté, et croyait faire ainsi le bonheur de la France; mais, comme le rapporte un de ses historiens, tout en étant sincère et loyal, il fut dupe de sa propre clairvoyance. Voilà comment on s'explique qu'étant républicain il chantait Napoléon Ier; tout en abritant sa vie sous le manteau de la République, il disait : *mes chansons, c'est moi.*

C'est en 1840 que notre illustre chansonnier revenait sur ce mot qu'il avait imité de l'orgueilleux Louis XIV, qui disait : « *L'État, c'est moi!* » Le public ne connut cette observation du poète qu'après la publication de ses œuvres posthumes.

Nous, nous croyons fermement que Paul Avenel pourrait à son tour s'approprier la boutade du *roi-soleil* et dire : *mes chansons, c'est moi!* Mais nous connaissons sa modestie, il s'en gardera bien. — Dans son œuvre on le revoit tout entier. Ses espérances, ses déceptions, ses souffrances, ses enthousiasmes, ses joies y sont peintes avec des rires, des larmes, de la colère et des cris. On sent que le livre qu'il a écrit a été vécu. Il a partout et toujours l'oreille au guet et la tête haute. Il n'est ni courtisan ni flatteur, mais il est franc, sévère et justicier. Son livre est l'enregistrement des faits et gestes du second empire; c'est l'explosion de la conscience humaine révoltée, c'est la voix stridente d'un honnête homme.

Notre grand chansonnier a dit en célébrant Napoléon Ier :

On parlera de sa gloire...

Notre petit chansonnier a pris un autre thème; il dit, dans ses couplets sur Napoléon III :

On parlera de sa honte...

Et sans vouloir le flatter, nous pouvons affirmer qu'il a certaines chansons en manière d'odes, dont les strophes semblent avoir été dictées par Némésis elle-même.

Comme Béranger, Paul Avenel a toujours eu l'amour du peuple. Il l'a aimé, prôné et défendu dans toutes les circonstances de sa vie. Il était sur les barricades, en février 1848, et il a été blessé à la prise des Tuileries.

Avant d'exprimer notre propre appréciation sur l'œuvre de notre chansonnier, nous allons donner quelques extraits des articles que MM. Louis Ulbach, Philibert Audebrand, Léon Chapron et Jules Claretie ont écrit sur sa dernière édition, intitulée : *Chants et chansons.*

Le 1er février 1883, M. Louis Ulbach écrivait : « Paul Avenel a fredonné la chute de l'empire, quand l'empire paraissait inébranlable à ses amis.

« Dans une forme spéciale qui n'empruntait rien à Béranger, à Désaugiers, à Emile Bebraux, Paul Avenel, littéraire comme Hégésippe Moreau, parfois populaire comme Vadé, chantait à la fois la *Cour du roi Pétaud*, qui jetait des pétards jusque dans la cour des Tuileries, et mettait aux lèvres de tous les gavroches cette paysannerie normande : le *Pied qui r'mue*.

» Toute l'histoire du second empire est en chansons dans son volume, les angoisses aussi du siège, les douleurs de la capitulation.

» L'auteur le dit lui-même dans une pièce qui est l'épilogue du recueil (5e *édition*) :

Mes chansons sont les cris, les flonflons et les larmes
Qu'un humble chansonnier a trouvés dans son cœur ;
Elles ont célébré la patrie et les armes,
L'amour et l'amoureux, la table et le buveur.

Elles ont trop souvent perdu leur gai sourire
Devant une infamie ou quelque lâcheté ;
C'est que l'auteur, hélas ! vécut en plein empire
Et que l'orgie alors remplaçait la gaieté.

» Le poète des *Châtiments* écrivit un jour à M. Paul Avenel : « *Je félicite dans le chansonnier* » *le poète, et je salue dans le poète le citoyen.* »

» Le maître a donné la formule de l'estime sincère et de l'applaudissement qui sont dus à la vaillance de l'esprit et de la gaieté. »

M. Philibert Audebrand, un des écrivains les plus appréciés dans le monde littéraire, a fait sur notre chansonnier un article fort intéressant dans le *Grand Journal*, en octobre 1880. Nous en extrairons les lignes suivantes :

« En tant que chansonnier, M. Paul Avenel pourrait assurément, et sans nul contredit, prétendre au titre d'historien. Né à la vie poétique en 1851, le jour même du coup d'Etat, cette sombre journée l'a inspiré, et depuis lors, il a chanté sur tous les airs, en patriote et en conteur, tous les faits, grands et petits, qui se sont déroulés sous ses yeux.

» Il est juste de vous dire, en passant, que, si amoureux de la chanson qu'il puisse être, il a trouvé dans son esprit assez de ressort pour varier, pour adopter les autres formes de la pensée. Il a écrit des romans et de fort jolis, des contes, des nouvelles, des voyages, des fantaisies. Le théâtre aussi l'a vivement préoccupé. On a de lui des comédies en prose et en vers, des vaudevilles, des pochades, des opérettes. Mais je me hâte de fermer la parenthèse pour ne vous parler que de ses chansons.

» Disons-le, ces chansons ne sont pas toujours des chansons. Il leur arrive souvent de tourner à la satire. Au fait, pour qui a vu passer sous ses regards le règne qui commençait par les massacres du boulevard Montmartre pour finir à l'investissement de Paris par les Prussiens, était-il possible qu'il n'en fût pas ainsi? La chanson a, d'ordinaire, pour mission d'égayer ou de faire sourire. En de telles conjectures, elle pousse à l'indignation et aux larmes. Evidemment la faute en est aux personnages qu'on a à mettre en scène. Tibère n'a pas inspiré beaucoup d'épigrammes ni Néron non plus.

» A la vérité, M. Paul Avenel répand une très grande dose d'agrément dans ses compositions, en les entourant de quatrains et de notules qu'on prend toujours le plus grand plaisir à parcourir. Voilà pourquoi nous trouvons, mêlées à ses vers, les petites moissons de scandales qui allaient du boulevard fréquenté par les poètes au salon du banquier, de l'hôtel du légitimiste à la mansarde du démocrate.

» Par exemple, à propos de la parole prononcée, à Bordeaux, par Napoléon III : *L'empire, c'est la paix!* il retrace un mot fameux de lord Palmerston. Le ministre de la Grande-Bretagne, en regard de cette parole, avait vu la guerre de Crimée, la guerre d'Italie, la guerre de Syrie, la guerre de Chine, la guerre du Mexique et la guerre d'Allemagne. — « L'empire, c'est la paix ! » Et Palmerston de s'écrier : « Même quand cet homme n'ouvre pas la bouche, il ment. » — Il est amené aussi à citer le quatrain épigrammatique du premier empire, sur Louis Bonaparte, roi de Hollande, marié à Hortense de Beauharnais, contre les couches de laquelle ce prince avait publiquement protesté :

> Le roi de Hollande
> Fait la contrebande
> Et sa femme en son huys
> Fait de faux Louis.

» Tout auprès de ces couplets, toujours si mordants, on rencontrera aussi ce quatrain, improvisé à la Bourse de Paris :

> Des deux Napoléon, les gloires sont égales,
> Quoique chacun suivit des chemins inégaux ;

Le premier, de l'Europe a pris les capitales ;
Le second, de la France a pris les capitaux.

» Il est bien entendu que je ne dis pas tout : il y en a d'autres, par vingtaines, et de plus mordants. Quant à lui-même, le chansonnier malmène fort tous les personnages du règne, et mademoiselle Cora Pearl, et les *petits crevés*, et l'*écritoire de M. Laboulaye*, et le *pantalon de M. Alfred Darimon*, et les *tableaux vivants;* bref, tout ce qui a caractérisé cette étrange époque.

» Il y aussi dans ce recueil une très belle élégie sur la mort d'un patriote tué par les Prussiens pendant l'invasion. Le martyr n'est autre que François Debergue, le jardinier de M. Paul Avenel lui-même. Par deux fois, ce brave homme, étant à Bougival, a coupé les fils télégraphiques pour rompre la correspondance de nos ennemis. Les Prussiens l'ont arrêté et fusillé afin de *servir d'exemple*. — François Debergue est mort en héros, sans se plaindre, sans sourciller.

» Trop âgé pour prendre les armes et, du reste, les fusils manquaient à Bougival, le jardinier du poète voulut pourtant contribuer à la défense de son pays.

Il voulut, malgré tout, combattre à sa manière.
Comme un fauve, sans bruit, qui sort de sa tanière,
Il va, prenant le soir pour voile protecteur,
Couper le télégraphe avec son sécateur.
On rétablit le fil, mais il le coupe encore,
Jusqu'à ce qu'il fût pris pour ce fait qui l'honore ;
Prisonnier, ses regards, pleins de rayonnements,
Faisaient baisser la tête aux soldats allemands.

. . . .
Il ne redoutait pas de voir la mort en face,
A ses juges il dit : *Messieurs, je suis Français;
Condamnez-moi; demain je recommencerais.*

» Et, en effet, les Prussiens l'ont condamné et exécuté en face même du jardin qu'il cultivait.

» Puisqu'il y a aujourd'hui chez nous une monomanie de statues, pourquoi ne décerne-t-on pas au moins un buste à cet héroïque enfant du peuple, à ce vieux soldat jardinier, qui est mort pour la France (1)? »

Maintenant, citons aussi, sans commentaires, quelques lignes de Léon Chapron, ce cher confrère si estimé de toute la presse pour l'élévation de sa pensée et la rectitude de son jugement, qu'une mort prématurée enleva à l'affection de ses amis.

Il écrivait ceci le 18 octobre 1880 :

« M. Paul Avenel vient de publier les chants et les chansons qu'il a faits de 1850 à 1880. Trente ans de chansonnier! excusez du peu ! Le *Pied qui r'mue* a accablé M. Paul Avenel, qui ne s'est pas relevé du coup. Il est toujours et quand même l'auteur du *Pied qui r'mue*, une vieille ronde cauchoise arrangée au goût du jour et qui ne manque pas de saveur. Il y a pourtant de la vraie poésie dans ce volume. Oyez plutôt.

» C'est intitulé : *Paris cerné*, et c'est écrit en octobre 1870 :

---

(1) François Debergue était un ancien sergent de la ligne. Il avait assisté à la prise de la citadelle d'Anvers, 23 décembre 1832.

Paris, l'œil inquiet, interroge la plaine ;
Pensif, sur le rempart, il sonde l'horizon.
Les ennemis sont là. Que fais-tu donc Bazaine ?
Es-tu l'homme-devoir ou l'homme-trahison ?
Grand et fier, es-tu mort devant Metz-la-Pucelle,
Comme un Léonidas, avec tes compagnons ?
— Paris, en t'attendant, veille et fait sentinelle.
Pour l'honneur de la France, il charge ses canons.

Après Sedan livré, Paris leva la tête.
Il rugit. Bras et cœur, tout en lui frissonna.
Dans le charnier humain, il vit sa place prête...
Eh bien ? — Il a Bismarck, Rome avait Porsenna.
La patrie a grandi son âme fraternelle,
Et des lâches son sang effacera les noms.
— Aussi Paris debout, veille et fait sentinelle.
Pour l'honneur de la France, il charge ses canons.

Bravant l'hiver, bravant la famine, il espère !
Mais peut-il vaincre, ayant Trochu pour gouverneur ?
L'épouse suit l'époux et l'enfant suit le père,
Dans le chemin où vont le devoir et l'honneur.
L'homme des faubourgs court où le danger l'appelle,
La mort ne le fait pas trembler. Il dit : Luttons.
— Et, nuit et jour, Paris, veille et fait sentinelle.
Pour l'honneur de la France, il charge ses canons.

Tout à coup, une voix cria, sortant de l'ombre :
« Parisiens, malheur à vous ! tout est perdu ! »
Pourquoi ? L'armée a donc succombé sous le nombre ?
Bazaine s'est battu ! — Bazaine s'est rendu !
Personne ne croyait à l'horrible nouvelle.
Marmont, duc de Raguse, a donc des rejetons ?
— Mais qu'importe ? Paris veille et fait sentinelle.
Pour l'honneur de la France il charge ses canons.

(*Siège de Paris.*)

« Pour une fois que je cite des vers, ajoute

M. Léon Chapron, j'espère qu'on ne m'en gardera pas rancune. Il me paraît que cette chanson-là est singulièrement gauloise, vigoureuse et fière. »

Pour ne pas abuser des citations en faveur de notre chansonnier, nous n'en ferons plus qu'une que nous emprunterons à M. Jules Claretie, rédacteur du *Temps*. Elle est datée de novembre 1880.

« Voici des *chansons* qui m'arrivent très françaises, très alertes, très entraînantes, ce sont *les Chants et chansons de Paul Avenel*, de 1850 à 1880. Trente années de couplets satiriques et de refrains mordants! La politique y fait, à chaque page, éclater ses pétards. — Paul Avenel salue Hugo en exil et Baudin mort. Il raille les modes et les mœurs de l'Empire. Il célèbre les *Funérailles de Victor Noir*, etc., etc. C'est un recueil de chants civiques et qui restera dans l'histoire de la chanson. »

Ces quelques mots suffisent pour donner l'opinion du critique si renommé qui a quitté le journal le *Temps* pour aller diriger la maison de Molière.

Parmi les chants de M. Paul Avenel, nous avons : Baudin, Barbès, Quigniot, Napoléon III, Emile Ollivier et Bazaine. Les trois premiers représentent l'honneur et le courage, les trois derniers la fourberie et la honte.

Nous n'en citerons qu'un : *La Mort d'Armand Barbès* (28 juin 1870).

> Un râlement lugubre au loin s'est fait entendre :
> Sombre sanglot humain que ce cri de douleur !
> Cette voix de l'exil au peuple vient d'apprendre
> Qu'Armand Barbès est mort, drapé dans son honneur.

> Barbès, cher souvenir, grande et noble vaillance !
> Le peuple, fièrement, à ce deuil glorieux,
> Leva la tête et dit, en regardant la France,
> En fût-il dans l'empire un seul qui valût mieux ?
>
> Barbès représentait la conscience humaine,
> Il mettait haut l'honneur revendiquant le droit ;
> Il dédaignait la peur, il méprisait la haine,
> Et toujours sans broncher vers le but marcha droit.
> Il affronta la mort et dompta la souffrance.
> C'était, en politique, un preux de loyauté ;
> Il était, tête et cœur, tout entier à la France ;
> Honnête homme il est mort ; pleure-le, Liberté !
>
> Pour ne pas prolonger son valeureux martyre,
> La mort tendit les bras vers ce grand citoyen,
> Et l'emporta tué par dix-huit ans d'Empire,
> Mais superbe et fidèle au culte plébéien.
> La fange impériale où le bourgeois se vautre,
> Ne salira jamais ses hauts faits libéraux...
> Barbès, républicain, nous honore ; il est nôtre !
> La Révolution en lui perd un héros.

Nous parlerons maintenant du chef-d'œuvre de notre auteur, le *Chant du père Giraud*.

Ce chant qui constitue un drame rustique véritable, poignant et plein d'émotion a été déclamé dans beaucoup de conférences publiques. M. Charly, artiste dramatique de talent, le disait, pendant le siège de Paris, sur la scène du théâtre de la Porte-Saint-Martin, dans les représentations données pour la fonte des canons ou au bénéfice des blessés. Il était fort applaudi.

> Les deux Giraud, mes fils, étaient deux gas honnêtes,
> C'étaient de braves cœurs, c'étaient de fortes têtes ;

Dieu les avait fait naître actifs, intelligents.
Et leur nature droite étonnait bien des gens.
Dans le fond de leur âme ils avaient pour devise
Trois mots républicains : Dieu ! Liberté ! Franchise !
Ils croyaient à l'honneur !... Et, comprenez-vous ça ?
Pierre est mort à Cayenne, et Paul à Lambessa !

Un jour, on descendit, sur la place publique,
On avait, disait-on, fondé la république ;
Pierre et Paul, ce jour-là, jurèrent des deux mains
De vivre et de mourir en vrais républicains.
Ce gouvernement-là c'était leur rêverie,
Pour eux, c'était le bien de la mère-patrie,
Ils aimaient tant la France !... Et comprenez-vous ça ?
Pierre est mort à Cayenne, et Paul à Lambessa !

Ils me disaient souvent : « Ne travaille plus, père !
» Avec nous, tu n'as pas à craindre la misère :
» Nous sommes jeunes, nous ; repose tes vieux bras ;
» Ta tâche est largement accomplie ici-bas ;
» Nos poignets vigoureux conduiront la charrue,
» Et toi, chez nous, assis, sur le banc de la rue,
» Tu pourras nous attendre... » Et comprenez-vous ça ?
Pierre est mort à Cayenne, et Paul à Lambessa !

Un soir, le tambour bat, on sonne, on crie aux armes !
La voix du vieux tocsin semblait pleine de larmes...
Un prince violait la constitution :
En décembre, en plein jour, devant la nation.
Ah ! l'indignation souleva les poitrines ;
Ils partirent tous deux avec leurs carabines,
Pour faire leur devoir... Et, comprenez-vous ça ?
Pierre est mort à Cayenne, et Paul à Lambessa !

Et moi, j'attends la mort, je suis las de l'attendre...
Du haut du ciel, parfois, la nuit, je crois entendre
Les cris de mes enfants, deux martyrs ; ô douleur !

S'ils ont perdu la vie, ils ont gardé l'honneur !
Ils marchaient pour le droit, ils sont morts pour la France ;
Sur leurs tombes on met la honte et le silence :
Mais moi, je parle d'eux... Ah ! vous comprenez ça ?
Pierre est mort à Cayenne et Paul à Lambessa !

Parmi les chansons railleuses et politiques, nous mentionnerons : *La cour du roi Pétaud, le Veau de M. Calvet, l'Empire c'est la paix, Emile au cabinet, la Vache à Gambon, le Royaume des Pots, Chauvin, la Société des gourdins réunis, l'Ecritoire d'argent, le Vendredi-saint, la Soutane,* etc., etc.

Voici les trois premiers couplets du *Royaume des Pots* :

> J'ai fait un étrange voyage,
> J'arrive du pays des Pots ;
> On m'a regardé comme un sage
> Dans ce bon royaume des sots.
> Je vous avoue avec franchise,
> Que malgré tout ce qu'on en dit,
> Leur proverbiale bêtise
> Vaut tout autant que notre esprit.
>
> *Chez nous,* dans notre ère nouvelle,
> C'est toujours les nécessiteux
> Qui tiennent le pied de l'échelle
> Que monte un richard vaniteux.
> *Chez eux,* lorsque le prolétaire
> Veut redresser ses droits faussés,
> On est sûr que le pot de terre
> Grossit le tas des pots cassés.
>
> *Chez nous,* le simple bourgeois flatte
> Le grand du jour dont il dépend ;
> Il lui graisse même la patte
> Pour mieux arriver en rampant.

> *Chez eux*, pour une bonne grâce,
> On attend rarement en vain,
> Car les pots fêlés, gens en place,
> Reçoivent tous les pots de vin.

Dans un autre ordre d'idées nous pourrions encore citer : *Buvons sec! la Belle Polonaise, Buvons à la gloire! l'Ami Printemps, la Vieille chanson* et *la Bière française;* le succès de ces chansons nous dispense d'en parler plus longuement.

Ces chansons furent chantées à l'*Eldorado*, l'*Alcazar*, à la *Scala* et à l'*Eden-Concert*. Mais nous ferons remarquer que Paul Avenel s'adonna peu au genre chansonnier qui convient aux cafés-concerts. — Vous faites trop bien, lui ont dit certains directeurs; vous n'êtes pas assez à la rigolade c'est-à-dire négligé, débraillé et ordurier. En effet, ils ont raison, notre chansonnier est incapable de mettre dans ses couplets les indécences et les ordures qui emplissent les oreilles de ceux qui fréquentent leurs établissements.

Ils croient faire de plus fortes recettes en flattant les vices et les mauvais penchants de leurs auditeurs. Aussi est-ce aux inepties et aux imbécillités qu'ils demandent leur fortune.

Paul Avenel nous a conté un jour ce qui lui était arrivé avec M. Renard, directeur de l'Eldorado.

Ce directeur passait pour un des plus intelligents de Paris. En apprenant que Paul Avenel avait fait une cantate pour l'inauguration de la statue de Voltaire, il se dit : Ce serait peut-être une bonne affaire de la faire exécuter sur ma scène; Voltaire est assez connu pour qu'en parlant de lui on pique la curiosité.

On commença les répétitions de ladite cantate.

Mais, sur ces entrefaites, Mgr Dupanloup fit de vigoureuses interpellations au Sénat, à propos du *Centenaire de Voltaire*, que les libres-penseurs parisiens allaient célébrer.

M. le directeur de l'Eldorado eut peur d'être excommunié par Monseigneur; le trac l'empoigna, et, de sa bonne plume directoriale, il écrivit à l'auteur qu'il suspendait les répétitions de sa cantate à Voltaire, de crainte de troubles dans son théâtre.

M. Paul Avenel, après la lecture de cette lettre, tira une carte de son portefeuille, écrivit dessus le quatrain suivant, et, la mettant sous enveloppe, la jeta à la poste, à l'adresse du directeur converti par la harangue sénatoriale de Dupanloup.

Voici ce quatrain :

> Dupanloup vous donne la fièvre,
> Vous redoutez son traquenard ;
> Vous avez donc un cœur de lièvre
> Caché sous la peau d'un renard ?

Ceci se passait en l'an de grâce mil huit cent soixante-dix-huit, le 24 mai.

Quelques jours après, le 30 mai, la cantate dont la musique était de M. Charles Hubans, fut exécutée par neuf cents orphéonistes, au cirque Myers, place de la République, à Paris, au moment où l'on enleva le voile qui recouvrait la statue de Voltaire, due au ciseau de M. Caillé. Cette fête de reconnaissance nationale était présidée par M. Laurent Pichat, sénateur.

M. Laurent Pichat bravait sans trembler les

foudres de l'Église, tandis que M. Renard, directeur de l'Eldorado, n'osait afficher devant le public sa sympathie pour Voltaire; et puis, à dire vrai, l'excommunication qu'il aurait encourue y était peut-être aussi pour quelque chose.

Du reste, les directeurs de cafés-concerts ne sont pas des chefs d'institutions d'art littéraire, de morale ou de savoir. Le respect de l'art les préoccupe peu. Ils traînent la poésie et les flonflons de nos pères dans le ruisseau de la banalité.

En 1885, cependant, madame Castellano, directrice de l'*Eden-Concert*, est sortie de la règle générale des marchands de couplets, en instituant les *Vendredis classiques*. Ce jour-là, elle accueille chez elle la vieille chanson : Béranger, Désaugiers, Emile Debraux, Hégésippe Moreau, Pierre Dupont, Hachin, Imbert, Paul Avenel, Chebroux, Bourdelin, Gustave Nadaud et d'autres dont les noms nous échappent y brillent par leurs œuvres, c'est-à-dire que la *Lice chansonnière* et le *Caveau moderne* y ont droit de cité et que le public a toujours fait honneur à leurs chansons.

Nous sommes heureux de pouvoir remercier ici madame Castellano de cette cordiale tendresse et de cette juste sympathie pour la chanson dont l'esprit est de bon aloi et la forme littéraire.

Paul Avenel a peu fréquenté les cafés-concerts. Ses meilleures chansons ont été chantées par lui aux banquets de la *Lice*, dont il est depuis longtemps un des membres titulaires. Vers 1878, il fut nommé président de la *Société des auteurs, compositeurs et éditeurs de musique*; à l'expiration de son mandat, dont la durée était de quatre ans, il fut remplacé par M. Laurent de Rillé, dont le talent musical est si apprécié de tous les orphéons de France.

Le 23 octobre 1874, Victor Hugo adressa la lettre suivante à Paul Avenel à propos de ses chansons :

« Vous m'avez envoyé votre livre. J'ai lu, je
» vous remercie.

» Vous êtes un vaillant et noble esprit.

» Je félicite dans le chansonnier le poète, et je salue dans le poète le citoyen. »

Ces cinq lignes valent déjà un diplôme de célébrité, comme l'a dit M. Philibert Audebrand, au commencement de son article, dont nous avons fait plus haut quelques extraits.

Pour terminer, nous citerons un couplet de *Mon enterrement civil* :

> D'un vieux passé ne suivons pas l'ornière ;
> De fleurs des champs entourez mon cercueil,
> Escortez-moi sans bruit et sans bannière,
> C'est dans le cœur que doit être le deuil.
> Et si mon nom en votre esprit demeure,
> Ce souvenir sera mon monument :
> O mes amis, puisqu'il faut que je meure,
> Ne pleurez pas à mon enterrement.

M. Paul Avenel ne craint donc pas plus la mort que l'excommunication, mais nous lui souhaitons encore de longues années et de nouvelles chansons où il jette, avec tant d'à-propos, les meilleures pensées de son cœur.

FRÉDÉRIC BÉRAT

Frédéric Bérat est né à Rouen, dans cette capitale de la Normandie, qui compte parmi ses grands hommes : Pierre Corneille, Thomas Corneille, Boïeldieu, Gustave Flaubert, Benserade, Fontenelle, Bouilhet et Géricault. Personne plus que Bérat n'a eu l'amour de cette belle Normandie, qui *lui a donné le jour,* comme il le dit dans une de ses chansons, qui a été populaire dans la France entière. C'est un poète paysagiste. Il fait avec beaucoup de réussite des petits tableaux des mœurs et des habitudes de cette laborieuse population normande qui habite les champs et fertilise la campagne. Il peint avec justesse ce qu'il a vu, et reproduit avec fidélité ce qu'il a entendu. Dans tous ses couplets domine une gaieté qui va souvent jusqu'à l'éclat de rire. C'est un fin observateur qui enregistre à son avoir tout ce qu'il peut y avoir de touchant ou de comique dans les actes ou le langage des personnages qui met en scène.

Bérat est né en 1800, d'une famille bourgeoise. Il fit ses études au collège de Rouen, et le temps qu'il ne donnait pas au travail, il le passait à la campagne, dans une ferme située aux environs de Neufchâtel-en-Bray. Son enfance, au milieu des joyeux moissonneurs, sous les grands arbres, en plein soleil, dans les vastes prairies, fut frappée par ce spectacle champêtre, qui resta à jamais dans son esprit. C'est ce qui fit que l'homme chanta les souvenirs de l'enfant. Et avec son double talent de musicien et de poète, il fit ces attrayantes chansons pleines de sentiment, de gaieté et d'amour qui composent son œuvre.

Quand il vint à Paris, son heureuse nature était prête à produire tout ce qui pouvait surgir dans sa vive imagination. C'est ce qui a fait dire à Eugène Guinot, un de ses biographes : « La campagne lui inspira ses premières compositions, et c'est toujours avec une prédilection marquée qu'il a choisi en ces sphères voisines de la nature ses personnages et ses sujets. »

« Aucun poète, aucun romancier, aucun peintre n'a mieux reproduit les aspects et les scènes de la vie champêtre. En l'écoutant on respire l'air des montagnes, le parfum des fleurs; on entend le murmure des ruisseaux, le frémissement de la brise dans les feuillages et dans les épis ondoyants; on voit le clos et le verger s'épanouir dans les haies d'aubépine, la chaumière isolée au penchant du coteau, le clocher lointain du village et les ombres du soir descendant sur la cime des bois. Nul ne sait, comme lui, animer ces harmonieux tableaux et représenter, dans leur expression la plus franche et la plus riante, les physionomies, les mœurs, les caractères agrestes et villageois. — Comme ses paysans sont vrais et pris sur nature ! Comme leurs allures, leur esprit, leur style, sont finement observés et ingénieusement rendus ! Mais si loin que la vérité soit poussée dans ce domaine rustique, elle ne tombe jamais dans le trivial. »

Frédéric Bérat vivra éternellement dans l'esprit des chansonniers par deux chansons : *Ma Normandie* et la *Lisette de Béranger*.

La romance *Ma Normandie* fit la réputation de son auteur. Elle fut chantée dans tous les pays et accueillie partout avec la même sympathie. L'idée de cette chanson vint à Frédéric Bérat, un jour qu'il était à bord du bateau à vapeur qui va de Rouen au Havre. C'était par une belle journée d'été, le soleil dorait les coteaux de la Seine, les pâturages riverains resplendissaient sous l'haleine chaude de l'atmosphère; la nature enfin offrait à la vue un spectacle admirable et grandiose. Bérat se dit : il n'y a rien de plus beau que ma Normandie et aussitôt il commença sa chanson. En arrivant au Havre, elle était finie. Il aimait à raconter à ses amis comment il avait enfanté, avec plaisir, la chanson qui rendit en quelques mois son nom universel.

Voici cette chanson, dont la simplicité dans sa poésie rustique et naïve a fait l'immense succès :

      Quand tout renaît à l'espérance,
      Et que l'hiver fuit loin de nous,
      Sous le beau ciel de notre France,
      Quand le soleil revient plus doux ;
      Quand la nature est reverdie,
      Quand l'hirondelle est de retour,
      J'aime à revoir ma Normandie,
C'est le pays qui m'a donné le jour !

      J'ai vu les champs de l'Helvétie,
      Et ses chalets et ses glaciers ;
      J'ai vu le ciel de l'Italie,
      Et Venise et ses gondoliers.
      En saluant chaque patrie,
      Je me disais : Aucun séjour

N'est plus beau que ma Normandie,
C'est le pays qui m'a donné le jour !

Il est un âge dans la vie,
Où chaque rêve doit finir ;
Un âge où l'âme recueillie
A besoin de se souvenir.
Lorsque ma muse refroidie
Aura fini ses chants d'amour,
J'irai revoir ma Normandie,
C'est le pays qui m'a donné le jour.

Jamais langage poétique n'a eu plus de simplicité éloquente pour exprimer l'amour du pays natal.

L'amour au village a été aussi fort bien traité par notre chansonnier ; nous pourrions donner plusieurs de ses petits tableaux campagnards où règne la plus douce émotion à côté de la plus grande vérité. Il arrive à toucher par les moyens simples que lui inspire sa muse.

Nous citerons parmi ses chansons : *Au diable les leçons !* les *Discours inutiles*, *Mimi Pinson*, le *Moulin perdu*, *Voilà comme je pense ;* et parmi ses mélodies : *Ma musette*, *Ma prison*, sans compter ses romances : le *Départ*, le *Poète mourant*, le *Retour au bois*, les *Souvenirs d'enfance*, les *Amoureux*, etc. Puis, dans un ordre plus accentué : *A la frontière !* *Jean le Postillon*, *Après la bataille*, les *Deux frères savoyards*, le *Marchand de chansons*, *Je veux être soldat*, la *Noce à mon frère André*, le *Doigt coupé*, *Mon petit Pierre*, etc.

Mais ce qui, selon nous, prime toutes ces productions charmantes, pleines de sensibilité et d'amour, c'est la *Lisette de Béranger*.

Cette bonne Lisette, vieillie par les ans, est revenue au village, rapportant dans son cœur d'ineffables souvenirs. Elle réunit chez elle, à la veillée, les jeunes garçons et les jeunes filles, et leur fait un tableau touchant du bonheur de sa vie passée.

Il est plus simple, je crois, de citer l'œuvre, que de vouloir la raconter, elle ne perdra pas ainsi le charme de la tendresse et la douce poésie qui font oublier, en l'écoutant, les rides et les cheveux grisonnants de cette femme bien-aimée, si aimante et si fière de son amour.

Inutile de dire que cette chanson a été dédiée à Béranger.

   Enfants, c'est moi qui suis Lisette,
    La Lisette du chansonnier,
  Dont vous chantez plus d'une chansonnette,
  Matin et soir, sous le vieux marronnier.
  Ce chansonnier, dont le pays s'honore,
  Oui, mes enfants, m'aima d'un tendre amour?
  Son souvenir m'enorgueillit encore,
  Et charmera jusqu'à mon dernier jour. (*Bis.*)

    Si vous saviez, enfants,
    Quand j'étais jeune fille,
    Comme j'étais gentille !
    Je parle de longtemps :
    Teint frais, regard qui brille,
    Sourire aux blanches dents,
    Alors, ô, mes enfants ! (*Bis.*)
    Grisette de quinze ans,
    Ah ! que j'étais gentille !

  Vous parlerai-je de sa gloire?
   Son nom, des rois causait l'effroi.
  Dans ses chansons se trouve son histoire;

Le monde, enfants, la connaît mieux que moi.
Ce que je sais, moi, c'est qu'il fut sincère,
Bon, généreux, ange consolateur ;
Oui, c'est assez de bonheur, sur la terre,
Qu'un peu d'amour d'un aussi noble cœur.

  Si vous saviez, enfants, etc.

Lui, qui d'un beau ciel et d'ombrage,
 Avait besoin pour ses chansons,
Fidèle au peuple, il vengea ses outrages,
Et respira l'air impur des prisons.
Des insensés qu'aveuglait leur puissance,
Juraient alors d'étouffer ses accents ;
Mais dans les fers, son luth chantait la France,
La liberté, Lisette et le printemps.

  Si vous saviez, enfants, etc.

Un jour, enfants, dans ce village,
 Un marchand d'images passant,
Me proposa (Dieu l'envoyait, je gage !)
De Béranger un portrait ressemblant.
J'aurais donné jusqu'à mes tourtelles !
Ces traits chéris, je les vois tous les jours.
Hier encore, de pervenches nouvelles,
De frais lilas, j'ai fleuri mes amours,
Hier encore, j'ai fleuri mes amours.

  Si vous saviez, enfants, etc.

Ces couplets sont accompagnés d'une délicieuse musique qui en double les beaux sentiments. La *Lisette de Béranger* ne peut être appréciée à sa valeur, sans être chantée. L'auteur eut le bonheur d'avoir pour interprète mademoiselle Déjazet. Cette actrice célèbre faisait de cette chanson, avec son délicat talent, une scène villageoise des plus émotionnantes et des plus réalistes. Au théâtre des Variétés, elle en faisait un intermède, qui, à lui seul, attirait la foule.

Aussi, que de bravos frénétiques accueillirent, pendant de nombreuses soirées, les noms de Béranger, de Bérat et de Déjazet !

Le mérite du chansonnier Frédéric Bérat, c'est qu'il est lui, il n'imite personne. Sa manière de faire, le choix de ses compositions, ne dérivent d'aucun devancier. Il était né poète et musicien ; eh bien, il a fait ses vers et sa musique, d'après sa propre inspiration, sans s'inspirer d'aucun maître, voilà pourquoi il est vraiment original. — Il mourut à Paris, en 1855.

CHARLES VINCENT

Charles-Hubert Vincent est né, le 15 avril 1828, à Fontainebleau. Il quitta les bancs de l'école à treize ans pour devenir *saute-ruisseau* chez un notaire. Puis il vint à Paris, où il fut d'abord ouvrier tapissier, puis commis voyageur et ensuite journaliste.

En 1848, il acclama la Révolution de Février avec tout son cœur de vingt ans, plein d'un amour dévoué pour la France. Ses premières chansons républicaines furent publiées en 1849, avec une préface patriotique de Auguste Luchet, sous le titre de : *Album révolutionnaire.*

En tête de l'ouvrage est une petite dédicace au

citoyen Auguste Luchet, par l'auteur ; nous allons la reproduire pour donner une idée de l'exaltation des esprits de vingt ans à cette époque. — « A vous,
» cher citoyen, à vous les premières productions
» d'une âme jeune et passionnée pour la sublime
» Révolution de Février; elle m'a valu l'amitié
» d'un cœur grand et pur. Puisse cette révolution
» ne pas être étouffée sous les réactions impies
» qui surgissent de tous les points de l'Europe,
» puisse-t-elle sortir triomphante des pièges hypo-
» crites que lui tendent de vils intrigants, exploi-
» tant les uns des souvenirs glorieux, les autres,
» et ce sont les plus hideux, la misère populaire,
» triste résultat des largesses corruptrices de notre
» dernière royauté.

» Puisse-t-elle enfin porter à tous les peuples
» cette sainte Liberté pour laquelle, à votre
» exemple, je veux consacrer tous les jours de ma
» vie. »

Et Auguste Luchet, dans une longue préface, lui répond en fier républicain ardent et convaincu. — Nous n'en citerons que trois lignes, pour prouver que ces deux hommes étaient bien nés pour s'entendre. — « La République vivra, lui dit-il, soyez-en sûr! car la France a mis toute sa fécondité en elle, et la nature, fée bienfaisante, a tendrement souri à ses bégaiements ineffables. »

Ces deux hommes, que le culte de la patrie avait fait se rencontrer pour la première fois, au pied d'un arbre de la liberté, restèrent fidèles à l'amitié qui les avait rapprochés, jusqu'à la mort. Et ce fut Vincent qui pleura le premier sur la tombe de Luchet.

Voici en quelles circonstances ils s'étaient connus : les événements de Février avaient fait nommer Auguste Luchet gouverneur du palais de Fontainebleau, et un jour qu'il présidait à la plantation d'un magnifique peuplier en l'honneur de la liberté, sur la place de la ville, il vit accourir à lui un jeune chansonnier qui célébra la République en strophes sonores et vigoureuses, c'était Charles Vincent.

La première chanson patriotique de l'*Album révolutionnaire* est dédiée à Auguste Luchet, elle a pour titre : la *Liberté*, et la musique est de Paul Martela.

> Dignes enfants d'une noble patrie,
>   Levez vos fronts avec orgueil :
> La liberté, longtemps ensevelie,
> A tout jamais a brisé son cercueil ?
>   Brûlant la pourpre mensongère,
>   Brûlant le trône corrupteur,
>   Voyez son flambeau rédempteur
> Servir de phare aux peuples de la terre.
> O liberté, nos jours te sont offerts :
> Plutôt mourir que reprendre des fers !

> D'elle viendront ces jours en espérance,
>   Nous verrons les peuples unis,
> Se modelant sur notre belle France,
> Régis, sans rois, par les lois du pays ;
>   L'esclave, endormi sur ses chaînes,
>   S'éveillera plein de fierté,
>   Car le sang de la liberté
> Circulera bouillonnant dans ses veines.
> O liberté, nos jours te sont offerts :
> Plutôt mourir que reprendre des fers !

La liberté n'est pas une chimère,
　　Rêve de cerveaux embrasés.
La liberté fécondera la terre,
Et les tyrans tomberont écrasés !
　　Le despotisme les élève,
　　Demain il les renversera ;
　　Demain sur leur trône on verra
Le droit de tous chasser le *droit du glaive !*
O liberté, nos jours te sont offerts :
Plutôt mourir que reprendre des fers !

Dans son palais chaque trône chancelle,
　　Les tyrans pâlissent d'effroi,
La République, un jour universelle,
Aura soufflé sur notre dernier roi !
　　Alors, connaissant sa puissance,
　　Le peuple à son tour choisira,
　　Le peuple vertueux deviendra
Gardien chéri de son indépendance.
O liberté, nos jours te sont offerts :
Plutôt mourir que reprendre des fers !

Cette chanson porte la date du 8 juillet 1848.

Depuis le jour des Barricades, Charles Vincent suit au jour le jour la politique militante. Il chante : *Robert Blum* (le glorieux martyr, comme dit Pierre Dupont), *Louis Blanc, Ledru-Rollin,* l'*Amnistie,* la *Pologne,* la *Propriété,* etc., etc.; et après avoir marqué toutes les étapes de la réaction, il termine son volume par une chanson intitulée : *Attendons,* dédiée *à la Montagne,* nom que portait alors l'extrême-gauche de la Chambre des représentants du peuple.

Air : *Chant des ouvriers*. (Pierre Dupont.)

CHŒUR

L'arme au bras, frères, attendons !
La Montagne fait sentinelle !
Si la Liberté nous appelle,
 Marchons, marchons, marchons
Pour vaincre ou mourir avec elle.

En Février, peuple vainqueur !
Tu t'endormais sous la louange :
Mais maintenant qu'on n'a plus peur,
On veut te traîner dans la fange.
La fange est le lit du puissant ;
De pourpre et d'or il la recouvre :
De nos faubourgs le noble sang
Vaut bien le sang noble du Louvre.

L'arme au bras, etc.

Quand donc ces trafiqueurs d'argent
Cesseront-ils d'exploiter l'homme ?
Du travailleur intelligent
Ils font une bête de somme !
L'argent n'a-t-il pas ses barons ?
L'argent c'est le ver qui nous ronge ;
Et pourtant, sur tous les blasons,
Février a passé l'éponge.

L'arme au bras, etc.

Trois fois le peuple en cinquante ans,
S'est levé pour briser ses chaînes,
Et dans ses sublimes élans
Toujours il étouffa ses haines !
Avec mille projets menteurs,
On sait désarmer sa colère ;

> Puis, on passe au cou des vainqueurs
> Un nouveau collier de misère!
>
> L'arme au bras, etc.
>
> Le royalisme audacieux
> Du pays déjà se croit maître!
> A ses discours fallacieux
> Nous avons reconnu le traître,
> Tous ses courtiers, vils histrions,
> Qui maintenant font tant les braves,
> Demain, si nous nous montrions,
> Iraient se cacher dans les caves.
>
> L'arme au bras, etc., etc.

On voit que notre chansonnier était entré dans la vie en véritable citoyen révolutionnaire républicain; disons tout de suite que Vincent est resté jusqu'à sa mort fidèle à ses idées généreuses et libératrices.

Charles Vincent était un homme aux larges épaules et de taille au-dessus de la moyenne. Il portait crânement un chapeau à la mousquetaire, avec la chevelure noire d'un Aramis, tombant en boucles gracieuses derrière ses oreilles. Sous un nez droit, pointu et en l'air, il avait une moustache soyeuse, légèrement relevée vers le coin de la bouche. Une petite barbiche frisottée ornait son menton et donnait à sa physionomie un aspect original. Avec cela il avait le rire franc et la bonté au fond du cœur. Pour ses amis, il se souvenait toujours qu'il avait traversé des jours pénibles lorsqu'il avait eu à lutter contre la plus âpre misère.

Un jour qu'il n'avait pas un sou vaillant, il rencontra rue Saint-Honoré un de ses anciens camarades de l'école supérieure de Fontainebleau. Vincent lui fit part de sa triste position et le lendemain il partait en voyage avec lui, en qualité de représentant de commerce. Pendant quatre années, il voyagea pour les tissus et la chaussure. Sa gaieté, sa tournure avenante et ses chansons qu'il chantait un peu partout, en faisaient le plus agréable des commis voyageurs.

Vers le commencement du second empire, il vint se fixer définitivement à Paris et entra au journal le *Siècle*, comme rédacteur littéraire. Il y resta deux ans, se contentant de maigres appointements. Ce fut alors que, pour subvenir aux exigences de la vie, il fonda l'*Innovateur* ou *Moniteur de la Cordonnerie*, journal spécial qui s'adressait à tous les cordonniers de France et d'Algérie. L'entreprise réussit. Charles Vincent s'adjoignit deux collaborateurs qu'il paya en chaussures.

« Je ne veux pas, disait-il en riant, qu'on puisse dire de mes rédacteurs que ce sont des va-nu-pieds. » — Il est bon de faire savoir qu'il ajoutait à ces chaussures une somme suffisante en argent.

En 1856 il publia, en collaboration avec Edouard Plouvier, les *Refrains du Dimanche*, recueil de cinquante chansons, illustré par Gustave Doré. Là se trouvent le *Fils du Soleil*, *Frère Jean*, le *Vin*, l'*Idée*, le *Savetier*, *Jean-Blé-Mûr*, etc., etc.

Jean-Blé-Mûr, qui obtint un très honorable succès, forma avec le *Jean-Raisin*, de Gustave Mathieu, et le *Jean-Guêtré*, de Pierre Dupont, un charmant triumvirat de chansons rustiques.

Voici un des couplets de *Jean-Blé-Mûr* :

> Jean-Blé-Mûr, sous sa blonde écorce,
> Nous apporte le grain ;
> C'est la vie et la force,
> C'est le pain.
>
> C'est grâce à lui que nos ancêtres,
> Sauvages, errants ou pasteurs,
> Ont fixé leurs abris champêtres
> Et se sont faits cultivateurs.
> Par Jean-Blé-Mûr alors tout change :
> Pour garder son grain récolté,
> On construit la ferme et la grange,
> Puis le hameau, puis la cité !

Charles Vincent, vers la fin du second empire, avait délaissé sa muse chansonnière ; mais l'année terrible arriva, ce 1870 funèbre et sanglant, et aussitôt son patriotisme lui dicta l'*Invasion*, que mademoiselle Julia Hisson, artiste du grand Opéra, interpréta d'une façon magistrale.

Vers 1872, il entra au Caveau et commença par lui dire : *Je suis républicain;* les réactionnaires Protat, Clairville et Grangé, prêtèrent l'oreille. Mais Vincent n'en afficha pas moins ses opinions libérales et humanitaires. En 1886, l'auteur de *Jean-Blé-Mûr*, devenu président, avait un projet : il rêvait d'apporter de nouvelles idées au *Caveau*, en engageant six membres de la *Lice chansonnière* à venir se grouper autour du verre de Panard ; mais les six membres choisis par ce président du *Caveau* progressiste n'accueillirent pas sa proposition avec enthousiasme et il renonça à son projet. La *Lice chansonnière* est plus riche en idées que le *Caveau;* elle chante la liberté, l'avenir ; le *Caveau* admet difficilement la politique ; il en est resté à la chanson-goguette. Il a ses dieux lares en respect et ses momies du siècle dernier en admiration. Il a pour drapeau le verre de Panard et pour oriflamme le grelot de Collé ; il fait l'effet d'un vieux sacristain royaliste jetant à droite et à gauche son eau bénite de cour. Roger de Beauvoir avait bien raison de dire que c'était un *Caveau de famille*.

Charles Vincent était un des trois membres destinés à la présidence du *Caveau*. Ses deux collègues étaient MM. Piesse et Bourdelin. Ce dernier étant président aujourd'hui a le droit de boire dans le verre de Panard toute l'année 1889.

Charles Vincent a publié, en 1882, ses meilleures chansons sous le titre de : *Chansons, Mois et Toasts*. Ce volume s'ouvre par la *Chanson française*, que l'auteur regardait comme son chef-d'œuvre. — Elle fut chantée avec grand succès par Lassalle, le sympathique artiste de l'Opéra.

En voici le premier couplet :

> Je veux vous chanter aujourd'hui
> Ma plus belle maîtresse,
> Celle qui me caresse
> Lorsqu'en moi le soleil a lui!
> Comme elle est femme,
> Elle a dans l'âme
> De la tendresse, et surtout de la flamme!
> Tous mes vœux sont réalisés
> Quand nous échangeons nos baisers
> Et que d'amour nos cœurs sont embrasés.
>
> C'est toi, Chanson française !
> Pour t'aimer à mon aise,
> Viens dans mes bras que ma lèvre te baise !

Charles Vincent, avant d'être président du *Caveau*, était une des illustrations du *Bon bock*. Cette Société artistique et chantante avait été fondée par le graveur Bellot, sous l'inspiration d'Etienne Carjat, et baptisée par Charles Vincent lui-même.

Il fit aux repas de cette réunion ses plus jolis couplets; ils sont tout à la joie et exubérants de gaieté; il se sentait, là, mieux chez lui qu'au *Caveau*. D'abord il y avait nombre d'artistes qu'on ne rencontre pas partout; et pour mériter les bravos, il savait se mettre à la hauteur de son auditoire. Il sera remplacé au *Caveau;* il ne le sera jamais au *Bon bock*.

Quand il était au *Bon bock*, ses vingt ans lui montaient au cerveau, et de sa voix vibrante il jetait au dessert les joyeuses notes de ses chansons; il semblait rajeunir. Au *Caveau*, pour se mettre au diapason de la Société, il était obligé de se vieillir, ce qui le gênait beaucoup pour ses fulgurantes inspirations.

Il est mort le 16 août 1888, dans sa propriété de Janvry, et il a été enterré à Paris.

Un soir, pendant un dîner, dans un élan de gaieté, il avait ainsi pastiché les vers si connus d'Alfred de Musset :

>Mes chers amis, quand je mourrai
>Ne plantez pas au cimetière
>Un saule au feuillage éploré.
>C'est un arbuste de portière.
>Sur ma tombe placez plutôt,
>Pour chasser toute humeur sévère,
>Un pot, mais un énorme pot,
>Du vin qui pétille en mon verre.

A-t-on mis cette épitaphe sur sa tombe? Je n'en sais rien; mais à coup sûr, elle en vaut bien une autre, et tout le monde n'est pas chansonnier!

JULES JEANNIN

François-Jules Jeannin est né à Paris le 25 juin 1824. — C'est le gamin de Paris chansonnier. Il tourne bien le couplet, a de l'esprit et surtout de l'originalité. Signe particulier : il ne porte jamais de chapeau; sa luxuriante chevelure noire lui tient lieu de coiffure. Il a le crâne dur comme celui d'un bélier, il s'en fait un mérite. Et si vous le lui permettez, il casse des noyaux de pêche sur la table de marbre d'un café, en se servant de sa tête en guise de marteau. Avec cela, c'est un excellent homme, qui aime les chansonniers et la chanson à l'adoration.

Vers sa seizième année, il tenait, au théâtre Comte, passage Choiseul, aujourd'hui les *Bouffes-Parisiens,* l'emploi des jeunes comiques.

En 1844, il tira à la conscription, et amena un mauvais numéro. Le comité de l'*Association des artistes dramatiques,* de laquelle il faisait partie, l'adressa à Carafa (l'auteur de *Masaniello*), directeur du Gymnase musical militaire. Le célèbre compositeur l'accueillit avec bienveillance et l'admit dans la classe de hautbois. Elève pour le compte du 18e de ligne, après l'examen semestriel obligatoire, il eut sa place marquée à l'état-major de ce régiment.

Devenu bibliothécaire du Gymnase musical, il obtint de son professeur Carafa la permission de continuer à jouer au théâtre Comte et de parfaire ses études instrumentales au Conservatoire de musique. Puis, son régiment, alors caserné au fort de Vincennes, l'ayant enfin réclamé, Jeannin quitta le Gymnase le 5 juillet 1848.

A quelque temps de là, le 18e fut envoyé au fort de l'Est, près Saint-Denis, et sans négliger la musique, Jules Jeannin s'occupait de la chanson. Il était devenu le président de la société chantante : les *Enfants de la Butte*, à Montmartre. Il siégeait en costume militaire et faisait entendre là ses plus joyeux refrains. Mais hélas ! il fut dénoncé au ministère de la guerre, qui en avisa son colonel. On lui supprima sa permission permanente de minuit mais il n'en continua pas moins d'honorer de sa présence diverses sociétés chantantes de la banlieue.

Un soir, il voulut rentrer au fort, mais il était trop tard, le pont-levis était dressé et il fut obligé de découcher. Voilà où ses malheurs commencèrent.

Le dimanche suivant, le colonel passant un revue dans les chambrées, s'arrêta devant notre chansonnier et lui dit : « Il paraît que vous ne cessez pas d'assister à des réunions subversives... Vous trônez là en tenue, sur une estrade, avec un large ruban rouge en sautoir... Vous vous donnez un faux air de maréchal de France... Et vous beuglez dans vos bouges des chants agressifs contre le gouvernement... Il paraît que vous avez publié une chanson sur *Jésus* dans un abominable recueil, intitulé : *l'Almanach des opprimés?*

— Mon colonel, hasarda Jeannin, chacun a ses opinions, vous-même...

Je n'ai pas d'opinion, je suis de la couleur de mon drapeau... »

Et le colonel se tournant vers le chef de musique, qui se trouvait parmi les officiers qui l'accompagnaient, dit : « Vous allez me le fourrer pour quatre jours au clou. »

C'est pourquoi le 19 septembre 1849, Jeannin, sur un ordre du ministère de la guerre, était incarcéré dans une casemate du fort de l'Est et de là transféré à la maison d'arrêt des conseils de guerre de la rue du Cherche-Midi, où il fut mis au secret dans une cellule.

Au bout de huit jours, il fut, sans avoir comparu devant des juges, envoyé en Afrique.

En débarquant à Alger, il se présenta chez son nouveau colonel, d'Aurelles de Paladine.

— Ah! ah! c'est vous mon gaillard! Vous m'êtes annoncé comme un homme dangereux... Vous ne m'avez pourtant pas l'air bien féroce!

Jules Jeannin est un homme maigre et de petite taille. Quatre jours après son arrivée, on l'envoya rejoindre la musique des zouaves à Blidah. Il y demeura six mois, faisant partie d'un cercle philharmonique d'officiers et organisa plusieurs goguettes.

On voit qu'il avait toujours ses amours pour la chanson, mais cela ne le mettait pas en odeur de sainteté aux yeux de ses supérieurs.

Un jour, on lui signifia qu'il était envoyé à Aumale dans la fanfare. Arrivé là, le chef (un de ses collègues d'état-major) lui dit : Mon cher Jeannin, le colonel vient de m'avertir que si tu ne joues pas du piston dans vingt jours, il te *fourrera* dans une compagnie.

— Bigre! fit Jeannin.

Quarante-huit heures après, notre zouave faisait assez proprement une *quatrième* partie de cornet : un, ta ta ; un, ta ta ; un, ta ta, etc.

Le cinquième jour, le chef de fanfare alla trouver d'Aurelles de Paladine.

— Mon colonel, l'homme que vous m'avez envoyé fait sa partie.

— N... de D...! s'écria le colonel, faut-il qu'il ait du talent?

Jules Jeannin était ce qu'on appelle un bon enfant et savait se faire aimer de tous ses camarades. Etait-ce pour mieux propager et faire adopter ses idées socialistes et républicaines? Car à cette époque, il y avait un véritable courage à afficher des idées humanitaires ou libérales. Dans tous les cas, Jules Jeannin n'a jamais renié ses plus chères pensées.

Ce fut à deux lieues d'Aumale qu'il célébra, en compagnie de pas mal de copains, l'anniversaire du 14 juillet 1789. Ils firent, avec une masse d'ingrédients, un repas qui ressemblait beaucoup au thé de madame Gibou, mais le tout était joyeusement arrosé par la gaieté, les gaudrioles et les chansons patriotiques.

En apprenant le coup d'État, Jules Jeannin sentit le sang envahir son cœur, tout se révolta en lui devant l'infamie et la lâcheté de Louis-Napoléon, qui n'avait pas rougi de violer les plus sacrés serments pour faire les massacres du boulevard Montmartre.

Aussi ne soyons pas étonné de voir devenir, peu de temps après le coup de force napoléonien, Jules Jeannin président d'une société secrète dans l'armée d'Afrique; il fut dénoncé et isolé dans un blockhaus. Il était sur le point d'être envoyé au Sénégal comme trompette dans un corps de spahis, lorsqu'eut lieu l'expédition de la petite Kabylie dans l'Oued-Sahel.

Il lui fut alors offert de rester à Aumale; mais, flairant un piège, il répondit: « J'ai été envoyé aux zouaves, je suivrai la fortune des zouaves. »

Il fit toute la campagne, et bientôt, le temps de son service étant terminé, il reçut son congé définitif. Le 1er janvier 1852, il débarquait à Marseille, qu'il quittait aussitôt pour revoir son Paris bien-aimé.

Après être redevenu pendant quelques années artiste dramatique, il se maria en 1857 et abandonna le théâtre pour entrer comme panacheur dans une fabrique de feuillages artificiels, où il resta vingt-sept ans.

Dans toutes les situations diverses de son existence, Jules Jeannin ne perdit pas de vue un instant la chanson. Il rima toujours : en prison, dans la rue, dans le désert, sur le Djurjura, chez les Beni-Mansour et au milieu de ses bons amis des faubourgs de la capitale.

Occupons-nous maintenant de l'œuvre de ce chansonnier dont nous venons d'esquisser la vie.

Voici trois couplets de la chanson qu'il avait faite sur *Jésus* et qui le fit envoyer au clou par son peu lyrique colonel. Elle parut dans l'*Almanach des opprimés*, en 1850.

> Dix huit cents ans sur le monde ont passé,
> Depuis qu'un homme aux doctrines sublimes
> Sur une croix laissa son corps glacé,
> Pour expier nos erreurs et nos crimes.
> Quand, de nouveau, nous plions les genoux
> Devant les dieux qu'il fustigea naguère,
> De son tombeau, surgissant sur la terre,
> Ah! si Jésus, revenait parmi nous!
>
> Que dirait-il en voyant au *saint* lieu
> En bonnet d'or le vice et la sottise,
> Et, sans pudeur, les *ministres* de Dieu
> D'un saint pardon faire une marchandise?
> Comme autrefois s'armant d'un beau courroux,
> Nous le verrions, nous dictant son exemple,
> Chasser encore les vils marchands du Temple,
> Ah! si Jésus revenait parmi nous!
>
> En Jésus-Christ la pauvre Humilité
> Ne revêtait qu'une robe de bure,
> Mais de nos jours un pontife éhonté
> S'offre à nos yeux courbé sous la dorure.
> Sur son chemin, manants, écartez-vous:
> Il n'aime pas l'odeur de vos guenilles.
> Place au... *mangeur* du pain de cent familles!
> Ah! si Jésus revenait parmi nous!
>
> Etc., etc.

Jules Jeannin fit peu de chansons sérieuses, son esprit le porta plutôt à la gaudriole et à la farce. Hôte assidu des nombreuses goguettes de Paris et de la banlieue, il se laissa aller au gros flonflon et au gros rire. Oh! ce dernier genre lui appartient bien et il y excelle.

Il fut reçu membre de la *Lice chansonnière*, en 1864. Il en fut nommé *maître des chants* en 1867, et y remplit cette fonction pendant dix-sept années. Il est à présent membre honoraire de cette Société lyrique.

Il y a donc aujourd'hui vingt-cinq ans qu'il entrait à la *Lice;* il y débuta par les quatre chansons suivantes : *Quand j'étais moutard, A qui le tour? Pourquoi?* le *Chagrin de ma voisine*, qui affirmèrent tout de suite son genre drôlatique, populaire et de bas-comique.

Virgile trouvait des perles dans le fumier d'Ennius, eh bien, nous, nous trouvons une chanson charmante: le *Chagrin de ma voisine*, dans le bagage littéraire de Jeannin. C'est un petit chef-d'œuvre de gaieté, de vérité et de naturalisme.

Air : *J'ai vu le Parnasse des Dames.*

Près du Parnasse où je rumine
Mille chefs-d'œuvre... méconnus,
Demeure la triste Ernestine,
Veuve depuis un mois au plus,
Supprimant de joyeux vacarmes
Auxquels j'étais naguère enclin,
Je me dis respectons ses larmes :
Ma voisine a tant de chagrin.

Enfin je hasarde dimanche
D'aller la consoler un peu,
Naïvement elle s'épanche
Et de ses maux me fait l'aveu,

Dans un long récit, où se broie
Son cœur pris de regrets sans fin,
Par mégarde elle me tutoie :
Ma voisine a tant de chagrin !

Voyons, dis-je à l'infortunée,
A Bagnolet si nous grimpions?...
C'est le doux moment de l'année
Où folâtrent les hannetons.
Se fourvoyant dans cette alerte,
Avec un schall jaune serin
Elle met une robe verte :
Ma voisine a tant de chagrin !

Il faut bien manger quelque chose :
Je l'emmène au lac Saint-Fargeau.
« C'est » me disait autrefois Rose,
« Un des bons endroits pour le veau. »
Installés sous d'ombreuses treilles,
Nous faisons un léger festin
Arrosé de quatre bouteilles :
Ma voisine a tant de chagrin !

Son dernier verre d'anisette
Qu'elle éponge avec un biscuit,
A, je pense, de la pauvrette
Dérangé quelque peu l'esprit...
Constatant qu'elle s'émancipe,
Je la vois qui, d'un air mutin,
S'essaie à culotter ma pipe :
Ma voisine a tant de chagrin !

Dans ses sentiers, pleins de mystère,
Bagnolet me semble charmant...
Mais ma compagne à se distraire
Ne parvient que péniblement ;
Cependant près de la Courtille,

Cédant à l'attrait du crincrin,
Elle risque un petit quadrille :
Ma voisine a tant de chagrin !

Minuit. Nous rentrons. Pauvre femme !
Son désespoir n'est pas d'emprunt.
Hélas ! la voilà qui se pâme
Et me prend pour le cher défunt !...
Dans son cœur qu'il tenait de place !
Ah ! comme elle l'aimait !... Enfin,
Depuis ce jour je le remplace :
Ma voisine a tant de chagrin !

Jules Jeannin interprète très bien ses chansons, il les dit avec esprit plutôt qu'il ne les chante. Nous citerons encore parmi ses succès : *Une drôle d'histoire*, *Bienheureux d'en êtr'quitte comm'ça*, *Allez donc vous y frotter*, *Si ça dépendait que d'moi*, *Tentations*, *Lamentations d'un Bec-salé*, *Mes hannetons*, *Ça n'me tente pas*, le *Passage du Désir*, la *Tribu des gueux*, *Un poil dans la main*, *N'y a rien d'perdu*, etc., etc.

Jules Jeannin est sans contredit un poète original. Pour s'en rendre bien compte, il suffit de lire le charmant petit volume, intitulé : *Chansons et Gaudrioles*, que notre chansonnier vient de faire paraître avec une préface de M. Ernest Chebroux (1). On y verra qu'il a beaucoup d'idées biscornues, singulières, bouffonnes, invraisemblables, et excentriques ; mais qu'il sait les mettre au point et les rendre avec talent pour les faire figurer dans le cadre qu'il leur apporte.

---

(1) Louis Labbé, éditeur.

EUGÈNE BAILLET

Eugène Baillet est issu d'une famille d'artisans de la capitale. Il est né le 20 octobre 1829. Il ne reçut pas grande instruction, car il n'alla que de six à douze ans sur les bancs de l'école. Puis, on le fit apprenti bijoutier, et, vers sa seizième année, il devint un véritable ouvrier, actif, habile et intelligent. Mais le travail de l'argent et de l'or ne détournèrent pas ses idées de la chanson, il avait en lui une réelle vocation, celle de chansonnier, et, malgré la force des choses, il le fut et l'est toujours. Il connaît toutes les goguettes, et autres sociétés chantantes de Paris et de la banlieue. Il a chanté en compagnie de Charles Gilles, Colmance, Gustave Leroy, Alexis Dalès et Loynel dans les réunions qui tenaient haut et ferme le drapeau de la chanson, vers les dernières années du règne de Louis-Philippe. En ce temps-là on montait encore, le dimanche, à la barrière, et avec un rayon de soleil, un verre plein et une chanson, on s'amusait.

Ce ne fut qu'à la révolution de Février, qu'il fit réellement acte de chansonnier véritable; nous avons dit plus haut la part qu'il prit au soulèvement populaire de 1848.

Quand l'agitation de la rue fut un peu apaisée, un de ses biographes, M. Lecomte, nous dit qu'en mars 1848, Baillet entra dans les *Ateliers nationaux.* « Il y devint délégué central, c'est-à-dire chargé de pourvoir aux besoins de quatre brigades ou deux cent vingt-quatre hommes. Ce titre faillit lui coûter cher. — Le 23 juin, il était allé à cinq heures du matin, comme d'habitude, chercher des bons de pain aux bureaux de l'administration, situés au parc Monceau. Quand il revint, des barricades s'ébauchaient dans divers quartiers. Pour se faciliter un passage, Baillet imagina d'arborer son ruban officiel de délégué. Rue du Sentier, cet insigne produisit un mauvais effet sur les gardes nationaux de l'ordre ; Baillet fut arrêté, fouillé, et comme on trouva sur lui des bons de pain pour huit cents livres, il fut traité de meneur, d'insurgé et menacé de la fusillade. On le conduisit cependant chez le plus proche commissaire de police qui, beaucoup plus calme, procéda à l'interrogatoire du prisonnier. Celui-ci exposa que deux cents malheureux, réunis au passage Sainte-Avoie, attendaient son retour pour dîner. »

— Je vous crois, monsieur Baillet, lui dit le commissaire, car je vous connais pour vous avoir vu dans les sociétés chantantes. Otez votre ruban, mettez votre képi dans votre poche, coiffez-vous de cette casquette et partez vite. »

« Eugène Baillet ne se le fit pas répéter et partit en bénissant la chanson qui venait de lui sauver la vie. »

Il avait donc été tiré d'un mauvais pas par sa muse bien-aimée ! Aussi, depuis ce jour, en fut-il plus amoureux que jamais.

Quelques mois plus tard, il publia dans la *Ruche populaire*, une chanson que lui dicta son cœur : *Grâce pour les vaincus;* ce cri poétique était dédié au général Cavaignac. — Béranger, qui lisait ce recueil publié par des ouvriers, voulut qu'on lui présentât Baillet. Notre grand chansonnier l'accueillit avec bienveillance et le complimenta sur son œuvre. Inutile de dire que l'humble auteur en fut vivement touché, et qu'il en conserva un profond souvenir.

En 1853, Eugène Baillet réunit ses couplets en volume, et les publia sous le titre de : *Pleurs et sourires*. L'édition s'enleva rapidement et reparut trois ans plus tard, considérablement augmentée, avec un titre nouveau : *La Muse de l'atelier*. Les goguettes et les ateliers s'en emparèrent, et rendirent bientôt ses refrains populaires. A compter de cette époque, Baillet prenait place dans la pléïade des chansonniers à succès.

Vers 1857, Baillet crut que la photographie le conduirait plus tôt à la fortune que la bijouterie Il se fit photographe. Et pendant une dizaine d'années, avec son appareil à portraits, il parcourut la province. Il portait aussi avec lui une bonne humeur et une franche gaieté. Il chantait partout, après sa journée de travail, ses couplets anciens et nouveaux, à ceux qui l'hébergeaient et à ceux qui l'honoraient de leur amitié ou de leur clientèle. C'était un joyeux compagnon qui n'engendrait pas la mélancolie et avec qui on était heureux de trinquer pour porter un fraternel toast à la chanson. Si bien que, vers 1867, il revint à Paris avec un bagage littéraire assez considérable, qu'il publia sous le titre de : *Chansons d'hier et d'aujourd'hui*.

Dans ce volume, nous trouvons une de ses meilleures inspirations : *La Religieuse*.

> J'allais aux champs admirer la nature,
> Et rendre hommage à son divin auteur;

Mes chapelets pendaient à ma ceinture,
Et j'en pressais les grains avec ferveur.
Conquise à Dieu par des forces nouvelles,
Son amour seul rendait mon cœur jaloux ;
Quand j'entendis des voix jeunes et belles
Qui murmuraient des mots jeunes et doux.

    Je les ai vus causer ensemble,
        Les amoureux !
    Et j'ai dit dans mon cœur qui tremble :
        Qu'ils sont heureux !

La jeune fille avait vingt ans à peine,
Son bien-aimé n'en paraissait pas plus ;
Leurs regards purs semblaient vierges de peine
Et rayonnaient comme ceux des élus.
Comme ils couraient dans l'herbe verte et haute !
Comme ils riaient en se parlant tout bas,
Comme avec joie ils savouraient leur faute !
Puisque l'amour est une faute, hélas !

    Je les ai vus jouer ensemble,
        Les amoureux !
    Et j'ai dit dans mon cœur qui tremble :
        Qu'ils sont heureux !

Leurs vêtements d'un gracieux modèle,
Dont mes regards admiraient les contours,
M'ont rappelé que ma taille était belle,
Et j'ai trouvé mes chapelets bien lourds.
Puis, tout à coup, ma pensée et mon âme
Ont tressailli... La vie entrait en moi ;
D'un feu nouveau je ressentais la flamme,
Et quand mon cœur se demandait pourquoi ?

    Je les ai vus partir ensemble,
        Les amoureux !
    Et j'ai dit dans mon cœur qui tremble :
        Qu'ils sont heureux !

>Depuis ce temps, je n'ai plus rêvé d'anges ;
>L'amour de Dieu, sans me quitter un jour,
>A laissé place à des rêves étranges
>Qui m'ont parlé d'un autre et tendre amour.
>Oh ! quel bonheur ! qu'elle doit être fière,
>Celle qui peut endormir sur son cœur
>Un bel enfant qui l'appelle : ma mère !
>Tous les bonheurs sont faux sans ce bonheur.
>
>>Je crois toujours les voir ensemble,
>>>Les amoureux !
>>Et je dis dans mon cœur qui tremble :
>>>Qu'ils sont heureux !

Cette chanson prouve qu'à vingt ans il faut les amours humaines aux battements du cœur, et qu'il faut laisser aux âmes vieillies par la désillusion ou le malheur, les amours divines ; elles seules alors, si elles ne donnent point le bonheur, peuvent du moins donner une consolation. Les malheureux croient plutôt aux bienfaits du ciel que ceux qui n'ont jamais souffert.

Sous le titre de *Chansons et petits poèmes*, Eugène Baillet a réuni, en 1885, ses dernières productions littéraires. Nous citerons de ce recueil : le *Tisserand-poète de Lizy* (hommage à Magu), *Ma voisine*, les *Roses prisonnières*, le *Conducteur de diligences*, le *Photographe voyageur*, le *Bon sens d'un paysan*, un *Lundi de printemps*, un *Voyage un peu long;* ces chansons montrent le talent du chansonnier avec toutes ses facettes. Eugène Baillet a fait l'*Histoire des sociétés chantantes*, dites *Goguettes* ; nous attendons l'apparition de ce volume qui ne peut manquer d'avoir un grand succès parmi les amis du couplet.

Eugène Baillet a fait encore, une *Anthologie de la chanson depuis le dix-huitième siècle jusqu'à nos jours.* Nous ne doutons pas que ce travail ne soit très bien fait, mais jusqu'à présent nous n'avons pu en prendre connaissance. Nous désirerions vivement le connaître, car ce livre est un livre utile.

Eugène Baillet est membre titulaire de la *Lice chansonnière.* — Il a été président de cette société chantante en 1880. La présidence ne dure qu'une année, et le président sortant n'est rééligible qu'à un an d'intervalle. C'est une façon de faire passer le pouvoir dans le plus de mains possibles. La *Lice* est démocratique.

J.-B. CLÉMENT

J.-B. Clément est un des poètes chansonniers pour lequel nous avons la plus vive sympathie, parce qu'il a du talent d'abord et parce que c'est un honnête homme ensuite. Il a été un des principaux personnages de la *Commune* en 1871, et c'est une raison pour lui savoir gré de son honnêteté. Car il est une chose assez répandue, c'est que tous les *communards* sont des canailles, quand ils ne sont pas des voleurs. Eh bien, non, ce n'est pas vrai. On peut avoir des idées politiques exagérées, étranges, impossibles, si vous le voulez, mais ça n'est point un motif pour ne point avoir un cœur honnête.

Un jour qu'un autre de nos chansonniers causait avec J.-B. Clément de la Commune, celui-ci lui dit avec un triste sourire : On dit que les Communeux ont emporté des sommes folles à l'étranger? Quelle erreur, mon Dieu! Pour toute fortune, moi, en arrivant à Londres, j'avais onze francs dans ma poche. Et beaucoup de mes camarades étaient logés à la même enseigne ! »

J.-B. Clément est revenu de l'exil avec toutes les idées qu'il avait en quittant la France, et, à ce sujet, nous citerons quelques lignes de la préface de son volume de chansons.

« Il n'est pas possible que l'homme qui pense un peu puisse rester indifférent à des événements qui bouleversent une époque et qu'il n'en tire pas quelque enseignement salutaire.

« Les événements de 1871, la lutte héroïque que les combattants de la Commune soutinrent contre les armées versaillaises, les grands principes qui étaient en cause, les massacres de la Semaine sanglante, l'implacable vengeance des vainqueurs contribuèrent bien plus encore que tous les traités d'économie politique et sociale et que toutes les théories des philosophes à me confirmer dans cette idée qu'il n'y avait plus de réconciliation possible entre les vainqueurs et les vaincus, et qu'il fallait, par tous les moyens, par les journaux, par les livres, par les brochures, par la parole, par les chansons, forcer le peuple à voir sa misère, à s'occuper de ses intérêts et à hâter ainsi l'heure de la solution du grand problème social.

« Aussi, réfugié en Angleterre, songeant à notre défaite, à ces combats sanglants de jour et de nuit, aux trente et quelques mille communeux massacrés, à mes amis, les uns fusillés, les autres en Nouvelle-Calédonie, je ne me sentis plus la patience d'aligner des couplets insignifiants...

« Je voulus mettre la chanson, qui est un moyen de propagande des plus efficaces, au service de la cause des vaincus. Et c'est à cela que je me suis surtout appliqué depuis. »

Dans cet ordre d'idées, nous citerons de J.-B. Clément, les chansons : les *Traîne-misère*, la *Machine, Comme je suis fatigué! Ne plaignons plus les gueux, L'eau va toujours à la rivière* et *Paysan! paysan!*

Notre poète-chansonnier a donc pris pour objectif de ses chansons, la misère comme l'a fait, du reste, Eugène Pottier, dont le nom sera immortel parmi le peuple intelligent et travailleur.

Ces deux chansonniers se sont donné là une noble mission ; mais pour que le peuple les comprenne, il faut qu'il raisonne, et, pour raisonner avec bon sens il faut l'instruction ; et malheureusement, on ne peut pas encore dire aujourd'hui, tout le monde sait lire. Hélas! non.

Citons donc une chanson révolutionnaire intitulée : les *Traîne-misère;* elle est datée de Londres 1874 et dédiée à la grande famille ouvrière.

> Les gens qui traînent la misère
> Sont doux comme de vrais agneaux ;
> Ils sont parqués sur cette terre
> Et menés comme des troupeaux ;
> Et tout ça chante, et tout ça danse
> Pour se donner de l'espérance.

Pourtant les gens à pâle mine
Ont bon courage et bonnes dents,
Grand appétit, grande poitrine,
Mais rien à se mettre dedans,
Et tout ça jeûne, et tout ça danse
Pour se venger de l'abstinence !

Pourtant ces pauvres traîne-guêtres
Sont nombreux comme les fourmis ;
Ils pourraient bien être les maîtres,
Et ce sont eux les plus soumis.
Et tout ça trime, et tout ça danse
Pour s'engourdir dans l'indolence !

Ils n'ont même pas une pierre,
Pas un centime à protéger !
Ils n'ont pour eux que la misère
Et leurs deux yeux pour en pleurer,
Et tout ça court, et tout ça danse
Pour un beau jour sauver la France !

De grand matin à la nuit noire
Ça travaille des quarante ans ;
A l'hôpital finit l'histoire
Et c'est au tour de leurs enfants.
Et tout ça souffre, et tout ça danse
En attendant la Providence !

En avant deux ! ô vous qu'on nomme
Chair-à-canon et sac-à-vin,
Va-nu-pieds et bêtes de somme,
Traîne-misère et meurt-de faim.
En avant deux, et que tout danse
Pour équilibrer la balance !

A propos de cette chanson, nous donnerons quelques lignes de M. Charles Bigot, sur la manière de voir de M. J.-B. Clément. — « M. Clément, dit-il, constate qu'ici-bas la justice sociale n'existe pas; que certains ont beaucoup et les autres pas assez. Il retourne le refrain de Béranger et dit : « Eh bien ! non, les gueux ne sont pas les heureux; les gueux sont les malheureux. » La découverte n'est pas nouvelle, et il part de là pour dire aux misérables : « Jetez-vous sur ceux qui possèdent; dépouillez-les et reprenez votre bien. »

« C'est la conclusion qui ne vaut rien, pas plus au point de vue de l'économie politique qu'au point de vue de la paix sociale. Quand on aurait fait — si la chose se pouvait faire — le grand branle-bas dont parle M. Clément, aurait-on pour cela trouvé le moyen de donner dix mille livres de rente à tous les citoyens et fait que la Bourgogne et le Bordelais produisent assez de bon vin pour que l'humanité tout entière en ait à sa soif? Non, n'est-ce pas? La lutte recommencerait donc le lendemain absolument comme la veille. »

« Ne rêvons donc pas d'une justice absolue à laquelle s'opposent non pas les lois sociales qu'on accuse sans cesse, mais ces lois inexorables de la nature contre lesquelles nous ne pouvons rien. Travaillons à augmenter la richesse générale, fort accrue déjà depuis cent ans seulement; diminuons la misère un peu et chaque jour. Voilà le vrai progrès, qui peut s'accomplir, non pas par des révolutions violentes, mais par la paix et la concorde. Voilà l'œuvre bienfaisante. »

M. J.-B. Clément est aussi fort connu par ses

chansons rustiques, pastorales et villageoises, dont les principaux compositeurs de musique ont fait les airs. Nous mentionnerons par exemple : *Que la terre a de bonnes choses ! Bonjour à la meunière*, le *Temps des cerises, Fournaise, Chagrins d'amour*, la *Ronde du printemps, Fanchette*, le *Moulin noir*, etc.

Parmi les musiciens qui ont collaboré aux chansons de J.-B. Clément, nous citerons : Paul Henrion, Darcier, Émile Bouillon, Marcel Legay, Renard, A. Ollivier, V. Boullard, V. Parizot, etc. Ces noms accusent un grand nombre de succès, car ce sont les plus réputés.

J.-B. Clément est un homme très bon, très affable et bon citoyen. Nous ne pouvons pas dire s'il fait partie de la *Lice chansonnière* ou du *Caveau* ; en tout cas, nous ne l'avons jamais rencontré aux banquets de ces sociétés chantantes.

ALEXIS BOUVIER

Alexis Bouvier est un enfant de Paris. Il est né en 1836. Ses parents étaient de simples ouvriers. Comme il avait en lui le germe des sentiments artistiques, on en fit un ciseleur en bronze. Il donna à cet état toute son intelligence et toute son habileté manuelle ; mais cela ne lui faisait pas atteindre le but qu'il ambitionnait. Le but qu'il rêvait, le but qu'il voulait, était d'être homme de lettres, il voyait un plus brillant avenir dans la littérature que dans le bronze : il quitta le bronze.

Il avait alors vingt-sept ans. Depuis sa quinzième année il s'était mis à l'étude, et au bout de dix ans il se crut assez fort pour tenter la fortune sans autre moyen que sa plume. Il commença par écrire des articles dans les petits journaux et à faire des chansons qu'il chantait dans des réunions d'amis. Tout en s'occupant de romans, il pensa aussi au théâtre, et nous citerons les titres de quelques-unes de ses pièces : *Danseuse et marquise*, *Un amour de la rue Copeau*, *Versez marquis*, la *Veuve d'un vivant*, la *Gamine de village*, *Suzanne au bain*, le *Carnaval des fleuristes*, *Auguste Manette*, etc., etc.

En écrivant le nom d'*Auguste Manette*, cela nous rappelle que ce fut ce roman judiciaire qui commença sa réputation. Il parut d'abord en feuilletons, puis en volume, et enfin il fut transformé en pièce et obtint un grand succès sur la scène.

Aujourd'hui, Alexis Bouvier tient une place importante dans cette pléiade littéraire, qui compte au nombre de ses membres : Ponson du Terrail, Gaboriau, Pierre Zaccone, Paul Saunière, Richebourg, Montépin et Jules Mary.

Parmi ses ouvrages, qui sont fort nombreux, nous citerons : *Mademoiselle Ninie*, l'*Enfant d'une vierge*, les *Baisers mortels*, l'*Armée du crime*, le *Mari de sa fille*, la *Petite duchesse*, le *Bel Alphonse*, les *Pauvres*, le *Club des coquins*, *Mademoiselle Olympe*, la *Belle Grêlée*, le *Mouchard*, la *Grande Iza*, *Amour, misère et Compagnie*, les *Drames de la Forêt*, *Lolo*, etc., etc.

Rien qu'à l'énumération des volumes ci-dessus, on voit que M. Alexis Bouvier est un grand travailleur, dont la cervelle vaste et féconde peut embrasser tous les sujets à son heure ; mais nous ne sommes pas ici pour juger le littérateur ; notre mission est de nous occuper du chansonnier seulement.

M. Alexis Bouvier a peut-être fait moins de chansons que de volumes, mais elles n'en ont pas moins obtenu autant de succès. Tout le monde de notre génération se rappelle de la *Canaille*. Cette invocation populaire, si bien interprétée par madame Bordas au grand Café parisien. Cent mille personnes allèrent applaudir la célèbre chanteuse. Voici cette chanson :

LA CANAILLE

Dans la vieille cité française
Existe une race de fer,
Dont l'âme comme une fournaise
A de son feu bronzé la chair.
Tous ses fils naissent sur la paille,
Pour palais, ils n'ont qu'un taudis.
 C'est la canaille !
 Eh bien ! j'en suis !

Ce n'est pas le pilier du bagne ;
C'est l'honnête homme dont la main,
Par la plume ou le marteau gagne,
En suant, son morceau de pain.
C'est le père, enfin, qui travaille
Les jours et quelquefois les nuits.
 C'est la canaille !
 Eh bien ! j'en suis !

C'est l'artiste, c'est le bohème
Qui, sans souper, rime rêveur
Un sonnet à celle qu'il aime,
Trompant l'estomac par le cœur.
C'est à crédit qu'il fait ripaille,
Qu'il loge et qu'il a des habits.
    C'est la canaille !
    Eh bien ! j'en suis !

C'est l'homme à la face terreuse,
Au corps maigre, à l'œil de hibou,
Au bras de fer, à main nerveuse
Qui, sortant d'on ne sait pas où,
Toujours avec esprit vous raille,
Se riant de votre mépris.
    C'est la canaille !
    Eh bien ! j'en suis !

C'est l'enfant que la destinée
Force à jeter ses haillons;
Quand sonne sa vingtième année,
Pour entrer dans nos bataillons,
Chair à canon de la bataille,
Toujours il succombe sans cris...
    C'est la canaille !
    Eh bien ! j'en suis !

Ils fredonnaient la *Marseillaise*,
Nos pères, les vieux vagabonds,
Attaquant en quatre-vingt-treize
Les bastilles dont les canons
Défendaient la vieille muraille !...
Que de trembleurs ont dit depuis :
    C'est la canaille !
    Eh bien ! j'en suis !

Les uns travaillent par la plume,
Le front dégarni de cheveux.

Les autres martellent l'enclume
Et se soûlent pour être heureux ;
Car la misère en sa tenaille
Fait saigner leurs flancs amaigris...
  C'est la canaille !
  Eh bien ! j'en suis !

Enfin, c'est une armée immense,
Vêtue en haillons, en sabots.
Mais qu'aujourd'hui la vieille France
Les appelle sous les drapeaux,
On les verra sous la mitraille,
Ils feront dire aux ennemis :
  C'est la canaille !
  Eh bien, j'en suis !

A côté de cette chanson nous placerons : *Mon p'tit neveu*, dont l'idée ne pouvait sortir que d'un cœur franc, ouvert et rempli de généreux sentiments. Nous renvoyons nos lecteurs à l'édition des chansons d'Alexis Bouvier, que viennent de publier MM. C. Marpon et E. Flammarion.

Parmi les pièces anciennes et nouvelles qui composent le volume, nous citerons : le *Vieux cabaret des amours*, la *Veuve à Pierre*, *Entre Paris et Lyon*, les *Croqueuses de pommes*, le *Chevalier de l'ordre du Printemps*, *Jeanne la flême*, *Gourmande*, *Faut-il qu'un homme soit bête*, *Mon vieux chien*, etc.

Parmi les compositeurs de musique qui firent les airs des couplets de Bouvier, nous mentionnerons : Darcier, Malteau, Frédéric Barbier et Lassimonne. Aujourd'hui notre auteur s'occupe d'œuvres de plus longue haleine que la chanson, il en est à son quarantième volume de romans. Il a son public dans les journaux à grand tirage et on peut être sûr que lorsque son nom figure au bas du feuilleton, les abonnés affluent. Il a ce qu'on appelle une plume populaire et à succès.

HIPPOLYTE RYON

Hippolyte Ryon naquit le 3 mai 1842. C'est un enfant de Paris, comme Molière, et il est né comme lui sous les piliers des Halles, où son père était établi marchand tailleur. Le père de Molière était tapissier. De marchand tailleur à tapissier, ce n'est qu'une question d'étoffe, et le milieu où ils vécurent étant le même, leurs ancêtres ont dû se connaître. Aussi, depuis son enfance, Ryon a dû bien souvent penser à notre premier auteur dramatique, le plus grand homme du règne de Louis XIV, et cette pensée lui montant au cerveau doit avoir eu une grande influence sur son imagination. Ne soyons donc pas étonné si, dès le plus jeune âge, Hippolyte Ryon montra de vives dispositions pour l'étude, et le goût pour les œuvres de l'esprit se développa bientôt en lui. La poésie fut l'objet de sa prédilection et, oubliant Molière pour Béranger, il devint chansonnier.

Vers sa vingtième année, il se lia d'amitié avec les principaux chansonniers de son temps : Mahiet de la Chesneraye, Charles Colmance, Desforges de Vassens, Lachambaudie, etc., qui avaient encouragé ses débuts. Ces amis de la chanson faisaient partie de la *Lice chansonnière*, et c'est sous leurs auspices que Hippolyte Ryon en devint, à son tour, un des membres les plus distingués, en l'année 1865. — Il fut deux fois président de cette société rivale du *Caveau*. Et nous pouvons dire qu'il s'acquittait merveilleusement de ses fonctions présidentielles. Il faut ajouter aussi qu'il a toutes les qualités voulues pour cet emploi aussi flatteur qu'honorifique. Il a une voix agréable et chante avec goût ses chansons qui méritent toujours les plus chauds applaudissements de ses collègues. Beaucoup de ses refrains sont devenus populaires après avoir eu pour interprètes les meilleurs artistes, tels que MM. Pacra, Bruet, mesdames Amiati (1), Judic, Thérésa, Théo, Graindor, etc., etc., étoiles de l'Alcazar et de l'Eldorado.

Nous allons donner la *Chanson de la Nature*, dédiée au docteur Cusco, et chantée avec succès par M. Vialla, la musique est de M. Charles Malo.

> Du brillant flambeau du savoir
> La flamme à la fin nous dévore.
> Savant quitte ton logis noir
> Pour venir t'inonder d'aurore.
> Ferme tes vieux bouquins poudreux,
>   Car Dieu, pour chaque créature
> Ouvre son livre merveilleux :
> C'est le livre de la nature !
>
> A quoi bon couvrir de couleurs
> Cette toile où manque la vie ?
> Peintre, tes prés, tes bois, tes fleurs,
> Ne sont qu'une pâle copie.
> Va, laisse tomber ton pinceau

---

(1) Morte le 28 octobre 1889.

Qui sans rien créer dénature.
Dieu vient d'achever son tableau :
C'est le tableau de la nature !

Traduisant et joie et douleur,
La musique est un art sublime
Qui parle à l'âme du rêveur
Et revêt sa pensée intime.
Mais beaux concerts et fraîches voix
Ne valent pas, je vous le jure,
Deux rossignols au fond d'un bois :
C'est le concert de la nature !

O femmes, entourez-vous d'odeurs,
Dérobez aux dieux l'ambroisie ;
Pour charmer vos adorateurs
Usez tous les parfums d'Asie.
Pour moi, j'aime mieux, près de vous,
Des champs, des bois, de la verdure,
L'arome pénétrant et doux :
C'est le parfum de la nature !

Quand se déchaînent les hivers,
Du poète on aime l'ivresse ;
Chacun vient puiser dans ses vers
Du soleil et de la jeunesse
Mais au printemps il chante en vain,
Car au monde qu'il transfigure
Dieu lit son poème divin :
Le poème de la nature.

Hippolyte Ryon a fait un grand nombre de chansons dont la plupart sont dans le *Recueil* de la *Lice chansonnière*. Nous pouvons citer parmi les meilleures : le *Vice et l'amour*, le *Jour de l'an du pauvre*, les *Vieilles, Quand on a vingt ans!* le *Cabaret de la futaille,* le *Capitaine Cupidon, Bonnets et moulins,* les *Souvenirs du village*, le *Premier bouquet de li-*

las, l'*Assemblée des morts*, le *Bûcheron rouge*, le *Couvent du diable*, etc., etc. Notre poète-chansonnier ne s'est pas contenté de faire des couplets sur les ponts-neufs qui composent la collection des airs de la *Clé du Caveau;* il a des compositeurs contemporains pour collaborteurs; parmi les plus connus nous pouvons citer : Darcier, Paul Henrion, Robert Planquette, Bernicat, Abel Queille, Jules Jacob et F. Wachs. — En outre de ses chansons, Hippolyte Ryon a déjà publié trois plaquettes très appréciées : la *Muse républicaine*, récits patriotiques, — *Légendes et récits*, — *Types et binettes*, monologues comiques. Ajoutons à ce bagage artistique : *Monologues et poésies populaires*, que vient de publier l'éditeur Edinger.

Disons pour terminer que Ryon est fort estimé de tous ses collègues, et qu'il tient une des premières places aux banquets mensuels de la libre et indépendante *Lice chansonnière*.

ERNEST CHEBROUX

Ernest Chebroux n'est pas un Parisien comme on pourrait le croire à son allure, mais un Poitevin. Cet enfant du Poitou est né en 1840, le 28 septembre, dans le charmant village de Lusignan. Il a une tête à la Richepin, cheveux frisés, noirs et fins. Son regard est doux et expressif, le sourire sympathique; en somme, une physionomie avenante, encadrée dans une barbe soyeuse et soignée qui lui donne un air de parenté avec nos Parisiens spirituels et de bon ton. Il a dépouillé les manières poitevines, pour identifier sa personne aux façons de Paris, la plus élégante et la plus affable des villes du monde.

Chebroux est fils de parents pauvres; son père était maçon-puisatier. La huche était parfois vide et le foyer éteint. La vie était misérable et difficile sous ce toit d'ouvrier.

Ernest Chebroux, aujourd'hui imprimeur et chansonnier, doit sa position honorable à son seul mérite. Il en est fier et il a raison. A son entrée dans la vie, son premier travail fut d'aller ramasser des branches mortes dans la forêt. Cela est peut-être une des causes qui ont tourné son esprit vers la contemplation de la nature, dans ses beautés et dans sa poésie. L'homme n'oublie pas les impressions premières de l'enfance. A l'appui, nous allons donner une de ses plus jolies chansons, qui a trait à cette époque de son existence; elle a pour titre : les *Rives du Clain*.

> Par un matin, souriant dans la brume,
> O vieux Poitou, tu parais à mes yeux
> Avec tes prés où paissent les grands bœufs,
> Avec tes bois que le genêt parfume !
> Tout parle ici de mon lointain passé,
> De blonds enfants, c'est un essaim folâtre;
> C'est un refrain qui jadis m'a bercé,
> Et que là-bas va répétant le pâtre.
> Rives du Clain, ô mes amours,
> Avec bonheur, je vous revois toujours.
>
> Je vous revois, témoins de mon enfance,
> Riants coteaux, de moi si bien connus,

Prés verdoyants, où souvent, les pieds nus,
J'allais courir, riche d'insouciance ;
Doux souvenirs de mon jeune printemps,
Vous rappelez à mon âme attendrie
Bien des bonheurs emportés par le temps.
O sol natal, jamais on ne t'oublie !
    Rives du Clain, ô mes amours,
Avec bonheur, je vous revois toujours !

Voici Poitiers, ville antique des Gaules ;
Voici le Clain, dont les eaux de cristal,
Par cent détours, sur un lit inégal
Paisiblement s'écoulent sous les saules.
J'ai bien souvent, lorsque j'étais petit,
Faisant ici l'école buissonnière,
Trouvé de quoi tromper mon appétit
Dans les mûriers qui bordent la rivière.
    Rives du Clain, ô mes amours,
Avec bonheur, je vous revois toujours !

De tous côtés, aux bras de leurs bacchantes,
Je vois partir les joyeux vendangeurs ;
Pour le pressoir, ils vont sur les hauteurs
Couper la grappe aux perles provocantes.
Le teint vermeil, et la main dans la main,
Ils reviendront, lorsque le jour expire,
Chantant l'amour et semant en chemin
Tendres baisers et francs éclats de rire.
    Rives du Clain, ô mes amours,
Avec bonheur, je vous revois toujours !

Que vois-je au loin ? c'est la pauvre chaumine
Où je reçus le jour, où je grandis ;
Enfant, j'ai là grignoté le pain bis,
Car on faisait chez nous maigre cuisine...
Puissé-je ici, me trouvant de retour,
Vieux pèlerin, fatigué du voyage,

> Me reposer jusqu'à mon dernier jour !
> Le vrai bonheur est surtout au village...
> Rives du Clain, ô mes amours,
> Avec bonheur, je vous revois toujours.

Vers quinze ans, Chebroux vint à Paris et entra dans une imprimerie. Il s'instruisit tout seul. Avec le travail intellectuel, la poésie germa dans son cerveau et, à seize ans, il composait sa première chanson. Depuis, il en a fait un volume.

Ernest Chebroux est devenu membre de la *Lice chansonnière* en 1873. Après en avoir été le secrétaire, il en devint le président. Il est fort aimé de ses confrères, il a des idées franches, libérales, qui plaisent à tout le monde. Il admet la chanson politique aux idées grandes et généreuses. Et lui-même a fait de forts jolis couplets contre les *Veuillotins*. — Il est fort dévoué à la chanson et, comme Perchelet qui a dit : *La chanson ne doit pas mourir*, lui, a dit à son tour : *La chanson n'est pas près de mourir*. — Son assiduité aux réunions de la *Lice chansonnière* en est une preuve. Il aime cette société de joyeux chanteurs, avec tout ce qu'il a de vibrant dans le cœur. Il s'emploie tant qu'il peut pour elle, et en a fait un cénacle bien préférable au *Caveau*, où les idées n'ont pas encore brisé les lisières du passé. La *Lice* est plus vaillante et moins bégueule ; aussi ses membres sont-ils plus *dans le train*, comme on dit aujourd'hui, et beaucoup plus nombreux.

A chaque banquet le président, avant l'ouverture des chants, est obligé de porter un toast à la chanson. En voici un de Chebroux, sous forme de sonnet :

Non, la chanson n'est pas cette fille impudique
Inepte et débitant, dans un jargon nouveau,
Des vers qu'on vend au poids et qu'à l'aune on fabrique,
N'ayant rien dans le cœur et rien dans le cerveau.

Jeune et belle toujours comme une muse antique,
Celle qui de Phidias eût tenté le ciseau,
C'est la chanson alerte et fine, et poétique,
Qui cause avec la fleur et chante avec l'oiseau.

C'est la muse amoureuse, enjouée et coquette,
Fleur de l'esprit français, éclose à la goguette,
Ayant grâce de reine et gaieté de pinson.

C'est au jour du danger la muse aux larges ailes,
Faisant jaillir des cœurs de nobles étincelles...
C'est celle à qui je bois, enfin c'est la chanson.

En 1885, Labbé, éditeur, a publié un volume de Chebroux, intitulé : *Chansons et sonnets*, avec une chanson-préface de M. Gustave Nadaud. Nous en citerons quelques chansons : *C'est le printemps qui s'éveille! Au bord de la rivière, En cueillant la violette, La Chanson n'est pas près de mourir, C'était pour plaire à Madeleine* et le *Soleil couché*.

Ce qui nous plaît en Ernest Chebroux, c'est qu'il est amoureux de la chanson, comme Pygmalion l'était de sa statue de Galatée... et c'est heureux pour la chanson.

JULES ECHALIÉ

Jules Échalié est un bon et vrai Bourguignon de la Bourgogne bourguignonnante. Il est né à Dijon, en octobre 1846. Et comme Piron son compatriote, il fait honneur à sa ville natale par la chanson.

Il est entré à la *Lice chansonnière* en 1873 et en a été nommé président en 1879. Il avait, du reste, toutes les qualités voulues pour cette fonction suprême. Le talent et la stature. Avec cela, bon, affable et parfois spirituel, ce qui ne gâte rien en pareille occurrence. La présidence avait en lui un noble représentant. Et, comme preuve de ce que nous avançons, nous allons donner le *Toast à la Chanson*, qu'il prononça au banquet de la *Lice chansonnière* du 2 juillet 1879 :

>Je bois à la chanson,
>Fille d'Anacréon,
>Digne épouse d'Horace,
>Et mère de la race
>Qui, depuis deux mille ans,
>Déride par ses chants
>Le visage sévère
>Des peuples de la terre.
>
>Je bois à la chanson
>Qui donne le frisson
>Au tyran sur son trône,
>Brise sceptre et couronne,
>Et les cheveux épars,
>Renverse les remparts,
>Force toutes les grilles
>Et rase les bastilles.

Je bois à la chanson,
Qui, franche et sans façon,
Quand' la forge s'allume,
Tourne autour de l'enclume
Où résonne l'airain,
Et dicte son refrain
A l'homme qui travaille,
De peur qu'il ne défaille.

Je bois à la chanson,
Qui va, joyeux pinson,
Égayer la mansarde
Et du vice la garde.
A la chanson des gueux,
Par qui l'homme est heureux,
Quelle que soit la place
Qu'au soleil Dieu lui fasse.

Je bois à la chanson
De l'amoureux garçon
Qui porte l'étincelle
Jusqu'au cœur de sa belle ;
Puis, au chant gracieux
Qui fait rêver des cieux
Et l'enfant qui sommeille
Et la mère qui veille.

Je bois à la chanson
Qu'on chante à l'unisson,
Lorsque sont pleins les verres
Et joyeux les trouvères ;
A la chanson qui plaît
Quand au bout d'un couplet,
Une fine saillie
Par tous est accueillie.

Je bois à la chanson
Qui fait ici moisson

> D'esprit et de malice :
> La chanson de la *Lice*.

Aujourd'hui, si Échalié est rentré dans le rang, c'est-à-dire s'il a quitté le fauteuil de la présidence, il n'en est pas moins resté un dévoué serviteur de la *Lice*, en acceptant les fonctions d'archiviste. C'est grâce à lui que tous les documents, journaux, volumes, papiers se rattachant aux années passées de cette Société chantante, sont en ordre. La *Lice* a des archives qui sont fort curieuses et avec lesquelles on pourrait constituer son histoire, depuis sa fondation (1831).

Jules Échalié est un fécond chansonnier, sa muse le conduit partout où la chanson est en honneur. Il a su se faire applaudir au *Caveau*, à la *Lice*, au *Pot-au-feu* et au *Bon bock*.

Le nombre de ses chansons est grand, mais on ne peut les trouver que dans les recueils de la *Lice chansonnière* et du *Caveau*, car, depuis 1876, il est aussi membre de cette réunion chantante. Voici quelques titres de ses œuvres que nous donnons au hasard : la *Cage et l'oiseau*, *Comment on devient aveugle*, l'*Homme propose et Dieu dispose*, *Les plus mal chaussés*, *Ernestine*, *Nous tenons la République*, *Deux baptêmes*, *Avec le pied*, *Mes passe temps*, *A la mémoire d'Henri Rubois*, *Entre promettre et tenir*, *Les Ailes*, *Quand on n'a pas ce que l'on aime*, etc., etc. Ces chansons appartiennent au recueil de la *Lice*.

RÉMY DOUTRE

Doutre (Reymond, dit Rémy), est fils de cultivateurs du département de la Haute-Loire. Il naquit à Monistrol, chef-lieu de canton de l'arrondissement d'Yssingeaux, le 1er mars 1845. Son père mourut en 1847, et tout enfant encore, Rémy vint avec sa mère habiter Saint-Étienne, où il passa la plus grande partie de sa vie. Comme l'argent manquait souvent à la maison, l'enfant fut obligé de se mettre au travail dès sa dixième année. — Et, comme nous le dit son biographe, Eugène Imbert : « Il commença par tirer le soufflet à la forge. Son livret, qui date de 1862, le qualifie d'armurier. En avril 1863, il était remblayeur aux mines de Beau-Puits-Thiollière ; en mai 1864, rouleur au puits Gallois. Au mois de décembre 1866, il entrait comme limeur à la *Manu* (non populaire de la manufacture d'armes de Saint-Étienne). Il en sortait en octobre 1869, puis y rentrait après la guerre, en mars 1871, pour la quitter en juillet 1872. Il avait aussi travaillé deux mois à l'arsenal de Lyon ; c'est là qu'il composa sa chanson : les *Ouvriers d'artillerie*. De 1875 à juillet 1877, date de son deuxième départ pour Lyon, il était armurier aux ateliers des Rives, à Saint-Étienne. Parti pour Lyon en juillet 1877, il entra à La Buire et travailla ensuite dans d'autres ateliers. »

On comprend que Rémy Doutre n'avait pu recevoir qu'une instruction très sommaire, ayant été forcé de se livrer à des occupations rudes et fatigantes dès son enfance. Mais il était actif, curieux, intelligent, il voulut apprendre ce que les autres savaient, et c'est ainsi qu'à force de courage et de volonté, il parvint à se faire une instruction qui lui permit de tenir le premier rang parmi les meilleurs travailleurs de l'atelier.

La poésie vint bientôt hanter son ardent cerveau; et c'est sous la forme de la chanson qu'il exprima les pensées grandes et généreuses qui germaient chaque jour dans son cœur.

Inutile de dire qu'il était foncièrement républicain, et que ses rêves les plus beaux étaient pour la solution du grand problème social, qui doit donner à tous la faculté et le droit de vivre honnêtement. Inutile d'ajouter qu'il détestait l'empire, ce régime autoritaire du sabre et du mensonge, qui est cause de nos désastres sur les bords du Rhin.

Rémy Doutre faisait de jolies chansons, mais il avait encore la voix d'un artiste chanteur pour les interpréter. Cent fois il prêta son concours à une représentation de bienfaisance, pour soulager les malheureux au temps du chômage ! Il savait faire valoir avec esprit ses productions poétiques ; et la réputation qu'il en tira est justement méritée. Et comme disait un de ses amis en parlant de lui : « Doutre avait le don naturel de faire rire et pleurer ses nombreux admirateurs. Son geste était ample et chaleureux, son regard ardent et sympathique, sa voix juste et harmonieuse. Il lui suffisait de chanter une de ses chansons pour que tout le monde la chantât après lui ».

En 1870, quand la patrie fut en danger, quand les envahisseurs germains foulaient le sol de la France, il ne se contenta pas de chants patriotiques pour pousser les défenseurs à la frontière, il prit lui-même le fusil en s'engageant comme volontaire dans le premier régiment de chasseurs à pied. Laissons encore parler notre ami Eugène Imbert : « Doutre fit vaillamment son devoir à l'armée du Nord et vit tomber à ses côtés, près de Pont-Noyelles, plus d'un enfant de Saint-Étienne. Un moment, le feu des Allemands était si meurtrier, que sa compagnie hésitait; le capitaine, marchant en avant, se retourna et se voit suivi... de Rémy tout seul.

— Caporal Doutre, s'écrie-t-il, chante-nous ta belle chanson : *Lève ton front, peuple insulté !*

— Vive la République! répond Rémy; à moi, les vieux républicains !

Et tous s'élancèrent à sa suite.

Cette affaire valut à Rémy Doutre les galons de sous-officier ».

Voici les couplets que le capitaine demandait à notre chansonnier. Ils étaient connus de tous les camarades, car il les avait composés sur les remparts de Saint-Omer, dans sa première nuit de garde, en septembre 1870.

Air de la *Marche du Progrès*.

Méprisant les sceptres des rois,
Le drapeau républicain flotte;
Délivré d'un lâche despote,
Le pays a repris ses droits.
Mais honte, malheur et furie,
Lève-toi, peuple souverain !
L'étranger piétine le sein
    De la mère-patrie.

Lève ton front, peuple insulté,
Et donne, ô phalange héroïque,
A ta sublime République,
La victoire et la liberté.

Un bandit nous a lâchement
Livrés à l'Allemagne esclave,
Mais, semblable au torrent de lave,
Après lui court le châtiment.
Ce lâche entouré par des braves,
Se rendit de frayeur tremblant.
Qu'à son tour, maudit et sanglant,
    Il soit chargé d'entraves.

Lève ton front, etc.

Les vois-tu foulant nos moissons,
Semant l'horreur et l'incendie ?
Entends-tu ces cris d'agonie
Au bruit de tudesques chansons ?
Les vois-tu, ces hordes sauvages
Envahir ta maison, ton lit,
Sur lequel, malheur ! s'accomplit
    Le dernier des outrages.

Lève ton front, etc.

Ne crains pas pour ton pur blason,
Rien ne peut en ternir la gloire :
Jamais on ne nomma victoire
L'incurie ou la trahison.
Entasse comme une avalanche
La faim et l'espoir dans ton cœur,
Souviens-toi, tu seras vainqueur
    Au jour de la revanche.

Lève ton front, etc.

On sent assez par les nobles sentiments exprimés dans cette chanson, que son auteur était digne d'être un des soldats de l'armée du général Faidherbe, car il avait au fond du cœur le saint amour de la patrie.

Après la guerre, Rémy Doutre rentra dans ses foyers et se remit au travail en laborieux et habile ouvrier. Dans les années qui suivirent il s'adonna plus que jamais à la poésie et apprit la musique, si bien qu'il composa les airs de ses dernières chansons. Nous citerons entre autres : le *Cas de divorce*, *Gloire à Voltaire! Pierre Dupont n'est plus*, *Un discours d'enfant*, *Lyon*, la *Cigale et la Fourmi*, etc., etc.

En 1869, Rémy Doutre, en compagnie de huit ou neuf chansonniers, avait organisé, une première fois, le *Caveau stéphanois*. Le siège de cette Société chantante était un café tenu par M. Louison et situé au val du Furet (Bois-Noir), près Saint-Étienne. Malheureusement, la guerre de 1870 avait dispersé ses membres, et cette charmante réunion chantante cessa d'exister.

En 1874, Rémy Doutre, avec le concours de quelques amis, fonda la *Gaîté gauloise*, au café Lyonnet, à Saint-Étienne. Cette nouvelle association chansonnière peut être regardée comme la mère du *Caveau stéphanois* actuel, qui ne fut créé qu'en 1883.

La *Gaîté gauloise* existerait peut-être encore si les circonstances, suites fâcheuses du tirage au sort et du manque de travail, n'étaient venues mettre un terme à ses succès. Ses membres se dispersèrent pour chercher du travail dans différents pays, et les séances de la société chantante cessèrent faute de chanteurs.

Enfin, en 1883, le *Caveau stéphanois* ressuscita,

ayant pour premiers membres Rémy Doutre, J.-F. Gonon, J. Maissiat, P. Boissonnet et autres chansonniers passionnés et de talent. Ses progrès furent rapides.

La première présidence d'honneur fut offerte à Victor Hugo, le 16 avril 1883, le grand poète l'accepta.

Et l'on peut dire aujourd'hui que le *Caveau stéphanois* peut rivaliser, pour la chanson, avec la *Lice chansonnière* et le *Caveau* de Paris.

Il reçut beaucoup d'adhésions sympathiques : Gustave Nadaud est maintenant son président d'honneur, et parmi les membres d'honneur, nous comptons : Eugène Imbert, Ernest Chebroux, Charles Savoye, Paul Avenel, Charles Vincent, André Jourdain, Louis Piesse, Eugène Baillet, Alex. Desrousseaux, F. Duburcq, J. Célès et Émile Bourdelin.

Mais le brave Rémy Doutre ne peut plus voir la prospérité de cette Société lyrique qu'il aimait tant. Forcé de rester à Lyon pour son travail, il y est mort pauvre, le 1er juillet 1885, après de longs mois de maladie. Il a disparu, c'est vrai, mais son souvenir est resté cher au *Caveau stéphanois*.

CLAUDE DURAND

LE POÈTE VIGNERON

Claude Durand est né en 1802, à Mauzé, département des Deux-Sèvres. Tout en cultivant sa vigne, il cultivait les Muses, et voilà comment il est devenu chansonnier-patriote. Il est très populaire ; ce n'est pas étonnant, car il aime sa belle France avec tout son cœur et toute son âme.

La révolution de 1848 et la honte de Sedan ont fait son renom, en lui inspirant : 1° le *Chant des Vignerons;* 2° l'*Appel aux armes*. Rien que pour ces deux chansons, il sera éternellement connu, aimé et célébré par la population départementale qui s'honore de le compter au nombre de ses meilleurs citoyens.

Un certain jour notre chansonnier, le 13 mars 1850, comparut devant la Cour d'assises des Deux-Sèvres, séant à Niort, sous l'accusation de rébellion et d'excitation à la haine des citoyens les uns contre les autres. Son crime était d'avoir chanté le *Chant des Vignerons* avec le concours de quelques amis. Le jury renvoya les accusés, mais le public entier voulut connaître le corps du délit, et la célèbre chanson fut imprimée dans le journal l'*Œil du peuple,* avec le nom de son auteur, propriétaire-vigneron à Mauzé.

La saisie eut lieu et M. Amy, rédacteur du journal, fut arrêté ; Claude Durand, de son côté, fut assigné à comparaître, et toujours sous la fameuse accusation d'excitation à la haine des citoyens les uns contre les autres. Le 24 mai 1850, la Cour d'assises se réunit pour statuer sur cette nouvelle accusation ; mais, malgré les foudres du ministère public, l'accusé fut acquitté par le jury.

Voici cette chanson si populaire :

Air du Grand drinn, drinn.

Bons villageois, votez pour la Montagne :
Là sont les dieux des pauvres vignerons,
Car avec eux, bonnes gens de campagne,
Seront rasés les impôts des boissons.

  Bons, bons vignerons,
  Aux prochaines élections,
  Il faut, campagnards,
  Nommer des Montagnards.

Les Montagnards, pour nous sont la lumière,
Drapeau du riche et de la pauvreté :
Car si les p'tits n'ont pas le nécessaire,
Pour tous les gros, plus de sécurité.

  Bons, bons vignerons, etc.

N'écoute plus cette aristocratie
Qui convertit tes sueurs en écu ;
Quand tu voudras, usure et tyrannie,
Dans un seul jour tout aura disparu.

  Bons, bons vignerons, etc.

Pauvre ouvrier, tu construis pour ton maître
De beaux châteaux, de somptueux palais ;
Tu fais aussi des prisons pour te mettre
Car tu sais bien : les gros n'y vont jamais.

  Bons, bons vignerons, etc.

C'est encore toi, pauvre, qui fais la guerre ;
Tu forg's aussi des fers au genre humain ;
A l'occasion, c'est toi qui tues ton père,
Et bien souvent, tu refoules la faim.

  Bons, bons vignerons, etc.

Ouvre les yeux, paisan, l'on escamote
Les plus beaux fruits de la riche moisson ;

Tu sèmes, hélas ! c'est l'oisif qui récolte,
A lui la fleur, et pour toi le gros son.

  Bons, bons vignerons, etc.

Quand l'élection sera démocratique,
Tous les impôts des pauvres ouvriers
Seront payés, dans notre République,
Par les richards et par les gros banquiers.

  Bons, bons vignerons, etc.

Dans tout hameau des banques agricoles,
Existeront pour toi, bon paysan,
Gratis aussi, on aura des écoles,
Et de l'argent au plus à deux du cent.

  Bons, bons vignerons,
  Aux prochaines élections,
  Il faut, campagnards,
  Nommer des Montagnards.

C'est vers 1850 que ces couplets révolutionnaires et socialistes se chantaient à Niort, dans les rues, les promenades et les cafés ; tout le monde reprenait en chœur le *Chant des Vignerons*.

Après le coup d'État du 2 décembre, Claude Durand, le chansonnier, fut poursuivi. Cela ne surprendra personne : il avait chanté le travail, l'honneur et l'amour de la Patrie. Son nom figura donc sur une liste de déportés ; mais il eut le bonheur, grâce à son intelligence, d'échapper à la poigne des sbires napoléoniens. « Et, comme nous l'apprend le *Bulletin de la Vendée* qui se publie à La Roche-sur-Yon, Claude Durand fut traqué comme un malfaiteur ; il dut, pendant quatre mois, rester caché avant de pouvoir quitter la France. La police fut impuissante à le découvrir. Elle eut la honte d'avoir persécuté la femme de cet excellent patriote pour lui faire avouer, mais en vain, le secret de son refuge. Enfin, il put gagner Jersey. »

Il était depuis quelque temps dans cette île avec bien d'autres victimes du régime de l'empire, quand Victor Hugo, chassé de Belgique par une réaction impitoyable, vint à son tour aborder sur ce territoire anglais où le respect humain et une liberté relative existaient encore. Le 5 août 1852, comme nous le dit un biographe de notre chansonnier, les proscrits accueillirent le grand poète avec enthousiasme; ils allèrent le recevoir sur le quai de Saint-Hélier. Claude Durand, on le comprend sans peine, se trouvait dans les plus empressés. — Quand, à son tour, il alla serrer la main du grand poète, un proscrit, le citoyen Bain, vétérinaire du département de la Creuse, le présenta en disant : *C'est Claude Durand*, l'auteur du *Chant des Vignerons!*

— Eh bien, dit alors Victor Hugo, il faudra que l'auteur nous le chante ! ».

Ce qui fut dit fut fait.

Au dernier vers, au milieu des félicitations de tous, le citoyen Bain dit, en s'adressant de nouveau à Victor Hugo : « Vous devriez faire observer au père Durand qu'il y a plusieurs *hiatus* dans ses vers pour qu'il y remédie.

— Je m'en garderai bien, répondit-il, le *Chant des Vignerons* est historique et vivra bien longtemps après son auteur. Quel est notre but? Instruire ceux qui ne le sont pas. Le père Durand a su mettre de grandes idées à la portée de ceux qui ne savent rien, et ils les ont apprises par cœur. »

A dater de ce jour, Claude Durand eut un véritable culte pour Victor Hugo. L'exil avait fait se rencontrer ces deux hommes, et l'amitié les avait rapprochés plus encore, eux si différents de naissance et d'éducation, mais si semblables par les sentiments du cœur.

Le poète vigneron ne resta pas à Jersey aussi longtemps que l'auteur de *Notre-Dame de Paris ;* il profita un beau jour de l'amnistie et revint en France, mais toujours aussi foncièrement républicain.

En 1870, Claude Durand, le cœur brisé par nos désastres et révolté des bassesses du second empire, fit l'*Appel aux armes*, qui eut un grand retentissement. Plus d'un des mobiles des Deux-Sèvres en fredonnait les fières paroles en tombant sous les balles ennemies pour la Patrie.

Voici quelques couplets de ce chant patriotique :

> La République a décrété (*bis*)
> Comm' quatre-vingt-douz', la Patrie en danger.

> Aux armes, aux armes !
> La France a battu le rappel !
> Aux armes, aux armes !
> La France a battu le rappel !

> Plus de léthargique sommeil (*bis*)
> La France aujourd'hui sonne le grand réveil.

> Aux armes, etc.

> La France a secoué son joug (*bis*)
> Et comme un seul homme se lève debout.

> Aux armes, etc.

La diane des peuples bat, (*bis*)
C'est le dernier rappel, c'est le dernier combat.

Aux armes, etc.

L'étranger veut nous envahir, (*bis*)
Contre les Prussiens, il faut vaincre ou mourir.

Aux armes, etc.

Unissons-nous, serrons nos rangs, (*bis*)
Guerre à mort aux rois, guerre à mort aux tyrans,

Aux armes, etc.

Parmi les autres chansons de Claude Durand, nous citerons : la *Barbarie aux prises avec la civilisation, René Caillé,* le *Mandat impératif,* le *Glas du vieux monde, Jersey,* l'*Esclavage,* l'*Idée nouvelle,* la *Misère et l'ignorance,* la *Garibaldienne,* la *Marseillaise de la paix,* les *Droits du Seigneur,* etc.

Aujourd'hui, le poète mauzéen habite encore le pays qui l'a vu naître. Il a quatre-vingt-huit ans et les porte à merveille. Il est entouré de la considération la plus pure et la plus sincère, car son grand patriotisme lui a fait de nombreux amis. Le vieux proscrit est resté fidèle à ses idées honnêtes et républicaines. Son visage peut avoir des rides, mais son cœur généreux et vaillant est resté jeune. Son amour pour la France et la République fait la consolation de sa verte vieillesse.

MORAINVILLE

CHANSONNIER ET CHANTEUR DES RUES

Le chansonnier J.-B.-A. Morainville, né à Rouen, le 15 mars 1795, est mort à Chartres le 28 juillet 1851. Ce simple paysan, sans éducation, et avec une culture de l'esprit des plus modestes, se fit une grande réputation de chanteur en plein vent dans la Normandie, la Beauce, le Perche et l'Orléanais, par ses chants joyeux et l'harmonie criarde de son violon.

Il était donc poète, musicien et chanteur.

Il parcourait les bourgades, les villages, et les fêtes et les foires ne pouvaient se passer de ses refrains. Il avait une physionomie expressive et une bonne humeur à nulle autre pareille. Sa bonne et rouge trogne, quoiqu'il ne se livrât pas à la boisson, était connue à vingt lieues à la ronde; sa gaieté était de bon aloi et fort expansive, ce qui a fait dire à l'un de ses admirateurs qu'il possédait en lui la philosophie de *Roger-Bontemps*, la gaieté du *Petit homme gris*, et la bonhomie villageoise du *Roi d'Yvetot*.

Ses qualités morales et artistiques le faisaient aimer de toutes les populations rurales qu'il amusait, car il avait un cœur excellent et une probité qui ne se démentit jamais. Chacun n'hésitait pas à lui serrer la main, il avait en lui un ami. Il était donc d'un commerce facile et affable, c'est ce qui explique les nombreuses sympathies qui s'étaient réunies sur son nom.

Ce brave homme était fier de sa réputation, et il

avait raison. Soldat sous Napoléon, il avait été fait prisonnier à la défaite de Waterloo. Il resta huit mois en Angleterre, puis revint dans son bien-aimé pays, le 23 mai 1816.

A vingt-trois ans, il commença réellement son état de chanteur forain et, un jour, comme il n'avait pas fait vœu de célibat, le hasard le mit en rapport avec une rivale, Marie-Marguerite Lejour, de Brest, marchande de chansons; elle chantait bien et jouait du tambour de basque encore mieux. Elle lui plut et il l'épousa.

Dans sa vie nomade, il fut le plus heureux des hommes avec *son épouse*, comme il l'appelait.

Il mourut, comme nous l'avons dit plus haut, le 29 juillet 1851. C'est à l'hôpital qu'il rendit le dernier soupir, à l'exemple de Gustave Leroy, Mürger et Hégésippe Moreau, non pas de misère, mais bel et bien de maladie. Sa femme, qui lui survécut, fut admise dans un hospice de vieillards.

Pendant trente-cinq ans, il avait jeté au vent ses chansons; on n'en sait pas le nombre. Il a traité tous les sujets: il nous le dit lui-même dans le couplet suivant :

> J'ai chanté l'amour de la gloire,
> Nos désastres et nos succès,
> Rose, Adèle, Lise et Victoire
> Dont j'ai célébré les attraits.
> Dès mon aurore,
> Ma voix sonore
> Prit des sujets dans la boîte à Pandore ;
> Le laboureur,
> Le travailleur,
> Ont trouvé courts

Leurs travaux et leurs jours ;
Ils répétaient dans leur délire,
Lorsque je venais de chanter :
Il n'en fera jamais pleurer
　　Tant qu'il en a fait rire.

Pour mieux faire connaître encore ce brave chansonnier de la rue, nous allons donner sa chanson ayant pour titre : *Mon portrait*. On verra ainsi ce qu'il pensait de lui et quel genre comique lui était familier.

　　　Air : *Mon père était pot.*

Mes amis, je vais tout d'un trait,
　　Tâchant de vous distraire,
Gaiement vous chanter mon portrait ;
　　C'est vraiment fait pour plaire :
　　　Sachez bien, tendrons,
　　　Qu'parmi les lurons,
　　J'remplis toujours mon rôle ;
　　　Je chante, je ris,
　　　Et suis sans soucis ;
　　J'suis un mâtin qu'est drôle.

J'ai la tête près du bonnet
　　Et loin de ma chaussure,
J'ai la jambe près du jarret
　　Et loin de ma figure ;
　　　Aussi bien qu'un roi,
　　　Mon ventre est à moi,
　　Et libre est ma parole ;
　　　Je dis tout ce que j'veux,
　　　Et j'fais ce que j'peux ;
　　J'suis un mâtin qu'est drôle.

J'ai la bouche au-dessous du nez,
　　Les yeux selon l'usage ;

J'ai le nez, comme vous voyez,
   Au milieu du visage,
     Narguant maint affront,
     Je porte le front
    Plus haut que chaque épaule.
     Princes et préfets
     Ne sont pas mieux faits ;
   J'suis un mâtin qu'est drôle.

Mes goûts sont assez délicats :
   Avec de joyeux drilles,
J'aime à fréquenter un repas
   Embelli par les filles ;
     Et quand je suis cru,
     Le vin du bon cru
    Anime ma parole ;
     Fêtant tour à tour
     Bacchus et l'Amour,
   J'suis un mâtin qu'est drôle.

J'suis très content de mon nom
   Comme de ma naissance ;
Je ne manque pas de renom,
   Même de connaissance.
     Maint et maint pédant
     Qui se croit savant,
    Elevant la parole,
     En déraisonnant
     M'amuse souvent :
   J'suis un mâtin qu'est drôle.

Le cahier de chansons que vendait Morainville avait pour titre :

CHANSONNIER NATIONAL
DE
MORAINVILLE
Chanté par lui et son épouse.
DÉDIÉ AUX FRANÇAIS

et pour épigraphe :

> Du chant donnons tous le signal :
> Tout le monde chante, bien ou mal.

Et, sous une petite gravure le représentant avec son violon à côté de sa femme avec son tambour de basque, on lisait :

MORAINVILLE
Continue toujours la composition des couplets,
Chansons de Noces, Mariages, Banquets, etc., etc.
En le prévenant quelques heures d'avance.
IL DEMEURE FAUBOURG SAINT-BRICE, A CHARTRES
Affranchir les lettres.

Pour plus de détails sur cet excellent homme, dont le nom est encore prononcé aujourd'hui par ses compatriotes avec le meilleur souvenir, voir la biographie écrite par M. A. Jourdain. Elle fourmille de faits tout à l'avantage de ce singulier et aimable personnage. Morainville est un type de chansonnier des rues à étudier.

FRANÇOIS COTIGNY, DIT **BRULE-MAISON**

François Cotigny, dit *Brûle-Maison* est né à Lille, en *Flandre*, le 16 janvier 1678.

Le sobriquet de Brûle-Maison lui était venu de ce qu'il brûlait une maison de cartes fichée au bout d'un bâton lorsqu'il faisait son boniment sur la place publique. A ce signal, la foule se massait autour de lui, pour mieux applaudir à ses *chansons* et *pasquilles* en patois de Lille.

Il demeurait à Lille, sur la *Petite-Place*, actuellement place du Théâtre, dans un taudis fort exigu.

Aux bénéfices que lui procuraient ses chansons, il joignait un petit commerce qui l'aidait à vivre. Il exerçait la profession de *Marchand grossier*, c'est-à-dire de *mercier*, vendant par grosse ou douze douzaines; c'est sa femme qui tenait la boutique.

Il parcourait les réunions, les fêtes, les foires des villages situés dans un certain périmètre de sa ville natale. Il était arrivé à être populaire; car les poésies de ce singulier chansonnier étaient toujours railleuses, satiriques et originales.

Il y avait quelque analogie entre Morainville et lui, pour le talent et la manière de vivre. Ils faisaient tous deux de l'esprit en plein vent.

Il va sans dire que dans ces temps-là, Morainville et Cotigny avaient bon nombre d'imitateurs dans diverses provinces de France, seulement avec plus ou moins d'originalité personnelle, partant plus ou moins de renommée ou plutôt de réputation locale.

Cotigny se livrait aussi à des tours de physique et de gobelets sur une table placée devant lui; mais il abandonna ce genre de travail, parce qu'un jour, à ce que dit la chronique, il fut interloqué, décontenancé par une question que lui fit un de ses spectateurs.

Un villageois lui ayant demandé de lui dire, malgré toute sa science, *pourquoi il soufflait dans ses doigts lorsqu'il avait froid et qu'il soufflait sa soupe lorsqu'elle était chaude ?*

Il ne put répondre d'une façon victorieuse, et les rieurs ne furent pas de son côté, ce qui lui occasionna un certain dépit, lui qui d'ordinaire avait réponse à tout. Aussi délaissa-t-il son rôle de prestidigitateur, pour ne s'adonner qu'à ses œuvres de l'esprit.

M. A. Desrousseaux nous dit, dans la biographie qu'il a faite de ce chansonnier : « Est-ce un tourquennois qui lui adressa cette question indiscrète ? Nul ne le sait, mais il paraît que c'est à partir de ce moment qu'il prit en grippe les habitants de Tourcoing et leur attribua toutes les sottises qui se commettaient à vingt lieues à la ronde, en y ajoutant toutes celles que pouvait inventer sa féconde imagination. »

Voici quelques titres de chansons qui donnent une idée de ce parti-pris :

Un Tourquennois qui a fait la chasse à un veau, le prenant pour une bête sauvage.

Un Tourquennois qui a fait la chasse aux puces, dans son lit, avec un pistolet.

Un Tourquennois qui a cru que son baudet avait bu la lune.

Un Tourquennois qui a voulu enfermer le soleil dans un coffre.

Un Tourquennois qui a fait la gageure de manger plus de prunes qu'un cochon, etc., etc.

Ces plaisanteries, aussi primitives que grossières, obtenaient alors beaucoup de succès dans le peuple naïf ; mais les gens sensés, les bourgeois, les industriels, les travailleurs de Tourcoing étaient les premiers à rire de l'humeur grivoise de Brûle-Maison.

François Cotigny composa aussi des chansons de genre : les *Blasés*, les *Buveuses de café*, les *Plaintes amoureuses*, la *Fileuse*, les *Prédictions*, etc., etc.

Ses *pasquilles*, prétend M. Desrousseaux, et ce cher chansonnier doit s'y connaître, tableaux de mœurs locales, rendues avec beaucoup d'esprit et d'observation et un grand bonheur d'expression, valent mieux que ses chansons. Ce charmant poète a fait une chanson biographique très intéressante sur *Brûle-Maison;* en voici quelques couplets :

Air de la *Catacoua*.

Mon pèr', racontez-nous l'histoire,
Qu' vous nous avez dit l'auter fos !
— D'vous l'le r'dire, infants, je m' fais gloire,
Car cha m' rind tout fier d'êt' Lillois !
Pou' m' consoler, quand j'ai de l'peine,
Je me rappelle ch' faijeu d' canchons.
    In raing d'ongnons,
    Plachez-vous donc,
Tout près du fu, l'un cont' l'aut', nous s'ten'rons.
On peut r'sintir un p'tit peu d' gêne,
Pour intind' parler d' Brûl'-Mason.

Ch' l'homm, fameu', arrivant au monde,
N'a rien fait, rien dit d'étonnant.
Li qui d' vot fair' rire à la ronde,
Il a brait comme un aute infant.
Ses parents, brav's gins, mais point riches,
L'ont r'chu comme l'fieu d'un baron ;
    D'un cotillon
    In gros moll'ton,

On s'a servi pour li faire un lainn' ron ;
Or a copé des vieill's quemiches,
Pour immailloter ch' gros poupon.

Quand Brûl'-Mason a v'nu in ache,
On li a fait queusir un métier.
Quoiqu'i s'.sintot bien du corache,
I n'a point volu èt filtier.
Il a fait des tours de physique
Avec des muscad's, des gob'lets...
    De l'vir brûler,
    Pour in r'tirer
Des biaux rubans, d' l'étoupe d' sin gosier,
Pris d' saisiss' mint, pus d'eun' pratique
Dijot tout bas : c'hest un sorcier !
    Etc., etc.

Cette chanson a huit couplets et se trouve en tête des œuvres chansonnières de M. Alexandre Desrousseaux, dont tout le nord de la France a applaudi les *Pasquilles lilloises*, comme elles le méritent ; du reste, nous avons déjà dit que depuis bon nombre d'années ce poète patoiseur, si fin et si original, jouit d'une juste et grande réputation dans sa ville natale.

Nous emprunterons encore le passage suivant de la biographie écrite par M. Desrousseaux sur François Cotigny : — « On attribue à Brûle-Maison beaucoup de traits d'excentricité. Tout le monde connaît l'anecdote de son voyage à Dijon, qu'il fit un jour sans prévenir sa femme, lui disant simplement qu'il allait chercher de la moutarde pour manger son jambon, parce qu'on n'avait pu s'en procurer chez les épiciers du voisinage. »

« Un jour, on lui sert de la soupe qu'il trouve

trop chaude. « Bon ! dit-il, j'ai le temps d'aller jus-
» qu'à Rome en attendant qu'elle refroidisse. » —
Sa femme, quoique habituée à ses drôleries, pense
qu'il va au cabaret voisin portant pour enseigne :
A Rome. Erreur, l'original part réellement pour la
ville éternelle, d'où il ne revient qu'un an après.
Il avait fait ce long voyage à pied, en chantant et
en vendant ses chansons. Au retour, et presque
aux portes de Lille, il rencontra un individu à qui
il dit qu'il revient de Rome. L'autre, qui était un
gros malin, lui demande de quel côté la statue de
saint Pierre a la face tournée. Collé ! Brûle-Maison.
Il ne se le rappelle pas. Un autre l'aurait déclaré
franchement. Lui, ne l'entend pas ainsi. Il fait
demi-tour et recommence son grand voyage
pour être à même de répondre à cette sotte question. »

Nous avons dit que Brûle-Maison habitait à
Lille, Petite-Place, aujourd'hui place du théâtre,
dans un logement fort exigu ; l'escalier en était
tellement étroit, qu'il était impossible de monter
aucun meuble de certain volume dans l'endroit
qui lui servait de chambre. En prévision de sa fin
prochaine, quelques jours avant sa mort, il fit venir un charpentier et le pria de lui construire sur
place un cercueil, afin de voir par lui-même son
dernier refuge. Ce qui fut dit fut fait. Quand il fut
trépassé, on le mit dans la bière préparée, sans
se préoccuper de rien ; ce ne fut qu'au moment de
l'enterrement que l'on s'aperçut que le cercueil ne
pouvait passer par la porte, vu ses dimensions, et
à la grande surprise des assistants, on fut obligé
de le descendre par la fenêtre.

Jacques, le fils François Cotigny, composa ainsi l'épitaphe qui devait être mise au cimetière.

>Ci-gît un faiseur de chansons
>Qu'on appelait Brûle-Maisons,
>Mort à soixante-deux ans d'âge,
>Faute de vivre davantage ;
>La terreur des Tourquennois
>Et les délices des Lillois.
>Sa renommée alla jusque dans l'Amérique,
>Et de son propre ouvrage il était le comique.
>S'il règne chez les morts et dans le même goût,
>Sa réputation aura passé partout.

Il est mort à Lille le 1er février 1740 ; l'administration de la ville a donné à l'une de ses rues le nom de : *Brûle-Maison* (1).

---

(1) Nous préparons à cet ouvrage une suite qui comprendra la biographie des chansonniers contemporains, dont nous avons déjà indiqué quelques noms dans la préface.

FIN

TABLE

DES NOMS DES CHANSONNIERS

ET COMPOSITEURS DE MUSIQUE

CITÉS DANS CE VOLUME

Abadie (Louis)	262	Barbotin (Joseph)	17
Adam Billaut	23	Barreaux (des)	8
Adhémar (le comte d')	262	Barré	86
Aigrefeuille (d')	14	Bauderon de Sénecé	9
Alain Chartier	6	Bazzoni	262
Allais (Auguste)	143	Bécourt	68
Alcée	2	Bédollière (Em. de la)	19
Allard-Pestel	19	Bellay (du)	7
Anacréon	2	Benserade	9
Ange Pitou (Louis)	85	Béranger (P.-J. de)	126
Antignac (Antoine)	236	Bernard-Lopez	19
Apreval (Max d')	262	Bernard-Morot	17
Arnaud (Etienne)	263	Bernis (l'abbé de)	1
Audouin de Gérouval	18	Bertaut	7
Avenel (Paul)	145-331	Berthier (Eugène)	17
		Blanc (Adolphe)	15
Badran (François)	17	Blondel	16
Badros (Camille de)	9	Biot (le baron)	24
Baillet (Eugène)	152-374	Boïeldieu (Adrien)	262
Barbier (Frédéric)	262	Bois-Robert	8

Bouilly	119	Clapisson (L.)	262
Boulanger (Ernest)	262	Clément (J. B.)	379
Boullenger (d'Yvetot, Le)	168	Clément Marot	7
		Clesse (Antoine)	17-298
Bourget (Ernest)	265	Collé	26
Boufflers (le chevalier de)	14	Colmance (Charles)	194
		Coulange	9
Bourdelin (Émile)	19	Coupart	13
Bourgueil	12	Coupigny	67
Boursault	9	Courcy (Frédéric de)	14
Bouvier (Alexis)	384	Crébillon (père)	30
Boy (Adrien-Simon)	83	Crébillon (fils)	27
Brazier	112	Cressent (Anatole)	262
Brûle-Maison	416	Croisilles (Aug. de)	262
Buguet (Henry)	17		
		Dalayrac	84
Cabassol (Justin)	14	Dalès (Alexis)	155
Cadet-Gassicourt	13	Dancourt	9
Cahen (Emile)	17	Darcier	197
Capelle	47	Dartois (Armand)	14
Cardoze (Lucien)	17	David (Félicien)	249
Carmouche	14	Debraux (Emile)	95
Cauchie (Jules)	17	Décour	18
Chambon	12	Déjazet (Eugène)	262
Champeaux (Eugène)	18	Delavigne (Casimir)	15
Chapelle	13	Delille	14
Champon (Constantin)	17	Delioux (Charles)	262
Chanu	16	Delrieu	11
Charles d'Orléans	7	Demanet (Hippolyte)	158
Charleval	8	Désaugiers	91
Chatelain (F.)	18	Deschamps	12
Chaulieu (l'abbé de)	9	Desfontaines	86
Chazet (Alissan de)	13	Desforges de Vassens	312
Chebroux (Ernest)	17-392	Deshoulières (Mme)	9
Chénier (Marie-Joseph)	80	Desorgues	75
		Despréaux	12
Chéron	12	Desprez	12
Chérubini	75	Desrousseaux (Alex.)	305
Christine de Pisan	7	Desyvetaux	8
Clairville	255	Dieulafoy	12

Doche	13	Gauthier-Garguille	24
Domautort	12	Gentil	13
Doutre (Rémy)	400	Gentil-Bernard	43
Drappier (V.)	160	Germain	16
Duclos	10	Gille (Charles)	165
Ducray-Duminil	47	Gaumon (Gontran)	17
Dudach (Eugène)	17	Gossec	77
Dufresny	9	Gouffé (Armand)	107
Dumersan	15	Goulard	12
Dupaty (Emmanuel)	12	Grangé (Eugène)	278
Dupont (Pierre)	162-290	Grécourt (l'abbé)	9
Durand (Claude)	405	Grimod de la Reynière	13
Dusaulchoy (Félix)	14	Grisar (Albert)	262
Duvernoy (Frédéric)	13	Guénot (Charles)	17
Echalié	397	Haas (Charles)	262
		Hachin (Edouard)	229
Fabre d'Eglantine	72	Haguenier	50
Fare (le m^{is} de La)	9	Helvétius	10
Fasquel	110	Henri IV	7
Favart	10	Henrion (Paul)	262
Faye (La)	9	Héquet (Gustave)	262
Festeau (Louis)	163-185	Horace	2
Flachat (Dominique)	17		
Flan (Alexandre)	242	Imbert (Eugène)	324
Fléchelles	8		
Fleury (Mme Elisa)	17		
Flotow (F. de)	262	Jacquelot	13
Francis	94	Jarry (de)	13
François Ier	7	Jean de Meun	6
Fréret	10	Jeannin (Jules)	365
Fuselier	42	Jest	16
		Jolly	17
Gall	14	Jonslin de la Salle	14
Gallemant de Marennes	18	Jullien	19
		Josse (J.-B.)	266
Gallet	29	Jourdan (Etienne)	190
Garbet (Louis)	17		
Garraud (Eugène)	19	Labruère	10
Garrick	10	Lachambeaudie	17

36.

TABLE DES NOMS DES CHANSONNIERS

Lafont..................	13	Martainville..........	14
Lamôme (Baptiste)..	17	Martel (J.-B.)........	17
Lamothe..............	9	Martela (Paul).....	357
Landragin.............	17	Masini................	262
L'Attaignant.........	54	Massé (Victor).......	262
Laujon (Pierre)......	113	Mathieu (Gustave)...	207
Leclerc (Jacinthe)...	14	Matho................	9
Léger.................	12	Maugé (Edouard)....	17
Legrand..............	9	Maurepas............	10
Lepage...............	137	Maynard.............	8
Lépine (Ernest)......	262	Méhul............	75-80 81
Le Prévost d'Iray....	12	Ménestrier (Casimir).	91
Leroy de Bacre......	18	Mercier..............	14
Leroy (Gustave).....	171	Mersan (du).........	113
Leroy (Jules)........	17	Moncrif..............	10
L'Estoile.............	8	Monnier.............	13
Lesueur.............	75	Monnoye (La).......	9
Leyre (de)..........	59	Montariol...........	19
Linière (de).........	9	Morainville........	412
Liorat (Armand)....	19	Moreau..............	13
Litolff (Henri)......	262	Morel (Auguste).....	262
Longchamps........	13	Mouton-Dufraisse....	19
Lonlay (Eugène de)..	261	Mozin...............	13
Louvet (le capitaine).	175		
Loynel (Auguste)....	177	Nadaud (Gustave)....	316
Luth (Auguste).....	17	Neufchâteau (François de)...........	14
Madelaine (Philippon de La).............	113	Nevers (le duc de)...	9
Mahiet de la Chesneraye...............	273	Offenbach...........	266
Malézieux..........	9	Olivier Basselin.....	7
Malherbe...........	7	Olivier Massias......	8
Malleville..........	8	Olivier Métra.......	252
Marchant (François).	85	Ourry...............	43
Maréchalle.........	18		
Marc-Constantin.....	249	Panard..............	37
Marigny............	8	Parisot (Victor).....	266
Marmontel..........	31	Papin (Henri)......	17
Marquerie (A.)......	266	Patrix...............	8

Péan (Charles)	17	Rotrou	8
Péan (Laurent)	17	Rougemont (baron de)	115
Pellegrin (l'abbé)	10	Rouget de Lisle	77
Perchelet	2	Rousseau (J.-J.)	1-59
Périn (l'abbé)	9	Rousseau (E.)	11
Petit (Eugène)	17	Ryon (Hippolyte)	17
Petit-Pierre (Paul)	17		
Pétréaux (Joseph)	17	Saint-Amand	8
Philippe le Savoyard	24	Saint-Aulaire (de)	9
Piccini (Alexandre)	13	Saint-Gelais	7
Piesse (Louis)	19	Saint-Germain	19
Piis (le chevalier de)	122	Saint-Gilles	9
Piton du Roqueray	15	Saint-Pavin	8
Piron	35	Saint-Ursin (de)	13
Plantade (Charles)	262	Salgat-Routier	18
Pottier (Eugène)	179-218	Salin (Alphonse)	18
Pradel (Eugène de)	132	Sallé	42
Pradels (Octave)	17	Salverte (Eusèbe)	13
Protat	19	Sarrazin	8
		Saurin (le fils)	42
Quidant (Alfred)	262	Savoye (Charles)	18
		Scarron	8
Racan		Séguier (Maurice)	13
Radet	86	Ségur (le comte de)	13
Rameau	10	Séville (Armand)	18
Ramond de la Croisette	18	Simon	72
		Souriguères (J.-M.)	11
Raullot (Hippolyte)	17	Sterne	10
Rauzet d'Orinière	18		
Regnaud de Saint-Jean-d'Angély	14	Tabarin	24
		Taillaud (Alexandre)	177
Régnier	7	Théaulon	13
Réveillère	13	Thibault (comte de Champagne)	5
Rhéni (Henri)	18		
Rillé (Laurent de)	249	Tournay	13
Rivaux (Lucien)	18	Tyrtée	2
Roger	262		
Roll	47	Vacher	19
Romagnési	13	Vadé	56
Rosière	13	Vergier (Jacques)	48

Viaud (Théophile)....	8	Vogel.............	262
Vincent (Charles)....	355	Voiture............	8
Victor Hugo.........	1	Vouvray (Marie de)..	262
Villon..............	7		
Vimeux (J. de)......	262	Wilcks............	10

ORDRE DES MATIÈRES

Dédicace...	v
Préface..	1
Chansons et chansonniers...........................	21
Collé...	26
Gallet..	29
Piron...	35
Panard..	37
Vergier (Jacques)....................................	48
Haguenier..	50
L'Attaignant...	54
Vadé..	56
De Leyre. — J.-J. Rousseau.........................	59
La belle Bourbonnaise..............................	60
La chanson révolutionnaire........................	65
« Coupigny, Fabre d'Églantine, Désorgues, Gossec, Rouget de l'Isle, Marie-Joseph Chénier, Méhul, François Marchand, Adrien-Simon Boy, Ange Pitou, Barré, Radet et Desfontaines. »............	
Désaugiers...	91
Émile Debraux.......................................	95
Armand Gouffé......................................	107

Du Mersan, Laujon et Philippon de la Madelaine..	113
Le chevalier de Piis...	122
P.-J. de Béranger...	126
Eugène de Pradel...	132
CHANSONNIERS PATRIOTES DE 1848...	141
Auguste Allais...	143
Paul Avenel...	145
Eugène Baillet...	152
Alexis Dalès...	155
Hippolyte Demanet...	158
Victor Drappier...	160
Pierre Dupont...	162
Louis Festeau...	163
Charles Gille...	165
Le Boullenger (d'Yvetot)...	168
Gustave Leroy...	171
Le capitaine Louvet...	173
Auguste Loynel...	177
Eugène Pottier...	179
CHANSONNIERS CONTEMPORAINS (1848-1889)...	183
Louis Festeau...	185
Charles Colmance...	194
Gustave Mathieu...	207
Eugène Pottier...	218
Édouard Hachin...	229
Alexandre Flan...	242
Clairville...	255
Eugène de Lonlay...	261
Ernest Bourget...	265
Mahiet de la Chesneraye...	273
Eugène Grangé...	278
Pierre Dupont...	290
Antoine Clesse...	298
Desrousseaux (Alexandre)...	305
Desforges de Vassens...	312
Gustave Nadaud...	316

Eugène Imbert	324
Paul Avenel	334
Frédéric Bérat	349
Charles Vincent	355
Jules Jeannin	365
Eugène Baillet	374
J.-B. Clément	379
Alexis Bouvier	384
Hippolyte Ryon	389
Ernest Chebroux	392
Jules Échalié	397
Rémy Doutre	400
Claude Durand	405
Morainville	412
Brûle-Maison	416

ÉMILE COLIN — IMPRIMERIE DE LAGNY

www.ingramcontent.com/pod-product-compliance
Lightning Source LLC
Chambersburg PA
CBHW050903230426
43666CB00010B/2006